T0104076

Presentado a:

Por:

Fecha:

Jesús escucha

Oraciones devocionales diarias de paz, gozo y esperanza

Sarah Young

Grupo Nelson
Desde 1798

Publicado en Nashville, Tennessee, Estados Unidos de América.
Grupo Nelson es una marca registrada de Thomas Nelson.
www.gruponelson.com

Este título también está disponible en formato electrónico.

Título en inglés: *Jesus Listens*

Publicado por Thomas Nelson
Thomas Nelson es una marca registrada de HarperCollins Christian Publishing, Inc.

Editora en Jefe: *Graciela Lelli*
Traducción: *Eugenio Orellana*
Adaptación del diseño al español: *Mauricio Díaz*

ISBN Tapa dura: 978-1-40023-348-9
Rústica: 978-1-40023-350-2
eBook: 978-1-40023-351-9

Número de control de la Biblioteca del Congreso: 2022933376

Impreso en India
22 23 24 25 26 REP 9 8 7 6 5 4 3 2 1

Dedico este libro a Jesús —Emanuel—, que está con nosotros continuamente, escuchando todas nuestras oraciones. La Biblia nos asegura que Jesús puede salvar para siempre a los que se acercan a Dios a través de Él, porque Él siempre vive para interceder por nosotros ante nuestro Padre-Dios (Hebreos 7:25). Y cuando oramos, el Espíritu mismo intercede por nosotros con gemidos que las palabras no pueden expresar (Romanos 8:26). ¡Cuán grande y glorioso es nuestro Dios trino!

Agradecimientos

Estoy agradecida de trabajar con un equipo tan talentoso y dedicado. Laura Minchew, mi encantadora editora, dirige mi publicación de manera muy creativa y eficaz. Jennifer Gott, editora asociada de Gift Books, trabaja con diligencia y paciencia para unir todo. Kris Bearss, mi editor tan dedicado, conoce mi trabajo maravillosamente bien y edita mi escritura con el toque justo. Por último, quiero agradecerle a Joey Paul, mi primer editor, a quien se le ocurrió la idea de *Jesús escucha*. ¡Me siento bendecida de contar con la ayuda de todos estos amigos talentosos!

Introducción

Amo la hermosa invitación que nos hace Jesús: «*Vengan a Mí, todos los que están cansados y cargados, y Yo los haré descansar*» (Mateo 11:28). Mi esperanza es que *Jesús escucha* te anime a acercarte a Él con confianza y alegría para encontrar un descanso pacífico en su presencia. ¡Es una bendición saber que Jesús escucha cada una de nuestras oraciones! Él nos ama de una forma perfecta y nos cuida constantemente, seamos o no conscientes de su presencia con nosotros.

Todos mis libros devocionales, incluido este, están diseñados con el fin de ayudarte a acercarte más a Jesús. Esta búsqueda es mi más profundo anhelo, para ti y para mí. Posiblemente recuerdes que escribí mis libros anteriores desde la perspectiva de Jesús hablándote a ti. Sin embargo, *Jesús escucha* está escrito desde un punto de vista en el que tú oras a Dios. Espero que no solo leas estas oraciones, sino que las hagas tuyas, utilizándolas para que te guíen al expresarle tus más sinceros anhelos al Señor.

A lo largo de este libro encontrarás oraciones de paz, gozo y esperanza. Mientras escribía, me inspiré en temas de *Jesús te llama: Encuentra paz en su presencia*, *Jesús siempre: Descubre el gozo en su presencia*, y *Jesús hoy: Esperanza en su presencia*. En las oraciones también se enfatizan otros temas, especialmente el amor ilimitado e infalible de Jesús por todos los que le pertenecen.

Jesús escucha contiene oraciones para todos los días del año. Son *oraciones devocionales*: diseñadas para que te lleven a una comunión más profunda, rica y continua con Dios. Estas oraciones diarias están destinadas a ser un punto de partida para tus otras oraciones, ayudándote a disfrutar de tu tiempo con Jesús y a llevarle todas tus preocupaciones.

Admito que orar no es algo natural para nosotros; de hecho, con frecuencia se considera una tarea ardua. La oración ciertamente requiere esfuerzo, pero debemos recordar que comunicarse con el Creador y Sustentador de este vasto universo es un privilegio asombroso. La muerte sacrificial de Jesús por nuestros pecados abrió el camino para que comulguemos libre y plenamente con nuestro Padre-Dios. En el momento en que Jesús murió, *el velo del templo se rasgó en dos de arriba abajo* (Mateo 27:51). ¡Así que nuestro acceso irrestricto a Dios en oración es un privilegio glorioso comprado con sangre!

Estoy agradecida de que Dios use nuestras oraciones no solo para cambiar las circunstancias, sino también para cambiarnos a *nosotros.* Le llevamos nuestras peticiones confiando en que Él escucha y se preocupa. A medida que dedicamos tiempo a comunicarnos con Jesús y disfrutar de su presencia, gradualmente nos volvemos más como Él.

Considero un privilegio y una responsabilidad maravillosos orar por los lectores de mis libros. Así que dedico bastante tiempo a

este ejercicio cada mañana. He descubierto que no importa cómo me sienta cuando me levanto de la cama, me siento mejor y más fuerte después de pasar este precioso tiempo con Jesús. ¡Y mis lectores pueden comenzar su día sintiéndose animados, porque saben que estoy orando por ustedes!

Uno de mis versículos favoritos sobre la oración es Salmos 62:8. En este salmo, el rey David nos insta a confiar en Dios en todo momento y a derramar nuestro corazón *ante Él*. Jesús sabe todo lo que hay en nuestro corazón y anhela que confiemos en Él lo suficiente como para abrirnos y ser reales con Él en nuestras oraciones. Ya que nos comprende completamente y nos ama eternamente, podemos desahogarnos ante Él con seguridad. Jesús es de hecho nuestro refugio.

El profeta Jeremías nos asegura que Dios escucha nuestras oraciones: «*Ustedes me invocarán y vendrán a rogarme, y Yo los escucharé. Me buscarán y me encontrarán, cuando me busquen de todo corazón*» (Jeremías 29:12-13).

Mientras Jesús vivió en esta tierra, escuchó maravillosamente bien a las personas que lo rodeaban. ¡Estoy agradecida de que continúe escuchándonos a nosotros! Además, contamos con la ayuda milagrosa del Espíritu Santo. Mientras oramos, *el Espíritu mismo intercede por nosotros con gemidos que las palabras no pueden expresar. Y Aquel que escudriña los corazones sabe cuál es el sentir del Espíritu, porque Él intercede por los santos conforme a la voluntad de Dios* (Romanos 8:26-27). Nuestras oraciones pueden ser inadecuadas y fragmentadas,

pero el Espíritu Santo las transforma y las hace compatibles con la voluntad de Dios.

Estoy convencida de que la oración es extremadamente importante en todos los ámbitos de nuestra vida. Alfred Lord Tennyson escribió: «La oración logra más cosas de las que este mundo se imagina». La influencia de nuestras oraciones va más allá de lo que podemos ver y comprender.

Las Escrituras nos instruyen repetidamente a orar, y Jesús les enseñó a sus discípulos a orar lo que conocemos como el Padrenuestro:

> Padre nuestro que estás en los cielos,
> Santificado sea Tu nombre.
> Venga Tu reino.
> Hágase Tu voluntad,
> Así en la tierra como en el cielo.
> Danos hoy el pan nuestro de cada día.
> Y perdónanos nuestras deudas,
> como también nosotros hemos perdonado a
> nuestros deudores.
> Y no nos dejes caer en tentación,
> sino líbranos del mal.
> Porque Tuyo es el reino y el poder y la gloria
> para siempre. Amén.
>
> Mateo 6:9-13

Reconozco que las oraciones sin respuesta inmediata pueden ser desalentadoras. Mientras esperamos, debemos confiar en que Dios nos escucha y que desde su perspectiva infinita y omnisciente responde a ellas de manera que tengan perfecto sentido. Dios nos dice en su Palabra que *sus caminos son más altos que los nuestros, como los cielos son más altos que la tierra* (Isaías 55:9). Aunque nos encantaría entender más, a menudo es imposible que nosotros, criaturas finitas, podamos sondear los caminos de Dios.

La Biblia nos anima a perseverar en nuestras oraciones. He estado orando por la salvación de algunas personas durante décadas y no pienso dejar de hacerlo. Me gusta la parábola del juez injusto frente a la viuda persistente, porque nos enseña que *siempre debemos orar y no rendirnos.* A pesar de que al juez no le importaban las personas o la justicia, la persistencia de la viuda finalmente lo agotó y le concedió su pedido (Lucas 18:1-8). ¡Cuánto más Dios, que es amoroso y justo, responderá nuestras oraciones en su manera y tiempo perfectos!

Vivimos en tiempos estresantes y muchos de nosotros luchamos contra la ansiedad. La enseñanza del apóstol Pablo en su carta a los filipenses es muy práctica y oportuna: «*Por nada estén afanosos; antes bien, en todo, mediante oración y súplica con acción de gracias, sean dadas a conocer sus peticiones delante de Dios. Y la paz de Dios, que sobrepasa todo entendimiento, guardará sus corazones y sus mentes en Cristo Jesús*» (Filipenses 4:6-7).

En lugar de enfocarnos en nuestros problemas cuando nos sentimos ansiosos, podemos llevarle todo a Jesús: nuestras luchas y confusiones, nuestras oraciones y peticiones, nuestras acciones de gracias y alabanzas. Después de haberle derramado nuestro corazón, podemos pedirle que nos llene de su maravillosa paz. Para recibir este glorioso regalo, necesitamos relajarnos en la presencia de Jesús y *confiar en Él de todo corazón, y no apoyarnos en nuestro propio entendimiento* (Proverbios 3:5).

A veces, cuando me siento estresada, me quedo en silencio y respiro lentamente mientras oro: «Jesús, ayúdame a relajarme en tu paz». Si continúo orando de esta manera por unos momentos, invariablemente me relajo y me siento más tranquila.

Las oraciones que aparecen en *Jesús escucha* enfatizan confiar en Jesús y vivir en dependencia de Él. La Biblia está llena de tiernos consejos sobre confiar en el Señor. Confiar es una condición determinante para vivir cerca de Él. El énfasis en la confianza que encontrarás en mi libro refleja esta enseñanza bíblica y también mi lucha personal para confiar en Dios en todo momento, incluso cuando el mundo se nos presenta lleno de incertidumbres y las cosas no van como esperábamos. En esos momentos, encuentro útil y alentador susurrar: «Confío en ti, Jesús; tú eres mi esperanza».

Al pasar tiempo con Jesús y estudiar su Palabra a lo largo de los años, he llegado a comprender la importancia de tener una actitud de agradecimiento. Por eso, el tema del agradecimiento aparece con

frecuencia a lo largo de este libro. En 1 Tesalonicenses 5:17-18 se nos instruye a *orar continuamente* y *dar gracias en toda circunstancia*. ¡Hay poder en las oraciones de agradecimiento! Estas mantienen nuestro enfoque en las inestimables promesas de Jesús y su presencia perpetua con nosotros.

Recientemente, escribí una historia personal que titulé «El poder de las oraciones de agradecimiento». Compartiré parte de la historia aquí. Cuando nuestros dos hijos, Stephanie y Eric, eran adolescentes, tenían programado viajar solos desde Nashville, Tennessee, a Melbourne, Australia, donde vivíamos y trabajábamos como misioneros. Este era un viaje muy largo que requería múltiples cambios en los principales aeropuertos. Me sentía ansiosa en cuanto a que hicieran este viaje solos, así que oraba casi constantemente por el asunto. Sin embargo, mientras oraba, en realidad mi preocupación era mayor que mi confianza en Dios. Finalmente me di cuenta de que este tipo de oración no agradaba a Dios ni aliviaba mi ansiedad. De modo que una mañana le presenté mis preocupaciones a Jesús y le pedí que me mostrara una mejor manera de orar. Él me enseñó a cambiar mi enfoque de oración: de expresar mis preocupaciones una y otra vez a agradecerle por el modo en que *estaba* respondiendo mis oraciones. Este cambio de enfoque realmente me ayudó a calmarme. ¡Sin embargo, poco sabía yo de las increíbles aventuras que nos esperaban a todos! No tengo espacio en esta introducción para contarles la historia completa, ¡pero mis muchas oraciones de agradecimiento

fueron respondidas de maneras que parecían milagrosas! El resto de esta historia está registrado en *Jesus Calling: 365 Devotions with Real-Life Stories.*

El agradecimiento y la alabanza van siempre muy juntos. He descubierto que las oraciones de alabanza me refrescan profundamente y aumentan mi conciencia de la presencia de Jesús. Una y otra vez a lo largo de las Escrituras encontramos el mandamiento vital de alabar al Señor. Podemos obedecer con gozo este mandamiento, porque Dios es completamente digno de nuestra adoración y alabarlo nos bendice inmensamente. ¡Nuestras palabras de adoración nos ayudan a recordar cuán grande y glorioso es Dios! Alabarlo fortalece nuestra confianza en que Aquel a quien oramos tiene el control, aun cuando nuestro mundo se sienta terriblemente fuera de control.

Hace muchos años fui al Seminario Teológico Covenant en St. Louis para obtener una maestría en consejería y estudios bíblicos. Disfruté especialmente de un curso sobre la literatura sapiencial de la Biblia, y el profesor fue realmente muy sabio. De la amplia gama de sabiduría que impartió, una simple enseñanza se ha quedado conmigo todos estos años. Él compartió con nosotros su práctica personal de orar «Ayúdame, Espíritu Santo» durante todo el día: antes de contestar el teléfono o el timbre de la puerta, cuando participa en una conversación importante, cuando intenta hacer algo difícil, y así por el estilo. Seguí el consejo de mi maestro hasta que esta breve oración se convirtió en parte de mí. Ahora me encuentro orándola

sin esfuerzo y me recuerda que no estoy sola. ¡La tercera Persona de la Trinidad siempre está disponible para ayudarme!

Las oraciones devocionales de este libro están llenas de promesas de Dios. Para beneficiarse de estas preciosas promesas, es esencial que conozca a Jesús como su Salvador. Debido a que es Dios, la muerte de Jesús en la cruz fue suficiente para pagar el castigo por todos los pecados de aquellos que vienen a Él. Si nunca reconoció su pecaminosidad ni le pidió a Jesús que fuera su Salvador, lo insto a que lo haga. *El que cree en Él no perecerá, sino que tendrá vida eterna* (Juan 3:16). Te respaldaré con mis oraciones. Todos los días oro para que Dios use mis libros a fin de traer a su familia eterna a muchos lectores que aún no son creyentes.

Finalmente, querido lector, te animo a profundizar en las oraciones de *Jesús escucha*. No es necesario que comiences el 1 de enero. Simplemente comienza con la oración de hoy y continúa, día a día. Recuerda que estaré orando por ti, pero lo más importante es saber que Jesús está contigo, poniendo atención a todas tus oraciones.

¡Bendiciones abundantes!

Sarah Young

«Porque Yo sé los planes que tengo para ustedes», declara el Señor, «planes de bienestar y no de calamidad, para darles un futuro y una esperanza».

JEREMÍAS 29:11

1 de enero

Mi Dios viviente:

Al comenzar un nuevo año, me da mucha alegría que continuamente estés introduciendo novedades en mi vida. *Porque siempre estás haciendo cosas nuevas*, sé que *no debo pensar en el pasado*. Me niego a permitir que las decepciones y los fracasos del año que acabamos de dejar atrás me definan o reduzcan mis expectativas. ¡Este es el día para un nuevo comienzo! Sé que no hay límites para tu creatividad, así que me preparo para recibir algunas lindas sorpresas en este año que se extiende ante mí.

Señor, recibo *el día de hoy* como un regalo precioso proveniente de ti. Me doy cuenta de que es en el momento presente donde te encuentras conmigo. *Este es el día que tú has hecho*. Sé que lo has preparado cuidadosamente para mí, con tierna atención a cada detalle. ¡Así que tengo buenas razones para *regocijarme y alegrarme en este día!*

A medida que vaya avanzando *por la senda de la vida*, buscaré señales de tu amorosa presencia. Mi deleite es encontrar esas pequeñas bendiciones que esparces a lo largo de mi camino, a veces en lugares sorprendentes. A medida que las vaya descubriendo, te agradeceré por cada una. Esto me mantendrá cerca de ti y me ayudará a disfrutar de mi viaje.

En tu bendito nombre, Jesús,
Amén

Isaías 43:18-19; Salmos 118:24;
Salmos 16:11

2 de enero

Amado Jesús:

¡Quiero ser todo tuyo! Te invito a que me apartes de otras dependencias. Me has mostrado que mi seguridad descansa solo en ti, no en otras personas ni en mis circunstancias.

Tratar de depender solo de ti a veces se siente como caminar sobre una cuerda floja. Sin embargo, no hay razón para tener miedo de caer, porque *tus brazos eternos* son una red de seguridad debajo de mí.

Ayúdame a seguir mirándote a ti, Jesús. Sé que siempre vas delante de mí, haciéndome sentir tu presencia a cada paso. Mientras permanezco un tiempo en silencio contigo, casi puedo escucharte susurrarme: «Sígueme, amado».

¡Señor, *no tengo ninguna duda de que ni la muerte, ni la vida, ni ángeles, ni principados, ni lo presente, ni lo por venir, ni los poderes, ni lo alto, ni lo profundo, ni ninguna otra cosa creada me podrá separar de tu amorosa presencia*!

En tu precioso nombre,
Amén

Deuteronomio 33:27; Proverbios 16:9; Romanos 8:38-39

Compasivo Señor:

Tú me dices en tu Palabra: *«Te he amado con un amor eterno. Te he atraído con amorosa bondad»*. ¡Eso significa que me conociste y me amaste antes de que el tiempo comenzara a ser! Sin embargo, durante años nadé en un mar sin sentido, buscando amor, esperando encontrar esperanza. Todo ese tiempo, fuiste tras de mí, listo para acogerme en tus brazos compasivos.

Cuando llegó el momento oportuno, te revelaste a mí. Me sacaste de ese mar de desesperación y me pusiste sobre un fundamento firme. Por momentos me sentí desnudo, expuesto a la luz reveladora de tu presencia. Así que me envolviste con un manto de armiño, un *manto de justicia*. Me cantaste una canción de amor cuyo principio y cuyo fin están velados en la eternidad. Infundiste significado en mi mente y armonía en mi corazón. Quiero unirme a ti para cantar tu canción. Usa mi voz de la manera que quieras, mientras *llamas a los que viven en tinieblas a tu maravillosa luz.*

En tu esplendoroso nombre, Jesús,
Amén

JEREMÍAS 31:3; ISAÍAS 61:10; 1 PEDRO 2:9

4 de enero

Dios omnisciente:

¡Me deleito en la verdad de que *soy plenamente conocido* por ti! Sabes todo sobre mí, y aun así me amas con un *amor perfecto e inagotable*. He pasado muchos años buscando una mayor comprensión y aceptación de mí mismo. Tras esta búsqueda ha estado el deseo de encontrar a alguien que me comprenda y me acepte. He descubierto que *tú* eres ese alguien que puede satisfacer mi anhelo profundamente arraigado. En mi relación contigo, me convierto más en quien realmente soy.

Ayúdame a ser cada vez más real contigo, abandonando todas las pretensiones y abriéndome completamente a ti. *Examíname, oh Dios, y conoce mi corazón; pruébame y conoce mis más ansiosos pensamientos.* A la luz de tu santa mirada, puedo ver muchas cosas que necesito cambiar. Sin embargo, sé que estás conmigo en mis esfuerzos, así que no me desesperaré. Más bien, descansaré en tu presencia, recibiendo tu amor que fluye libremente dentro de mí gracias a mi franqueza contigo. Al sumergirme en este amor poderoso, siento que se llenan mis espacios vacíos y tu amor se desborda en una adoración gozosa. ¡Me regocijo en el hecho de que me conoces y me amas perfectamente para siempre!

En tu amoroso nombre, Jesús,
Amén

1 Corintios 13:12; Salmos 147:11;
Salmos 139:23-24

5 de enero

Soberano Dios:

Ayúdame a hacerme amigo de los problemas de mi vida. Muchas cosas me parecen malas, pero debo recordar que tú tienes el control de todo. Tu Palabra me asegura que *todas las cosas funcionan y encajan en un plan para bien de aquellos que te aman y a los que has llamado de acuerdo con tu propósito.* Yo puedo aceptar a esta magnífica promesa porque confío en ti.

Todos los problemas pueden enseñarme algo, transformándome poco a poco en la persona que tú diseñaste que fuera. Sin embargo, esos mismos problemas pueden convertirse en un obstáculo si reacciono con desconfianza o rebeldía. Soy consciente de que, confíe en ti o no, tengo que hacer decisiones muchas veces al día.

He descubierto que la mejor manera de hacerme amigo de mis problemas es agradeciéndote por ellos. Este acto contrario a la intuición abre mi mente a la posibilidad de que de mis dificultades surjan bendiciones. Además, cuando te traigo mis oraciones con acción de gracias, mi ansiedad disminuye y *tu paz que sobrepasa todo entendimiento protege mi corazón y mi mente.*

En tu maravilloso nombre, Jesús,
Amén

Santiago 1:2; Romanos 8:28;
Filipenses 4:6-7

6 de enero

Señor mío:

Ayúdame a darte las gracias *por todo*, incluidos mis problemas. Tan pronto como mi mente se enrede en una dificultad, necesito llevar el asunto a ti *con acción de gracias*. Entonces puedo pedirte que me muestres *tu* manera de manejar la situación. El mero acto de agradecerte libera mi mente de su enfoque negativo. Al volver mi atención hacia ti, mi dificultad se desvanece y pierde toda posibilidad de hacerme tropezar. Tú me guías para enfrentar el problema de la forma más efectiva, ya sea encarándolo de una vez o poniéndolo a un lado para considerarlo más tarde.

La mayoría de las situaciones que enredan mi mente no son preocupaciones de hoy: las he tomado prestadas de mañana, de la semana que viene, del mes que viene o incluso del año que viene. Cuando este sea el caso, por favor saca el problema de mis pensamientos y déjalo en el futuro, ocultándolo de mis ojos. Luego, devuelve mi atención a tu presencia en el presente, donde puedo disfrutar de *tu paz*.

En tu nombre perfecto, Jesús,
Amén

Efesios 5:20; Filipenses 4:6;
Salmos 25:4-5; Juan 14:27

7 de enero

Señor santo:

Me gusta *adorarte en la belleza de la santidad.* Lo hermoso de tu creación refleja algo de quién eres, ¡y eso me deleita! Estás abriendo tus caminos en mí: el artista divino creando belleza en mi ser interior. Has estado quitando los escombros y poniendo orden en el desorden que hay dentro de mí, haciendo espacio para que tu Espíritu tome posesión total y absoluta de mi ser. Quiero colaborar contigo en este esfuerzo, estando dispuesto a dejar ir todo lo que decidas quitar. ¡Tú sabes exactamente lo que necesito y has prometido proporcionármelo sin medida!

No quiero que mi sentido de seguridad descanse en mis posesiones o en que las cosas marchen a mi manera. Me estás entrenando para depender solo de ti, encontrando satisfacción en tu amorosa presencia. Esto implica estar satisfecho con mucho o poco de los bienes del mundo, aceptando *cualquiera* de ellos como tu voluntad para mí. En lugar de querer y controlar todo, estoy aprendiendo a dar y recibir. Para que esta postura receptiva se fortalezca, necesito confiar más en ti, *en todas y cada una de las situaciones.*

En tu hermoso nombre, Jesús,
Amén

Salmos 29:2; Salmos 27:4;
Filipenses 4:19; Filipenses 4:12

8 de enero

Dios, mi refugio:

Ayúdame a *no quedarme en el pasado*. Puedo aprender del pasado, pero no quiero que sea mi enfoque. Sé que no puedo deshacer las cosas que ya han ocurrido, no importa cuánto lo intente. Así que vengo a ti y *derramo mi corazón*, recordando que *tú eres mi refugio*, digno de mi confianza en *todo momento*.

Una forma en la que puedo fortalecer mi confianza en ti es diciéndote con frecuencia: «Confío en ti, Señor». Declarar estas afirmaciones de confianza ilumina inmensamente mi día, eliminando las oscuras nubes de preocupación.

¡Tú siempre *estás haciendo algo nuevo*! Así que estaré atento a todo lo que estás logrando en mi vida. Abre los ojos de mi mente y mi corazón para que pueda ver las muchas oportunidades que has puesto en mi camino. Y protégeme de caer en una forma de vida tan rutinaria que solo vea las mismas cosas viejas, perdiéndome lo nuevo.

Estoy aprendiendo que tú puedes abrir un camino donde pareciera que no hay ninguna posibilidad. *¡Contigo todo es posible!*

En tu asombroso nombre, Jesús,
Amén

ISAÍAS 43:18-19; SALMOS 62:8; MATEO 19:26

9 de enero

Dios todopoderoso:

Tú eres el Dios que me hace fuerte. Así que vengo a ti tal como soy, con todos mis pecados y debilidades. Confieso mis muchos pecados y te pido que *los quites de mí tan lejos como está el oriente del occidente*. Descanso en tu presencia, con mis defectos a la vista.

Soy como una *vasija de barro* llena de fallas, pero sé que *tu poder se perfecciona en la debilidad*. Así que te agradezco por mi insuficiencia, porque esta me ayuda a depender de ti para que me infundas fuerza. ¡Cómo me regocijo en tu infinita suficiencia!

También *haces que mi camino sea seguro*, protegiéndome no solo de peligros, sino igualmente de las preocupaciones y la planificación excesivas. En lugar de mirar hacia el futuro desconocido, quiero ser consciente de ti mientras camino por este día. Me esforzaré por mantenerme en estrecha comunicación contigo, confiando en tu presencia que me guía para mantenerme en el rumbo. Aunque siempre estás a mi lado, también vas delante de mí, quitando obstáculos del camino. Sé que estás haciendo que las condiciones de la senda que recorro sean las mejores para lograr tus propósitos en mi vida.

En tu nombre fuerte, Jesús,
Amén

Salmos 18:32; Salmos 103:12;
2 Corintios 4:7; 2 Corintios 12:9

10 de enero

Querido Jesús:

Ayúdame a aprender a apreciar los días difíciles, a sentirme estimulado en lugar de angustiado por los desafíos que encuentro en el camino. Mientras voy pasando por algún terreno accidentado contigo, me siento confiado al saber que *juntos* podemos manejar cualquier cosa. Este conocimiento se basa en tres bendiciones: tu presencia continua conmigo, tus preciosas promesas de la Biblia, y mis experiencias pasadas afrontadas con éxito al depender de ti.

Cuando miro hacia atrás en mi vida, puedo ver cuánto me has ayudado en los días difíciles del pasado. Sin embargo, caigo fácilmente en la trampa de pensar: «Sí, pero eso fue entonces y esto es ahora». En cambio, necesito recordar que aunque mis circunstancias pudieran cambiar drásticamente, tú *sigues siendo el mismo* a lo largo del tiempo y la eternidad. Además, *en ti vivo, me muevo y existo.* Mientras permanezca cerca de ti, consciente de tu amorosa presencia, puedo avanzar con confianza a través de mis momentos más difíciles.

En tu digno nombre,
Amén

Isaías 41:10; Salmos 102:27;
Filipenses 4:13; Hechos 17:27-28

11 de enero

Jesús siempre cercano:

Me has estado preparando para una vida de constante comunión contigo. Parte del entrenamiento implica vivir por encima de mis circunstancias, incluso cuando estoy sumida hasta el cuello en el desorden y la confusión. Anhelo un estilo de vida sencillo, con menos interrupciones en mi comunicación contigo. Sin embargo, me has estado desafiando a renunciar a la fantasía de un mundo despejado. Necesito aceptar cada día tal como viene, y *buscarte* en medio de todo.

Estoy agradecido de poder hablar contigo sobre todos los aspectos de mi día, incluidos mis sentimientos. Ayúdame a recordar que mi objetivo final *no* es controlar o arreglar todo lo que me rodea; es mantenerme en comunicación contigo. Me has estado mostrando que un día exitoso es aquel en el que me he mantenido en contacto contigo, incluso si muchas cosas quedan sin hacer al final del día.

No debo permitir que mi lista de cosas por hacer se convierta en un ídolo que dirija mi vida. En cambio, puedo pedirle a tu Espíritu que me guíe momento a momento. Él me mantendrá cerca de ti.

En tu nombre guía,
Amén

Colosenses 4:2; Jeremías 29:13;
Proverbios 3:6; Gálatas 5:25

12 de enero

Jesús, mi acompañante amado:

Estoy en un camino de aventuras contigo. Este no es un tiempo fácil; no obstante, es bueno: lleno de bendiciones, así como también de luchas. Ayúdame a ser receptivo a todo lo que me estás enseñando mientras viajo contigo a través de un terreno desafiante. Y permíteme dejar ir las comodidades a las que estoy tan acostumbrado para poder decir un «¡Sí!» de todo corazón a esta aventura.

Sé que me darás todo lo que necesito para hacerles frente a los desafíos que se me presenten. Así que no quiero desperdiciar energía imaginándome a mí mismo en situaciones futuras, tratando de ir a través de esos momentos de «todavía no» en mi mente. Me doy cuenta de que esto es una forma de incredulidad: dudar de tu capacidad para proporcionar lo que necesito *cuando* lo necesito.

Quiero tomar decisiones sabias mientras viajo contigo. Necesito *orar continuamente* por estas decisiones, confiando en tu perfecta sabiduría. Tú lo sabes *todo*, incluido lo que me espera en el camino. Mi mente ocupada tiende a hacer planes sobre el camino que debo seguir, pero *tú* eres quien *dirige mis pasos y los haces seguros*.

En tu nombre infinitamente sabio,
Amén

Filipenses 4:19; Deuteronomio 29:29;
1 Tesalonicenses 5:17; Proverbios 16:9

13 de enero

Mi Salvador resucitado:

¡Estoy muy agradecido *de que me hayas dado un nuevo nacimiento a una esperanza viva a través de tu resurrección de entre los muertos!* Además, *soy una nueva creación; ¡lo viejo se ha ido, ha llegado lo nuevo!*

Mi adopción en tu familia real ocurrió en el momento en que confié en ti por primera vez como mi Dios Salvador. En ese instante, mi estado espiritual cambió de muerte a vida: vida eterna. Tengo *una herencia guardada en el cielo para mí que nunca perecerá, ni se estropeará ni se desvanecerá.* ¡Mi corazón rebosa de gratitud por proveerme esta gloriosa herencia!

Me has mostrado que aunque soy una *nueva creación*, mi conversión fue solo el comienzo de la obra que tu Espíritu está haciendo en mí. *Necesito ser hecho nuevo en la actitud de mi mente y ponerme el nuevo yo,* volviéndome cada vez más recto y santo. ¡Este esfuerzo arduo, maravilloso y de toda la vida me está preparando para pasar una eternidad contigo en la gloria! Ayúdame a recibir esta asignación con valor y gratitud, manteniéndome alerta y observando todas las cosas maravillosas que estás haciendo en mi vida.

En tu magnífico nombre, Jesús,
Amén

1 Pedro 1:3-4; 2 Corintios 5:17;
Efesios 4:22-24; Romanos 6:4

14 de enero

Señor confiable:

Ayúdame a *confiar en ti y a no tener miedo.* Muchas cosas parecen estar fuera de control y mis rutinas se complican. Me siento mucho más seguro cuando las circunstancias de mi vida son más predecibles. Por favor, *llévame a la roca que es más alta que yo.* Señor, *anhelo refugiarme en el amparo de tus alas*, donde estoy absolutamente seguro.

Cuando siento que mis rutinas cómodas se estremecen, necesito agarrarme de tu mano con fuerza y buscar oportunidades para crecer. Puedo aceptar el desafío de algo nuevo, negándome a desperdiciar energía mientras me lamento por la pérdida de mi comodidad.

Protégeme contra la tendencia de aumentar mis dificultades anticipándome a los problemas que puedan surgir en el futuro. Reconozco esta tendencia por lo que es: querer conservar el control. En lugar de *preocuparme por el mañana*, quiero relajarme en tu presencia y confiar en ti para ayudarme a lidiar con los problemas a medida que surgen. En lugar de temer mis dificultades, te invito a que las uses para *transformarme de un grado de gloria en otro*, haciéndome apto para tu reino.

En tu nombre protector, Jesús,
Amén

ISAÍAS 12:2; SALMOS 61:2-4;
MATEO 6:34; 2 CORINTIOS 3:18

15 de enero

Dios misericordioso:

Mientras voy contigo hoy, ayúdame a darte las gracias durante todo el día. Esta práctica hace que sea más fácil para mí *orar sin cesar*, como enseñó el apóstol Pablo. Deseo poder orar continuamente, y agradecerte en cada situación que facilite esta búsqueda. Mis oraciones de agradecimiento me proporcionan una base sólida sobre la cual puedo edificar todas mis otras oraciones. Además, es mucho más fácil para mí comunicarme libremente contigo cuando tengo una actitud agradecida.

Si mantengo mi mente ocupada en agradecerte, es menos probable que caiga en patrones mortificantes de preocupación o queja. He visto que cuando practico el agradecimiento de manera constante, los patrones de pensamientos negativos gradualmente se vuelven cada vez más débiles.

Un corazón agradecido me abre el camino para *acercarme a ti*. Y tu gloriosa presencia me llena de *gozo y paz*.

En tu jubiloso nombre, Jesús,
Amén

1 Tesalonicenses 5:16-18;
Santiago 4:8; Romanos 15:13

16 de enero

Soberano Dios:

Ayúdame a vivir con gozo en medio de mis luchas. Anhelo una forma de vida más libre e independiente de la que estoy experimentando actualmente.

Oro fervientemente y luego espero con expectación los cambios que deseo. Cuando no respondes a mis oraciones como esperaba, a veces me desanimo. Me parece que estoy haciendo algo mal, como si me estuviera perdiendo lo que es mejor para mí. Sin embargo, cuando pienso de esa manera, estoy pasando por alto una verdad muy importante: tú eres soberano. Necesito recordar que siempre tienes el control y te preocupas por mí.

Enséñame a aceptar mi forma de vida dependiente como un regalo tuyo. Además, ayúdame a recibir este regalo con gozo, con un corazón alegre y agradecido. He descubierto que nada me saca de la depresión más rápido que agradecerte y alabarte. ¡Y nada me permite disfrutar de tu presencia más deliciosamente! Al buscar tu rostro, tengo la bendición de escuchar tus amorosas palabras de instrucción: *entra por mis puertas con acción de gracias y por mis atrios con alabanza.*

En tu nombre confiable, Jesús,
Amén

Isaías 40:10; 1 Pedro 5:7;
Romanos 9:20; Salmos 100:4-5

17 de enero

Exaltado Señor Jesús:

¡Tú eres mi fortaleza y mi canción! Sin embargo, confieso que esta mañana me siento tambaleante al ver las dificultades que se avecinan y compararlas con mi fuerza limitada. Pero estos desafíos no son tareas para hoy, ni siquiera para mañana. Necesito dejarlos en el futuro y volver al presente, donde puedo disfrutar de tu presencia. Ya que tú eres mi fortaleza, sé que puedes darme el poder para manejar cada dificultad a medida que se presente. Y debido a que eres mi canción, puedes darme gozo mientras voy junto a ti.

Te ruego que hagas regresar mi mente al momento presente una y otra vez. La asombrosa capacidad de anticipar los sucesos futuros es una bendición tuya, pero se convierte en una maldición cada vez que la uso incorrectamente. Si uso mi mente para *preocuparme por el mañana*, me envuelvo en una oscura incredulidad. En lugar de este revolcarse pecaminoso en la preocupación, quiero confiar cada vez más en ti.

He descubierto que la luz de tu presencia me envuelve en paz cuando lleno mis pensamientos con la esperanza del cielo. Tú eres mi *salvación*, Señor, así que tengo buenas razones para *confiar y no tener miedo.*

En tu nombre celestial,
Amén

Isaías 12:2; 2 Corintios 10:5;
Mateo 6:34; 1 Pedro 1:3-4

18 de enero

Mi gran Dios:

Me encanta escucharte hablar a través de tu Palabra: «*¡Estoy haciendo todo nuevo!*». Esto es lo contrario de lo que está sucediendo en mi mundo de muerte y decadencia. Me doy cuenta de que cada día que vivo significa que queda un día menos de mi vida en la tierra. Sin embargo, como te pertenezco, Jesús, este pensamiento no me preocupa. Al final de cada día, soy consciente de estar un paso más cerca del cielo.

El mundo está en una condición tan desesperadamente caída que tu promesa de *hacer todo nuevo* es mi única esperanza. Ayúdame a no desanimarme cuando mis esfuerzos por mejorar las cosas no tengan éxito. Debo tener presente que todos mis esfuerzos están manchados por el quebrantamiento que me rodea y está dentro de mí. No dejaré de intentar hacer lo mejor que pueda, dependiendo de ti, pero sé que este mundo necesita mucho más que ajustes o reparaciones. ¡Debe hacerse completamente nuevo! Y esto está absolutamente garantizado que sucederá al final de los tiempos, porque *tus palabras son confiables y verdaderas.*

Tengo buenas razones para regocijarme, porque has prometido renovar todas las cosas, incluyéndome a mí, ¡haciendo que todo sea gloriosamente perfecto!

En tu nombre triunfante, Jesús,
Amén

Apocalipsis 21:5; Filipenses 1:21;
Romanos 8:22-23

19 de enero

Salvador paciente:

Que tu paz proteja mi mente y mi corazón. Ayúdame a *regocijarme en ti siempre*, recordando que *estás cerca*. Mientras paso tiempo contigo, *presentándote mis peticiones con acción de gracias*, me bendices con una *paz que sobrepasa todo entendimiento*. Así es como *guardas mi corazón y mi mente*. Es un esfuerzo de colaboración, tú y yo juntos. ¡Estoy agradecido de no enfrentarme nunca a nada solo!

Debido a que te pertenezco, la soledad es solo una ilusión, pero es peligrosa y puede conducir a la depresión o la autocompasión. El diablo y sus subordinados trabajan duro para nublar mi conciencia de tu presencia. Por eso es fundamental para mí reconocer y resistir sus ataques. Puedo luchar con tu Palabra poderosa, que es *viva y eficaz*: leyéndola, meditándola, memorizándola, hablándola en voz alta.

Incluso cuando me siento solo, puedo hablar libremente contigo, confiando en que *estás conmigo siempre*. He descubierto que mientras más hablo contigo, más consciente soy de tu cercanía. Y esta conciencia de tu presencia conmigo llena mi corazón y mi mente con tu paz.

En tu amado nombre, Jesús,
Amén

Filipenses 4:4-7; Hebreos 4:12; Mateo 28:20

20 de enero

Jesús, mi guía:

Ayúdame a recorrer este día paso a paso sin apartar la vista de ti. Te pido que me vayas abriendo camino mientras doy pasos de confianza en *la senda de la vida*, teniéndote a ti como mi guía.

A veces, el camino ante mí parece estar bloqueado. He descubierto que si me concentro demasiado en el obstáculo o en buscar una forma de sortearlo, es probable que me desvíe del rumbo. Por eso necesito concentrarme en ti, el pastor que me va guiando a lo largo de la jornada de mi vida. Si mantengo mis ojos en ti, el «obstáculo» estará detrás de mí antes de que me dé cuenta, y es posible que ni siquiera entienda cómo lo superé.

Este es un importante secreto del éxito en tu reino. Aunque permanezco consciente del mundo visible que me rodea, quiero ser principalmente consciente de *ti*. Cuando el camino que tengo por delante me parezca rocoso, sé que puedo confiar en ti para que me ayudes a superar ese momento difícil. Pase lo que pase, tu presencia conmigo me permitirá afrontar cada día con confianza.

En tu nombre alentador,
Amén

Salmos 16:11; Juan 10:14-15;
Isaías 26:7; Proverbios 3:26

21 de enero

Amable Jesús:

Al mirar este día que se extiende ante mí, veo un camino complicado y retorcido, con senderos que se abren en todas direcciones. Empiezo a preguntarme cómo podré encontrar mi camino a través de ese laberinto. No obstante, luego recuerdo: *tú siempre estás conmigo, sosteniéndome de la mano derecha*. Recuerdo tu promesa de *guiarme con tus consejos* y empiezo a relajarme. Cuando miro de nuevo mi camino, noto que una niebla pacífica se ha asentado sobre él, oscureciendo mi vista. Solo puedo ver unos pocos pasos frente a mí, así que dirijo mi atención más completamente a ti y comienzo a disfrutar de tu presencia.

Me has estado mostrando que la «niebla» es una protección que me brindas, llamándome de regreso al momento presente. Aunque habitas en todo espacio y tiempo, te comunicas conmigo *aquí* y *ahora*. Por favor, enséñame a mantener mi enfoque en ti y en el camino que tengo por delante. De ese modo, mientras camino a través de cada día contigo, ya la «niebla» no será necesaria.

En tu nombre reconfortante,
Amén

Salmos 73:23-24; Salmos 25:4-5;
1 Corintios 13:12; 2 Corintios 5:7

22 de enero

Soberano Dios:

Mis deseos son vivir en tu presencia de manera más constante, entregado a ti y a tu voluntad para mí. Sin embargo, cuando algo interfiere con esos deseos, tiendo a resentirme por la interferencia. En lugar de reprimir esos sentimientos, pienso que necesito aumentar mi conciencia de ellos, dejándolos salir a la superficie. De ese modo, cuando lleve mis sentimientos negativos a la luz de tu presencia, tú puedes liberarme de ellos.

Me doy cuenta de que la solución definitiva a mis tendencias rebeldes es la sumisión a tu autoridad sobre mí. Intelectualmente, me regocijo en tu soberanía. Sin ese regocijo, el mundo sería un lugar aterrador. No obstante, cuando tu soberana voluntad invade mi pequeño dominio de control, a menudo reacciono con un resentimiento revelador.

Tu Palabra me enseña que la mejor respuesta a las pérdidas o las esperanzas frustradas es la alabanza: *el Señor da y el Señor quita. Bendito sea el nombre del Señor.* Ayúdame a recordar que todas las cosas buenas son regalos tuyos. Enséñame a responder a mis bendiciones con gratitud en lugar de sentirme con derecho a recibirlas. ¡Y prepárame para desprenderme de cualquier cosa que quieras quitarme sin soltarme de tu mano!

En tu nombre digno de toda alabanza, Jesús,
Amén

Salmos 139:24; 1 Pedro 5:6; Job 1:21

23 de enero

Mi Salvador viviente:

Tu Palabra me muestra que es posible que tus seguidores estén gozosos y temerosos al mismo tiempo. Cuando un ángel les dijo a las mujeres que vinieron a tu tumba que habías resucitado de entre los muertos, ellas *tuvieron miedo, pero se llenaron de alegría*. Así que no tengo que dejar que el miedo me impida experimentar el gozo de tu presencia. Este placer no es un lujo reservado para momentos en los que mis problemas y las crisis del mundo parezcan estar bajo control. Tu amorosa presencia es mía para disfrutar hoy, mañana y siempre.

Señor, ayúdame a no aceptar una vida sin gozo dejando que las preocupaciones sobre el presente o el futuro me agobien. En cambio, necesito recordar que *ni lo presente ni lo porvenir, ni ningún poder, ni ninguna altura o profundidad, ni ninguna otra cosa en toda la creación, podrá separarme de tu amor.*

Estoy agradecido de poder hablar libremente contigo sobre mis miedos, expresando mis pensamientos y sentimientos con franqueza. Mientras me relajo en tu presencia y te confío todas mis preocupaciones, bendíceme con tu gozo, *que nadie me puede quitar.*

En tu deleitoso nombre, Jesús,
Amén

Mateo 28:8; Romanos 8:38-39;
Juan 16:22

24 de enero

Mi Rey y Salvador:

Gracias por tu precioso *manto de justicia* que me cubre de pies a cabeza. El precio que pagaste por esta gloriosa prenda fue astronómico: tu propia sangre sagrada. Me doy cuenta de que *nunca* podría haber comprado este manto real, sin importar cuánto haya podido trabajar. ¡Así que estoy muy agradecido de que tu justicia sea un regalo gratuito! Si olvidara esta asombrosa verdad, me sentiría incómodo con mi manto real. A veces incluso me retuerzo bajo la tela aterciopelada como si estuviera hecha de una tela de saco áspera.

Señor, anhelo confiar en ti lo suficiente como para recordar mi posición privilegiada en tu reino y relajarme en los abundantes pliegues de mi magnífico manto. Necesito mantener mis ojos en ti mientras practico caminar con estas *ropas de salvación.*

Cuando mi comportamiento es inadecuado para un hijo del rey, siento la tentación de intentar quitarme el manto real. ¡Ayúdame en cambio a deshacerme del comportamiento injusto! Así podré sentirme a gusto con este manto de gracia, disfrutando del regalo que me diste desde antes de la creación del mundo.

En tu nombre real, Jesús,
Amén

ISAÍAS 61:10; 2 CORINTIOS 5:21;
EFESIOS 4:22-24

25 de enero

Glorioso Jesús:

Quiero seguirte a dondequiera que me lleves. Ayúdame a ir detrás de ti de todo corazón, con alegre anticipación acelerando mis pasos. Aunque no sé lo que me espera, *tú* lo sabes, ¡y eso es suficiente! Creo que algunas de tus bendiciones más ricas están a la vuelta de la esquina: fuera de la vista, pero no obstante, muy reales. Para recibir estos preciosos dones, necesito *caminar por fe, no por vista*. Sé que esto no significa cerrar los ojos a todo lo que me rodea. Significa subordinar el mundo visible a ti, el pastor invisible de mi alma.

A veces me llevas a una alta montaña con solo tu mano para sostenerme. Mientras más alto subo, más espectacular se vuelve la vista, y más agudamente siento mi separación del mundo con todos sus problemas. Esto me libera para experimentar más plenamente la gozosa realidad de tu brillante presencia. ¡Cómo me deleito al pasar estos momentos de gloria contigo!

Finalmente, me conduces montaña abajo, de regreso a la comunidad con otras personas. Que la luz de tu presencia continúe brillando sobre mí y me convierta en una bendición para los demás.

En tu majestuoso nombre,
Amén

2 Corintios 5:7; Salmos 96:6;
Juan 8:12; Salmos 36:9

26 de enero

Oh Señor:

Mantienes mi lámpara encendida; conviertes mis tinieblas en luz. A veces, cuando estoy *cansado y cargado*, siento como si mi lámpara estuviera a punto de apagarse. Parpadea y chisporrotea, como si fuera a quedarse sin combustible. Siempre que esto sucede, necesito clamar a ti y acercarme a ti. Mientras descanso en tu presencia, me recuerdas que tú eres el que le proporciona combustible a mi lámpara. ¡Tú eres *mi fortaleza*!

También eres mi luz. Mientras me mantengo volviéndome a ti, la gloria de tu presencia brilla sobre mí. Tu belleza radiante ilumina mi vida y cambia mi perspectiva. Cuando me aparto de tu brillantez y miro hacia las tinieblas del mundo, es fácil que me desanime. Sin embargo, aunque hay tantos problemas en este mundo quebrantado, siempre puedo regocijarme en ti, Señor. *Tú eres la luz que brilla en las tinieblas.* Así que no debo tener miedo, no importa lo sombrías que se vean las cosas.

En lugar de enfocarme en los problemas, quiero confiar en ti de todo corazón. Ayúdame a esperar expectante a que tú transformes mi oscuridad en luz.

En tu brillante y bendito nombre, Jesús,
Amén

SALMOS 18:28-29; MATEO 11:28;
SALMOS 18:1; JUAN 1:5

27 de enero

Generoso Dios:

Tú eres un Dios de intrincados detalles y abundancia desbordante. Cuando te confío los pormenores de mi vida, a menudo me sorprende lo bien que respondes a mis peticiones. La instrucción bíblica de *orar continuamente* me ayuda a sentirme libre de traerte todas mis peticiones. Y he descubierto que mientras más oro, con una actitud esperanzada y vigilante, más respuestas recibo. Lo mejor de todo es que mi fe se fortalece al ver con qué precisión respondes a mis oraciones específicas.

¡Me regocijo de que seas infinito en todos tus caminos! Debido a que la *abundancia* está en el corazón de lo que eres, no necesito temer que te quedes sin recursos. Puedo acudir a ti con la alegre expectativa de recibir todo lo que necesito, ¡y a veces mucho más!

¡Estoy muy agradecido por las abundantes bendiciones que me das! Incluso las dificultades de mi vida pueden verse como tus bendiciones: me entrenan en la perseverancia, me transforman y me preparan para el cielo. Así que vengo a ti con las manos y el corazón abiertos, listo para recibir todo lo que tienes para mí.

En tu gran nombre, Jesús,
Amén

1 Tesalonicenses 5:17; Salmos 36:7-8;
Salmos 132:15

28 de enero

Compasivo Jesús:

Ayúdame a recordar cuán seguro estoy en ti. La Biblia me asegura que tu presencia conmigo es un hecho, totalmente independiente de mis sentimientos. Debido a que tu muerte en la cruz cubre todos mis pecados, sé que estoy en camino al cielo. ¡*Nada* puede impedirme llegar a ese glorioso destino! Allí te veré *cara a cara*, ¡y mi gozo será completo!

Estoy agradecido de que incluso en *este* mundo nunca me separe de ti. Sin embargo, por ahora debo contentarme con verte a través de los ojos de la fe. Me deleito en tu promesa de caminar conmigo hasta el fin de los tiempos y hasta la eternidad.

Aunque tu presencia continua está garantizada, el simple hecho de conocer esta verdad no cambia automáticamente mis emociones. Cuando me olvido de enfocarme en ti, soy vulnerable al miedo, la ansiedad, la soledad y otros sentimientos no deseados. No obstante, he descubierto que la *conciencia* de tu presencia conmigo puede disipar esos sentimientos dolorosos y reemplazarlos con tu paz. Adiéstrame en la disciplina de caminar atentamente contigo todos los días.

En tu nombre tranquilizador,
Amén

JUAN 10:28-29; 2 CORINTIOS 5:1;
1 CORINTIOS 13:12; SALMOS 29:11

29 de enero

Precioso Salvador:

Vengo a ti, porque necesito *encontrar descanso* en tu presencia. Estoy seguro de que este día traerá dificultades y he estado tratando de pensar en las pruebas que enfrentaré. Sin embargo, cuando me concentro en anticiparme a lo que me espera, pierdo de vista el hecho de que *tú estás conmigo dondequiera que vaya y nunca me dejarás.*

Confieso que soy demasiado propenso a darles vuelta en mi mente a mis problemas una y otra vez. Esto muchas veces me hace experimentar dificultades dolorosas. Pero sé que se supone que debo soportarlas solo una vez, cuando realmente ocurren. ¡Ayúdame a dejar de multiplicar mi sufrimiento de esta manera!

En lugar de concentrarme en los problemas, elijo venir a ti y relajarme en tu amorosa presencia. ¡Señor, te pido que me fortalezcas y me prepares para este día, transformando mi miedo *en confianza*!

En tu nombre fidedigno, Jesús,
Amén

Mateo 11:28-30; Josué 1:5, 9;
Isaías 30:15

30 de enero

Poderoso Jesús:

¡Contigo, todo es posible! Estas formidables palabras de las Escrituras iluminan mi mente y animan mi corazón. Me estás enseñando a *vivir por fe, no por vista*. Así que me niego a dejarme intimidar por la forma en que se ven las cosas en este momento.

Estoy agradecido por el sentido de la vista, un regalo espectacular que nos has hecho. Sin embargo, es fácil para mí quedarme tan hipnotizado por la estimulación visual que me rodea que te desvaneces en el fondo de mi mente. En lugar de eso, ayúdame a concentrarme principalmente en *ti*, confiando en tus promesas y tratando de ver las cosas desde tu perspectiva.

Enséñame cómo acercarme más a ti, Señor Jesús. Me deleito en conocerte como mi Salvador y amigo, pero quiero relacionarme contigo también como Dios todopoderoso. Cuando viviste como un hombre en este mundo, *tus señales milagrosas revelaron tu gloria*. Sé que continúas haciendo milagros de acuerdo con tu voluntad y propósitos. Enséñame a alinear mi voluntad con la tuya y a *esperar que tú* obres.

En tu poderoso nombre,
Amén

Marcos 10:27; 2 Corintios 5:7;
Juan 2:11; Miqueas 7:7

Rey de reyes:

¡Tú eres mi Señor! Me deleito en relacionarme contigo como mi amigo y el amor de mi alma. Sin embargo, me doy cuenta de que tú también eres *Señor de señores y Rey de reyes*, soberano sobre todo. Mientras contemplo el día que se extiende ante mí puedo hacer algunos planes, pero necesito mantenerlos en espera, anticipando que es posible que tengas otras ideas. Lo más importante para determinar es qué quieres que haga *ahora mismo.*

A menudo pierdo el tiempo escudriñando el horizonte de mi vida, buscando cosas que deberán hacerse en *algún momento.* En lugar de eso, ayúdame a concentrarme en la tarea que tengo por delante y en ti, que nunca te apartas de mi lado. Mientras dejo que todo lo demás se desvanezca en un segundo plano, mi mente se despeja, dejando espacio para que tú ocupes más y más mi pensamiento.

Cuando termine aquello en lo que estoy trabajando en este momento, puedo pedirte que me muestres qué hacer a continuación. Me guías paso a paso mientras voy por el *camino de paz* confiando en ti. Gracias, Señor, por *darme fuerzas y bendecirme con paz.*

En tu exaltado nombre, Jesús,
Amén

Apocalipsis 17:14; Proverbios 19:21;
Lucas 1:79; Salmos 29:11

Jesús les habló otra vez, diciendo: «Yo soy la Luz del mundo; el que me sigue no andará en tinieblas, sino que tendrá la Luz de la vida».

Juan 8:12

1 de febrero

Dios omnipresente:

Quiero que la luz de tu presencia brille sobre todo lo que experimento, permitiéndome ver las cosas desde tu perspectiva. Ayúdame a estar atento a ti en todas y cada una de las situaciones en que me encuentre.

Me alienta el relato bíblico del patriarca Jacob, que se escapó de su enfurecido hermano. Él se fue a dormir sobre una almohada de piedra en una tierra que parecía desolada. No obstante, después de soñar con el cielo y los ángeles y las promesas de tu presencia, se despertó y dijo: «*Ciertamente el Señor está en este lugar y yo no lo sabía*». Estoy agradecido de que el maravilloso descubrimiento que hizo Jacob no fue solo para él, sino para todos los que buscan conocerte mejor, y eso definitivamente me incluye a mí.

Señor, te pido que aumentes mi conciencia de que permaneces conmigo, sin importar dónde me encuentre o lo que esté sucediendo. Siempre que me sienta distante de ti, por favor, recuérdame que estás conmigo *en este lugar*. ¡Estoy muy agradecido de que *nada en toda la creación podrá separarme de tu amorosa presencia!*

En tu magnífico nombre, Jesús,
Amén

GÉNESIS 28:11-16; ROMANOS 8:39

2 de febrero

Mi Señor viviente:

De día mandas tu amor, de noche tu cántico me acompaña, porque tú eres *el Dios de mi vida*. ¡Saber que estás a cargo de todo es un gran consuelo! Durante el día, tú le ordenas a tu amor que me bendiga de innumerables formas. Así que estaré atento a las muchas cosas buenas que colocas a lo largo de mi camino, buscando tus bendiciones y agradeciéndote por cada una que encuentre. Ayúdame a no desanimarme por las cosas difíciles, sino a aceptarlas como parte de vivir en un mundo profundamente caído.

Me regocijo porque durante toda la noche *tu canción está conmigo* mientras me cuida tu amor. Si estoy despierto, puedo usar este tiempo para *buscar tu rostro* y disfrutar de tu apacible presencia. Una tierna intimidad contigo se desarrolla *cuando te recuerdo en mi cama, meditando en ti en las vigilias nocturnas*. Ya sea que esté despierto o durmiendo, siempre estás presente conmigo. ¡Porque tú eres en verdad el Dios de mi vida!

En tu bendito nombre, Jesús,
Amén

Salmos 42:8; 2 Corintios 4:16-17;
Salmos 27:8; Salmos 63:6-7

3 de febrero

Querido Jesús:

Te traigo mi debilidad, buscando recibir tu paz. Ayúdame a aceptarme a mí mismo como soy y a mis circunstancias tal como se presentan, recordando que tú eres soberano sobre todo. Por favor, protégeme de desgastarme analizando y planificando. En lugar de eso, quiero dejar que el agradecimiento y la confianza sean mis guías durante este día, manteniéndome cerca de ti.

La Biblia me dice que tú no solo estás *conmigo*, sino que también estás *para* mí. ¡Qué maravilloso es darme cuenta de que no me enfrento a *nada* solo! Cuando me siento ansioso, es porque me estoy enfocando en el mundo visible y te dejo fuera de la imagen. El remedio es *fijar la mirada no en lo que se ve, sino en lo que no se ve*. Sé que puedo confiar en ti para que me ayudes a sentirme seguro este día y todos mis días.

Mientras vivo en el resplandor de tu presencia, tu paz brilla sobre mí y dejo de pensar tanto en lo débil que soy. Mientras continúo este viaje íntimo contigo, soy bendecido y fortalecido por tu promesa de que el camino por el que voy se dirige al cielo.

En tu radiante nombre,
Amén

Romanos 8:31; 2 Corintios 4:18;
Números 6:24-26; Salmos 29:11

4 de febrero

Magnífico Jesús:

Ayúdame a *deshacerme de las obras de las tinieblas y vestirme con las armas de la luz*, y a llevar esta brillante cubierta protectora con un corazón agradecido. La oscuridad de este mundo prevalece a mi alrededor. Tu hermosa armadura de luz no solo me permite ver las cosas con mayor claridad, sino que me protege de ser engañado por la mundanalidad que me rodea.

Me deleito en *andar en la luz* contigo, viviendo cerca de ti, consciente de tu amorosa presencia. Así como me pongo la ropa cada mañana, necesito *vestirme de ti* todos los días. Esta cercanía a ti me ayuda a tomar buenas decisiones. No obstante, a veces doy pasos equivocados que me inducen a pecar. Siempre que esto suceda, te ruego que me recuerdes que tu sacrificio en la cruz fue suficiente para librarme de *todos* mis pecados. Además, tu preciosa sangre sacrificial me limpia para que pueda seguir caminando en la luz.

La Biblia me asegura que *si confieso mis pecados, tú eres fiel y justo para perdonarme y limpiarme de toda maldad.* ¡Me regocijo en ti, Salvador mío!

En tu nombre misericordioso,
Amén

ROMANOS 13:12; 1 JUAN 1:7;
ROMANOS 13:14; 1 JUAN 1:9

5 de febrero

Mi Dios grandioso:

Solo en *ti* puedo encontrar un gozo duradero. En este mundo hay muchas fuentes de felicidad, y a veces se desbordan de alegría, especialmente cuando comparto mi placer contigo. ¡Derramas tantas bendiciones sobre mi vida! Quiero tomar nota de cada una, respondiendo a tu bondad con un corazón alegre y agradecido. Cuando me acerco a ti con una actitud de agradecimiento, el gozo de tu presencia realza el placer que recibo de tus bendiciones.

En los días en que el gozo parece un recuerdo lejano, necesito *buscar tu rostro* más que nunca. En lugar de dejar que las circunstancias o los sentimientos me agobien, puedo animarme con la verdad bíblica de que *tú siempre estás conmigo; me sostienes de la mano derecha. Me guías con tu consejo, y después recibirás en la gloria*. Debo aferrarme a estas gloriosas verdades con todas mis fuerzas mientras me abro paso entre los escombros de este mundo quebrantado. Ayúdame a recordar que tú eres *la Verdad* en ti mismo. También eres *el Camino*, por lo que es de sabios seguirte. *La luz de tu presencia* está brillando sobre mí, iluminando la senda que tengo por delante.

En tu resplandeciente nombre, Jesús,
Amén

Salmos 105:4; Salmos 73:23-24;
Juan 14:6; Salmos 89:15

6 de febrero

Dios misericordioso:

Tu amor inquebrantable nunca cesa, tus misericordias nunca terminan; son nuevas cada mañana. Quiero desesperadamente descansar en esta verdad, pero estoy luchando para hacerlo. Hoy, lo único que parece no tener fin son mis problemas y mi dolor. Sin embargo, sé que *estás aquí*, tiernamente presente, listo para ayudarme a pasar este día sin peligro. Tu amorosa presencia es mi cuerda de salvamento que evita que caiga en la desesperación.

Algunos días, cuando las cosas van bien, de buena gana confío en tu amor inquebrantable. Pero cuando surgen problemas nuevos e inesperados, confiar en ti requiere mucho más esfuerzo. En esos momentos, necesito recordar que tus misericordias siempre nuevas superan con creces mis dificultades. *¡Grande es tu fidelidad!*

Mientras me visto, me gusta recordarme a mí mismo que *me has vestido con ropas de salvación*. ¡Debido a que llevo tu *manto de justicia*, voy camino al cielo! Este es un increíble acto de misericordia: sacarme de las fauces del infierno y ponerme en el camino hacia la gloria. ¡Nada de lo que enfrento hoy se puede comparar con tu asombroso regalo de la *vida eterna*!

En tu nombre victorioso, Jesús,
Amén

Lamentaciones 3:22-23;
Isaías 61:10; Juan 3:16

7 de febrero

Jesús encantador:

¡Tú eres mi gozo! Me gusta dejar que estas palabras reverberen en mi mente y se hundan en lo más profundo de mi ser. ¡Tú mi Compañero que *nunca me dejará* eres una fuente ilimitada de gozo! Centrarme en esta maravillosa verdad me permite afrontar cada día de mi vida como un buen día. Así que ayúdame a abstenerme de usar la etiqueta «un mal día», incluso cuando estoy luchando profundamente. Aunque mis circunstancias pueden ser realmente muy difíciles, *sé que estás continuamente conmigo; me sostienes de la mano derecha.* Debido a tu constante presencia y tu amor inquebrantable, es posible encontrar el bien en *este* día, y todos los días.

¡Me regocijo en *tu inapreciable e infalible amor*! Este amor me garantiza que puedo *encontrar refugio a la sombra de tus alas* sin importar lo que esté sucediendo. Y eso me da acceso a *tu río de delicias.* Cuando mi mundo parezca cualquier cosa menos encantador, por favor, llévame a este río deslumbrante para beber profundamente de tu amorosa presencia. Tanto en tiempos difíciles *como en* tiempos fáciles, ¡tú eres mi gozo!

En tu nombre incomparable,
Amén

Deuteronomio 31:8; Salmos 73:23;
Salmos 36:7-8

8 de febrero

Amoroso Salvador:

Me sacaste a un lugar espacioso. Me rescataste porque te agradaste de mí. Sé que tu deleite no se basó en ningún mérito mío. *Elegiste* libremente derramar tu amor en mí, sacándome de la *esclavitud del pecado* a un lugar espacioso de salvación. Dado que mis mejores esfuerzos fueron absolutamente insuficientes para salvarme a mí mismo, *me rescataste* y me vestiste con tu propia justicia perfecta. Ayúdame a llevar esta *ropa de salvación* con gozo desbordante, *viviendo como un hijo de luz,* seguro en tu justicia radiante.

La salvación es el regalo más grande y precioso que jamás podría recibir, ¡y nunca dejaré de agradecerte por ello! Por la mañana, cuando despierte, me gozaré porque me has adoptado en tu familia real. Antes de irme a dormir por la noche, te alabaré por tu gloriosa gracia.

Señor, quiero vivir de maneras que ayuden a otras personas a verte como la Fuente de Vida abundante e interminable.

En tu nombre justo y real, Jesús,
Amén

Salmos 18:19; Juan 8:34;
Isaías 61:10; Efesios 5:8

9 de febrero

Soberano Señor:

¡Tú eres *mi fortaleza*! Estás al tanto de todo en cuanto a mis debilidades. Entiendes que mi fuerza es insuficiente para manejar los desafíos que enfrento. Aunque me siento incómodo por ser tan débil, he aprendido que la debilidad puede ser un lugar de bendición. La conciencia de mi necesidad me recuerda volverme a ti y aferrarme a tu promesa de que *suplirás todas mis necesidades de acuerdo con tus riquezas en gloria*.

Cuando siento que mi energía se está agotando, es vital para mí conectarme contigo, *mi fortaleza*. A veces, me dotas de abundante resistencia mientras paso tiempo en tu presencia. Otras veces me fortaleces poco a poco, dándome la energía suficiente para seguir avanzando mesuradamente. Este ritmo más lento puede ser decepcionante, pero me permite concentrarme en ti. Me doy cuenta de que esta puede ser tu forma de mantenerme cerca de ti en el camino de mi vida para escucharte susurrar: «Te amo». Para seguir escuchando estos susurros, necesito confiar en que tú, *soberano Señor*, estás a cargo de mi vida, y en que mi viaje, aunque difícil, está lleno de bendiciones. ¡Ayúdame a confiar cada vez más en ti!

En tu poderoso nombre, Jesús,
Amén

Habacuc 3:19; Filipenses 4:19;
Salmos 96:6-7

10 de febrero

Precioso Jesús:

Tu Palabra me asegura que *en tu presencia hay plenitud de gozo.* Mientras descanso en tu presencia, reflexionando sobre quién eres en todo tu poder y gloria, me regocijo en tu eterno compromiso conmigo. *¡Ni lo alto ni lo profundo ni ninguna otra cosa en toda la creación podrán separarme de tu amor!* Mi relación contigo ha estado segura desde que confié en ti como mi Salvador todo suficiente. Ayúdame a recordar que soy tu hijo amado, *esta* es mi identidad permanente.

Me has mostrado que puedo encontrar alegría incluso en este mundo profundamente quebrantado porque *tú estás siempre conmigo.* Necesito dedicar tiempo a refrescarme en tu presencia, donde puedo relajarme y aprender a *deleitarme en ti* por encima de todo.

A medida que los lazos de amor entre nosotros se fortalecen, también lo hace mi deseo de ayudar a otros a disfrutar de las bendiciones que tengo en ti. Anhelo que tu amor fluya libremente a través de mí hacia la vida de otras personas. Condúceme por *la senda de la vida* y enséñame a mostrarles tu amor a los demás.

En tu amado nombre,
Amén

Salmos 16:11; Romanos 8:39;
Mateo 28:20; Salmos 37:4

11 de febrero

Amado Jesús:

Vengo a ti, buscando descansar en tu paz. La luz de tu rostro brilla sobre mí, bendiciéndome con una *paz que sobrepasa todo entendimiento.* En lugar de tratar de resolver las cosas por mí mismo, quiero relajarme en tu presencia, confiando en que tú lo sabes y lo entiendes todo. Mientras me apoyo en ti con la dependencia de un niño, me siento en paz y completo. Así es como me creaste para vivir: en estrecha comunión contigo. Me deleito en este tiempo, disfrutando de la seguridad de tu amorosa presencia.

Cuando estoy con otras personas, tiendo a satisfacer sus expectativas, reales o imaginarias. A medida que me concentro en complacerlos, mi conciencia de tu presencia se oscurece. Me siento agotado por mis esfuerzos para ganarme la aprobación de los demás. Cuando vivo de esta manera, le ofrezco a la gente migajas secas en lugar del *agua viva* de tu Espíritu que fluye a través de mí. Sé que este *no* es tu camino para mí.

Ayúdame, Señor, a estar en contacto contigo incluso durante mis momentos más ocupados. Mientras vivo en la luz de tu paz, que el Espíritu me dé palabras de gracia para hablar a otros en igual o mayor necesidad que yo.

En tu nombre lleno de gracia,
Amén

Filipenses 4:6-7; Juan 7:38; Efesios 5:18-20

12 de febrero

Glorioso Dios:

La Biblia me dice que *tú me creaste a tu propia imagen*. Además, *me hiciste un poco menor que los ángeles y me coronaste de gloria*. Así que, por favor, ayúdame a no dudar de mi importancia. Me formaste con un cerebro increíble que puede comunicarse contigo, pensar racionalmente, crear cosas, tomar decisiones y mucho más. Nos diste *dominio sobre los peces del mar, las aves del cielo y todo ser viviente que se mueve sobre la tierra*. Entre todo lo que has creado, solo nosotros los seres humanos estamos hechos a tu imagen. Hacer que cada momento de mi vida tenga valor es un privilegio y una responsabilidad maravillosos.

He aprendido que mi principal propósito en la vida es glorificarte y disfrutarte para siempre. *Me coronaste de gloria* para que pueda *reflejar tu gloria*, iluminando este mundo oscuro y señalando a los demás hacia ti. Enséñame a disfrutarte cada vez más. Estoy agradecido de que me hayas creado con una capacidad ilimitada para deleitarme en ti. ¡Sé que el gozo que encuentro en ti aquí y ahora es solo un anticipo de los vastos placeres eternos que me esperan en el cielo!

En tu nombre asombroso, Jesús,
Amén

Génesis 1:27-28; Salmos 8:5; 2 Corintios 3:18

13 de febrero

Señor de paz:

Cuando algo en mi vida o mis pensamientos me pone ansioso, necesito *venir a ti* y hablar contigo al respecto. Así que hoy vengo con valentía a tu presencia, trayéndote mi *oración y súplica con acción de gracias.* Señor, te agradezco por esta oportunidad de confiar más en ti. Las lecciones de confianza que me envías suelen estar envueltas en dificultades, pero he aprendido que sus beneficios superan con creces el costo.

Me has enseñado que la confianza bien desarrollada trae muchas bendiciones, y una de las más importantes es tu paz. Tu Palabra me asegura que *me mantendrás en perfecta paz* en la medida en que *mi mente esté puesta en ti, confiando en ti.*

El mundo se equivoca al proclamar que la paz es el resultado de tener suficiente dinero, posesiones, seguros y sistemas de seguridad. Afortunadamente, *tu* paz es un regalo tan completo que es independiente de las circunstancias. Estoy aprendiendo que no importa cuánto pueda perder, soy realmente rico si gano tu *paz perfecta.* ¡Ayúdame a confiar en ti lo suficiente como para recibir este glorioso regalo!

En tu nombre fidedigno, Jesús,
Amén

2 Tesalonicenses 3:16; Mateo 11:28;
Filipenses 4:6; Isaías 26:3

14 de febrero

Dios compasivo:

Tú eres el antídoto perfecto para mi soledad. *Porque tú eres el Señor, mi Dios, que me tomas de la mano derecha y me dices: «No temas; yo te ayudaré»*. Hay ocasiones en que me gusta cerrar mi mano derecha como si estuviera agarrado de *tu* mano. Este gesto simbólico me permite sentirme conectado contigo, con tu presencia viviente. Especialmente necesito este sentido de conexión cuando me siento solo o me asalta el temor.

Estoy agradecido de poder compartir contigo mis sentimientos y las luchas que enfrento. Ya sabes todo acerca de ellos, pero me hace bien contártelos. Al pasar tiempo disfrutando de la luz de tu presencia, me doy cuenta de lo seguro que estoy. ¡*Tú estás conmigo* cada nanosegundo de mi vida, así que nunca estaré solo!

Mientras más busco tu rostro, más obtengo tu perspectiva de mi vida. A veces encuentro útil escribir las cosas que me preocupan por las cuales oro. Esto aclara mi pensamiento y me provee un registro de mis oraciones. También es una forma de comunicarte mis problemas. Me alegro de que *me estés cuidando* continuamente.

En tu nombre fidedigno, Jesús,
Amén

Isaías 41:13; Mateo 28:20;
Salmos 27:4; Salmos 121:3

15 de febrero

Mi pastor:

Me encanta escuchar tu susurro en mi corazón: «Te estoy cuidando, hijo mío». A veces me siento solo y vulnerable, expuesto a los elementos de este mundo caído. Cuando me siento así, necesito detenerme y recordarme a mí mismo que *tú te preocupas por mí*. Esta promesa me tranquiliza y me acerca a ti. Mientras me relajo en tu presencia, dejo de intentar imaginar el futuro y orquestar lo que sucederá.

Ayúdame a recordar que siempre estoy a tu cuidado, incluso cuando las circunstancias son confusas y no sé cómo proceder. Estoy agradecido de que sepas todo sobre mí y mi situación. Además, tu perfecto conocimiento del futuro me anima y me da esperanza.

Siempre que empiece a sentir miedo, recuérdame que *tú estás conmigo*. Me has prometido que *nunca me dejarás ni me desampararás*. Además, tú mismo, *vas delante de mí* dondequiera que voy.

Mientras *ando por el profundo valle* de la adversidad, dejaré que estas reconfortantes palabras sigan fluyendo en mi mente: *No temeré mal alguno, porque tú estarás conmigo.*

En tu nombre siempre vigilante, Jesús,
Amén

1 Pedro 5:7; Salmos 23:4; Deuteronomio 31:8

16 de febrero

Dulce Jesús:

Me has estado enseñando que en mi vida no existen las casualidades: el *aquí* y el *ahora* engloban las coordenadas de mi vida diaria. El momento presente no es solo el punto en el que el tiempo se cruza con la eternidad, sino que es el lugar donde me encuentro *contigo*, mi Salvador eterno. ¡Cada momento de cada día está vivo con tu gloriosa presencia! Ayúdame a mantener mis pensamientos enfocados en ti, disfrutando de tu presencia aquí y ahora.

Confieso que he dejado escapar entre mis dedos muchos momentos a medio vivir. Descuido el presente preocupándome por el futuro o anhelando un mejor momento y lugar. ¡Por favor, abre mis ojos y despierta mi corazón para que pueda ver lo que contiene el día de hoy! Quiero que estés involucrado en todo lo que hago, preparándome para *hacer mi trabajo de todo corazón*. Trabajar en colaboración contigo aligera mi carga y me permite disfrutar de lo que estoy haciendo.

Encuentro que cuanto más tiempo dedico a comunicarme contigo, menos preocupación tengo. Esto me libera para dejar que tu Espíritu dirija mis pasos, *guiando mis pies por caminos de paz*.

En tu nombre guiador,
Amén

Lucas 12:25-26; Colosenses 3:23;
Juan 10:10; Lucas 1:79

17 de febrero

Jesús invencible:

Tú eres la culminación de todas mis esperanzas y anhelos. *Tú eres el Alfa y la Omega, el Principio y el Fin, el que es y que era y que ha de venir: el Todopoderoso.* Antes de conocerte, expresaba mi anhelo por ti de una forma equivocada. No me daba cuenta de que *tú* eras el único al que andaba buscando, y era siempre muy vulnerable al mal que me rodeaba. Sin embargo, ahora tu presencia me protege absolutamente, envolviéndome en tu amoroso cuidado. *Me has sacado de las tinieblas y me has trasladado a tu luz maravillosa.*

Aunque has traído muchas alegrías a mi vida, ninguna de ellas es esencial. Ayúdame a recibir tus bendiciones con las manos abiertas, disfrutando de tus buenos dones mientras me aferro firmemente a ellos. No quiero nada más que a *ti.*

Mientras sigo poniendo mi atención en el Dador *de todo don bueno y perfecto,* descanso en el conocimiento de que en ti me siento completo. Me gozo porque lo único que necesito es lo único que nunca perderé: ¡tu presencia conmigo!

En tu nombre magnífico,
Amén

Salmos 62:5; Apocalipsis 1:8;
1 Pedro 2:9; Santiago 1:17

18 de febrero

Querido Señor Jesús:

Mientras me siento en silencio ante tu presencia, te ruego que llenes mi corazón y mi mente de agradecimiento. Esta es la manera más agradable de pasar tiempo contigo. Cuando mi mente necesita un punto focal, puedo mirar tu amor derramado por mí en la cruz. Necesito recordar que *ni lo alto, ni lo profundo, ni ninguna otra cosa creada me podrá separar de tu amor*. Este recuerdo establece una base de gratitud en mí, una base que las circunstancias no pueden afectar.

A medida que avanzo en este día, quiero encontrar todos los tesoros que has depositado en mi camino. Sé que con amor vas delante de mí y siembras pequeñas alegrías para dar luz a mi día. Buscaré cuidadosamente estas bendiciones y las recogeré una a una. Luego, cuando llegue al final del día, habré reunido un hermoso ramo. Te lo ofreceré, Señor, con gratitud en mi corazón. Mientras me acuesto a dormir, ayúdame a relajarme en tu presencia y a recibir tu paz, con pensamientos de gratitud que suenan como una canción de cuna en mi mente.

En tu nombre reconfortante,
Amén

Romanos 8:38-39; 1 Corintios 3:11;
Salmos 4:7-8

Salvador redentor:

Me regocijo en ti, sabiendo que tu sacrificio en la cruz absolvió todas mis culpas: pasadas, presentes y futuras. *¡No hay condenación para aquellos que te pertenecen!*

Mi estado libre de culpa como tu hijo me da una buena razón para estar feliz cada día de mi vida. Desde la desobediencia de Adán y Eva en el jardín del Edén, el mundo ha estado bajo la esclavitud del pecado. Estoy muy agradecido de que tu muerte sacrificial me haya ofrecido la solución a este terrible problema. ¡El evangelio es realmente la mejor noticia imaginable! Tú tomaste mi pecado, *te hiciste pecado por mí*, y me diste tu propia justicia perfecta.

Ayúdame a aprender a disfrutar plenamente de mi estado libre de culpa en tu reino. *A través de ti, la ley del Espíritu de vida me ha hecho libre.* Me doy cuenta de que esto *no* es una invitación a sumergirme en un estilo de vida descuidado y pecaminoso; por el contrario, me permites vivir con gratitud, ¡celebrando el asombroso privilegio de pertenecerte a ti para siempre! Es una bendición maravillosa saber quién soy realmente: *un hijo amado de Dios.* Esta es mi verdadera identidad y hace que cada momento de mi vida tenga un sentido real.

En tu nombre precioso, Jesús,
Amén

Romanos 8:1-2; Génesis 3:6;
2 Corintios 5:21; Juan 1:11-12

20 de febrero

Mi Señor amoroso:

Sáciame por las mañanas con tu amor inagotable, para que pueda cantar de gozo y sentirme siempre contento. He buscado satisfacción de diversas formas, muchas de las cuales han sido dolorosas. He descubierto que incluso las cosas buenas pueden dejar de satisfacerme si las elevo por encima de ti. Por eso, vengo a ti esta mañana con mi vacío y mis anhelos. Mientras permanezco en silencio en tu presencia y en comunión contigo, te pido que me llenes por completo con tu amor ilimitado. ¡Me deleito pensando en *cuán ancho y largo y alto y profundo* es este vasto océano de bendiciones!

Encontrar mi satisfacción en ti por encima de todo me provee un cimiento firme para la vida. Al construir sobre este cimiento sólido, puedo sentirme feliz y seguro a medida que van pasando mis días. Sé que seguiré encontrando dificultades, porque vivo en un mundo terriblemente dañado. Sin embargo, puedo contar contigo para que me guíes mientras me aferro a ti en una dependencia confiada. Señor, haz que mi vida tenga sentido y sea satisfactoria mientras me dirijo hacia mi objetivo final: ¡las puertas de la *gloria*!

En tu nombre glorioso, Jesús,
Amén

Salmos 90:14; Efesios 3:17-18;
Filipenses 4:13; Salmos 73:24

21 de febrero

Jesús, mi paz:

Tú eres *el Señor de la paz; das paz en todo momento y en todos los sentidos.* Hay un profundo y enorme hueco dentro de mí que solo puede ser llenado por tu presencia apacible. Antes de conocerte, traté de llenar ese vacío de muchas maneras diferentes, o simplemente de fingir que no estaba allí. Incluso ahora, a menudo no reconozco el alcance total de mi necesidad de tu paz: en todo momento y en cada situación. Además, me has estado mostrando que reconocer mi necesidad es solo la mitad de la batalla. La otra mitad es creer que tú puedes —y lo harás— *suplir todas mis necesidades.*

Poco antes de tu muerte, prometiste paz a tus discípulos y a todos los que habrían de convertirse en tus seguidores. Dejaste en claro que esto es un regalo, algo que proporcionas libre y amorosamente. Mi parte es simplemente *recibir* este glorioso regalo, admitiendo mis ansias de recibirlo y mi necesidad de tenerlo. Por favor ayúdame a esperar pacientemente y expectante en tu presencia, deseoso de recibir tu paz en medida rebosante. Voy a expresar mi aceptación de este regalo levantando mis manos y diciendo: «Jesús, recibo tu paz».

En tu nombre consolador,
Amén

2 Tesalonicenses 3:16;
Filipenses 4:19; Juan 14:27

22 de febrero

Queridísimo Jesús:

Gracias por guiarme en la vida paso a paso. Llévame a lo largo de *este* día mientras me sostengo de tu mano como lo hace un niño tomado de la mano de su papá. Mi futuro parece incierto y se siente endeble, incluso precario. Sé que necesito *caminar por fe, no por vista*, sabiendo que tú irás allanando el camino que tengo por delante.

Cada vez que afirmo mi confianza en ti, es como si depositara una moneda en tu tesoro de la fe. De esta manera, me preparo para los días difíciles. Gracias porque guardas a salvo en tu corazón toda la confianza que invierto en ti continuamente, con interés compuesto. Mientras más me esfuerzo por confiar en ti, más poder me das para hacerlo.

Necesito practicar la confianza en ti durante los días tranquilos, cuando pareciera que nada más podría ocurrir. Así, cuando vengan las tormentas, el balance en mi cuenta de fe será suficiente como para superar los momentos más difíciles. Recuérdame, Jesús, afirmar mi confianza en ti: en silencio, en susurros, en gritos, en canciones. Esta práctica te glorifica y me mantiene cerca de ti disfrutando de tu apacible presencia.

En tu nombre siempre fiel,
Amén

2 Corintios 5:7; Salmos 56:3-4;
Mateo 6:20; Isaías 26:3

23 de febrero

Mi Dios, mi guía:

Ayúdame a estar siempre dispuesto a seguirte, entregándome completamente a ti y al camino que tienes para mí. No quiero insistir en aplicar mi propio criterio, porque de hacerlo me puedo perder todas las cosas buenas que has preparado para mí. En lugar de eso, decido descansar en ti mientras *me transformas mediante la renovación de mi mente*, obrando tu novedad en mí. Necesito *estar quieto* en tu presencia, confiando en ti lo suficiente como para olvidarme de mis expectativas y demandas.

A veces, obstaculizo las cosas que deseo al esforzarme por hacer que ocurran cuando yo quiero. Sin embargo, tú conoces no solo los deseos de mi corazón, sino también el mejor tiempo para alcanzar esas metas. Estoy aprendiendo a rendirme a *tu* voluntad y *tu* tiempo. En lugar de esforzarme por tener el control, necesito pasar más tiempo *buscando tu rostro*, hablándote francamente y descansando en tu presencia. Una vez que me sienta más renovado, podré pedirte que me muestres el camino que tengo por delante. Me animan tus palabras llenas de promesas: *«Yo te guiaré por el mejor camino para tu vida. Te aconsejaré y no quitaré mis ojos de ti»*.

En tu nombre transformador, Jesús,
Amén

Romanos 12:2; Salmos 46:10;
1 Crónicas 16:11; Salmos 32:8

24 de febrero

Precioso Salvador:

¡Anhelo comprender la profundidad y la amplitud de *tu amor que sobrepasa el conocimiento*! Me doy cuenta de que hay una enorme diferencia entre conocerte realmente y nada más saber *acerca de* ti. En lugar de conformarme con saber algo sobre ti, quiero disfrutar de la incomparable experiencia de tu amorosa presencia. Me doy cuenta de que necesito la ayuda de tu Espíritu para que *fortalezca mi ser interior con poder y así ser capaz de comprender cuán amplio, largo, alto y profundo es tu amor* por mí.

Has estado vivo en mi corazón desde el momento de mi salvación. He descubierto que mientras más espacio te hago en mi ser interior, más me llenas de tu amor. Me has estado enseñando a expandir este espacio en mi corazón al pasar mucho tiempo contigo y asimilar tu palabra. Quiero aprender a mantenerme en comunicación contigo cada vez más, *orando continuamente*. Estas son disciplinas gozosas que me mantienen cerca de ti.

Señor, quiero que tu amor fluya a través de mí hacia las vidas de otras personas. Esto *hará que tu amor en mí sea completo.*

En tu amoroso nombre, Jesús,
Amén

Efesios 3:16-19;
1 Tesalonicenses 5:17; 1 Juan 4:12

25 de febrero

Mi Dios y Salvador:

Ayúdame a descansar profundamente en ti, olvidándome de las preocupaciones del mundo. Que tu presencia viva me envuelva en paz mientras me enfoco en ti: *Emanuel*. Encuentro consuelo en tu eterna seguridad, sabiendo que *tú eres el mismo ayer y hoy y por los siglos*.

A veces vivo demasiado en la superficie de la vida, centrándome en fenómenos en constante cambio. Si vivo de esta manera, finalmente llegaré al punto en el que me haga eco del sentimiento de Salomón: *«Vanidad de vanidades, todo es vanidad»*.

Estoy aprendiendo que la forma de infundirles significado a mis días es viviendo en colaboración contigo. Necesito comenzar cada día a solas contigo para poder experimentar la realidad de tu presencia. Mientras dedico tiempo a concentrarme en ti y en tu Palabra, te pido que me abras el camino paso a paso. Cuando me levanto de este pacífico momento de comunión y comienzo mi jornada a lo largo del día, soy consciente de que tú me acompañas. Me aferro a tu mano en una dependencia deliberada de ti, y tú allanas el camino ante mí. ¡Gracias, Jesús!

En tu nombre fuerte y confiable, Jesús,
Amén

Mateo 1:23; Hebreos 13:8;
Eclesiastés 1:2; Proverbios 3:6

26 de febrero

Señor Jesús confiable:

Ayúdame a confiar en ti lo suficiente como para relajarme y disfrutar de tu presencia. Confieso que a menudo vivo en un estado de hipervigilancia, sintiéndome y actuando como si estuviera en medio de una emergencia. Tu palabra me dice que *he sido hecho asombrosa y maravillosamente*. Mi cuerpo está cuidadosamente diseñado para «prepararse» cuando sea necesario y luego «distenderse» cuando la crisis haya terminado. Sin embargo, debido a que vivo en un cuerpo quebrantado y un mundo igualmente roto, me resulta difícil bajar la guardia y relajarme.

Necesito recordar que tú estás continuamente conmigo y que puedo depositar en ti toda mi confianza. Puedo *derramar mi corazón ante ti* y encomendar a tu soberano cuidado todo lo que me preocupa.

Gracias por enseñarme a *confiar en ti con todo mi corazón y mi mente*. Mientras más *pongo en ti* toda mi confianza, más plenamente puedo disfrutar de tu presencia. Mientras me relajo en tu luz sanadora, tu paz brilla en mi mente y corazón. Mientras paso tiempo esperando contigo, mi conciencia de tu presencia se hace más fuerte y *tu amor inagotable* empapa mi ser interior.

En tu nombre santo y sanador,
Amén

Salmos 139:14; Salmos 62:8;
Proverbios 3:5; Salmos 52:8

27 de febrero

Jesús, mi rey:

Tú eres mi mejor amigo y mi rey. Quiero caminar de la mano contigo a lo largo de mi vida. Ayúdame a enfrentar lo que sea que me depare el día de hoy —alegrías, dificultades, aventuras, desilusiones— confiando en ti en cada recodo del camino. Sé que nada se desperdicia cuando se comparte contigo. *Tú puedes sacar una corona de belleza de las cenizas* de los sueños perdidos. Puedes extraer alegría de la tristeza, paz de la adversidad. Solo un amigo que es también el Rey de reyes puede realizar esta maravillosa metamorfosis. ¡No hay otro como tú, Señor!

La amistad que me ofreces es práctica y realista, pero está saturada de la gloria celestial. Vivir en tu presencia implica vivir en dos reinos simultáneamente: el mundo visible y la realidad eterna invisible. Gracias, Señor, por darme la habilidad de estar consciente de ti mientras camino por senderos polvorientos y terrenales. Como lo declara tu Palabra, *he sido creado de una manera maravillosa.*

En tu nombre impresionante,
Amén

Juan 15:15; Isaías 61:3;
2 Corintios 6:10; Salmos 139:14

28 de febrero

Jesús encantador:

Ayúdame a *caminar en la luz de tu presencia, aclamándote, regocijándome en tu nombre y gozándome en tu justicia*. Aclamarte es alabarte con fuerza y entusiasmo, incluyendo gritos y aplausos. Me regocijo en tu nombre deleitándome en todo lo que eres: mi Salvador y mi Pastor, mi Señor y mi Dios, mi Rey soberano, mi Amigo que me ama con *amor inagotable.*

¡Me regocijo en tu justicia al deleitarme con la maravillosa verdad de que *me* diste este inestimable y santo regalo! Tu justicia perfecta ya está acreditada en mi cuenta, aunque continúo luchando contra el pecado en mi vida.

Cuando camino en tu gloriosa luz, *tu sangre me limpia de todo pecado.* Mientras busco vivir cerca de ti, admitiendo libremente que soy un pecador que necesita perdón, tu radiante presencia me purifica. Además, esta bendición de la purificación me permite *tener comunión con* otros creyentes.

Señor, me deleito en caminar en la luz contigo, disfrutando de tu brillante y amorosa presencia.

En tu nombre esplendoroso,
Amén

Salmos 89:15-16; Salmos 31:16;
Romanos 3:22; 1 Juan 1:7

29 de febrero

Señor misericordioso:

A menudo oro intensamente por algo y espero con ansias la respuesta. Si tú me concedes lo que pido, respondo con alegría y agradecimiento. Sin embargo, en lugar de permanecer en una actitud de agradecimiento, tiendo a pasar demasiado rápido a mi siguiente petición. En lugar de experimentar solo un breve estallido de gratitud, quiero aprender, Señor, a mantenerme en una actitud de gozo reverente, dejando que mi agradecimiento se extienda hacia el futuro.

Ayúdame a recordar tus amables respuestas a mis peticiones. Encuentro beneficioso contarles a los demás acerca de las bendiciones que he recibido de ti. Otra forma de estar atento a las oraciones contestadas es escribir las respuestas en algún lugar donde las vea con frecuencia.

Enséñame a *recordar tus maravillosas obras* con gratitud. Me has demostrado que el agradecimiento me bendice doblemente: ¡con alegres recuerdos de la oración contestada y con el placer de compartir mi felicidad contigo!

En tu nombre jubiloso Jesús,
Amén

Salmos 95:2; 1 Corintios 15:57;
1 Crónicas 16:12

Jesús le dijo: «Yo soy el camino, la verdad y la vida; nadie viene al Padre sino por Mí».

JUAN 14:6

1 de marzo

Jesús, mi tesoro:

Señor, dame ese gozo que es independiente de las circunstancias, ¡dame a *ti mismo*! Tu Palabra me dice que *todos los tesoros de la sabiduría y el conocimiento están escondidos en ti.* Eres infinitamente sabio y omnisciente. Esto significa que nunca me quedaré sin tesoros cuando los busque en ti.

Eres una fuente de alegría que se desborda en mi vida. Así que abro de par en par mi corazón, mente y espíritu, buscando recibirte en medida plena. Estoy agradecido de que tu gozo pueda coexistir con las circunstancias más difíciles que pueda afrontar. No importa lo que me esté sucediendo, *la luz de tu presencia* continúa brillando sobre mí. Ayúdame a seguir buscándote con un corazón confiado. Cuando persevero en hacerlo, tu gozo y tu luz terminan abriéndose paso a través de las nubes de tormenta más oscuras que amenazan mi vida; y cuando tu luz celestial penetra en mí, ilumina mi perspectiva y me llena de un deleite sublime.

Estoy muy agradecido de tener *una herencia en el cielo que es imperecedera, incorruptible e inmaculada*. Porque *creo en ti*, estoy seguro de que ese *gozo glorioso e inexpresable* es mío, ¡ahora y para siempre!

En tu nombre jubiloso,
Amén

Colosenses 2:3; Salmos 89:15;
1 Pedro 1:3-4, 8

2 de marzo

Dios fiel:

Mañana tras mañana me despiertas y abres mi entendimiento a tu voluntad. Gracias por estar siempre atento a mí. Es reconfortante saber que nunca duermes, por lo que puedes cuidarme mientras yo lo hago. Luego, cuando despierto, todavía estás conmigo. A medida que me vuelvo cada vez más consciente de tu presencia, me ayudas a estar más alerta, ordenando los enredos de mis pensamientos mientras aún estoy medio dormido. Entonces, respondo a tu llamado de amor *acercándome a ti*. Es para mí un verdadero placer pasar tiempo disfrutando de tu presencia y nutriendo mi alma con tu Palabra.

He descubierto que el tiempo dedicado a ti me bendice y me fortalece inmensamente. Abres mi entendimiento a tu Palabra, permitiéndome comprender mejor las Escrituras y aplicarlas de manera más provechosa a mi vida. Señor, ayúdame a discernir tu voluntad mientras hago planes para este día. Mientras camino a tu lado, buscando hacer tu voluntad, me das poder para manejar todo lo que se me presente.

Señor, enséñame a *confiar en ti en todo momento* y toda circunstancia.

En tu nombre digno de confianza, Jesús,
Amén

Isaías 50:4; Salmos 139:17-18;
Santiago 4:8; Salmos 62:8

3 de marzo

Precioso Señor Jesús:

Me encanta oír cuando me dices: *«Te he llamado por tu nombre; mío eres tú»*. Es tan reconfortante saber que te pertenezco, no importa lo solitario que me sienta a veces. Gracias por redimirme pagando el castigo completo por mis pecados. Estoy agradecido de que me llames de esa manera tan personal, profundizando en las circunstancias de mi vida, hablando de las complejidades de mi corazón y los vericuetos de mi mente. Aunque tienes un número infinito de seguidores, para ti no soy solo un número. Siempre te diriges a mí *por mi nombre*. Las Escrituras me dicen que soy tan valioso para ti que tienes *tatuado mi nombre en las palmas de tus manos. ¡Nada puede separarme de tu amorosa presencia!*

Cuando los acontecimientos mundiales se arremolinen a mi alrededor y mi mundo personal se sienta inestable, no quiero dejar que mis pensamientos se detengan en esos factores estresantes. En lugar de eso, ayúdame a enfocar mi mente en la verdad: aunque este mundo está lleno de problemas, tú estás conmigo y tienes el control. Me estás entrenando para cambiar el tema de mis problemas a tu presencia al susurrar: «Pero Jesús está conmigo», y luego volverme a ti.

En tu victorioso nombre,
Amén

Isaías 43:1; Isaías 49:16; Romanos 8:38-39

4 de marzo

Querido Jesús:

Sé que estás conmigo, así que ayúdame a no tener miedo. Me encanta oírte decirle a mi corazón turbado: «*¡Cálmate, tranquilízate!*». Me has asegurado que pase lo que pase, *no me dejarás ni me desampararás*. Cuando dejo que esta seguridad penetre en mi mente y mi corazón, me siento lleno de confianza.

Los medios de comunicación de este mundo proclaman implacablemente malas noticias: en el desayuno, el almuerzo y la cena. Una dieta constante de esa comida me enferma. En lugar de centrarme en noticias volubles y cambiantes, prefiero sintonizarme con la Palabra viva: *tú*, el único que siempre es el mismo.

Quiero dejar que las Escrituras saturen mi mente y mi corazón para poder caminar contigo con firmeza por el sendero de la vida. Tu Palabra me dice que no debo temer *aunque la tierra sufra cambios y aunque los montes se deslicen al fondo de los mares.*

Aunque no sé qué pasará mañana, puedo estar absolutamente seguro de mi destino final. *Me sostienes de la mano derecha. Me guías con tu consejo, y luego me recibirás en la gloria.* ¡Aleluya!

En tu nombre magnífico,
Amén

Marcos 4:39; Deuteronomio 31:6;
Salmos 46:1-2; Salmos 73:23-24

5 de marzo

Soberano Señor:

Quiero aprender a estar contento aun cuando las cosas no salgan como yo quisiera. Mi tendencia es comenzar cada día esforzándome por hacer que todo se resuelva a mi manera. Sin embargo, he descubierto que con frecuencia me tropiezo con al menos una cosa que no cede a mi voluntad. Puede ser algo tan trivial como la imagen que veo en el espejo o tan enorme como la enfermedad de un ser querido.

Sé que tu propósito *no* es concederme todos mis deseos ni hacerme la vida más fácil, sino ayudarme a aceptar tus caminos en mi vida y a confiar en ti en toda circunstancia.

En los días en los que intento mantener el control, me siento frustrado la mayor parte del tiempo y desperdicio mi energía lamentándome de la forma en que las cosas han sucedido. Pero sé que el pasado no se puede cambiar. Enséñame a estar agradecido por tu ayuda en el presente y tu esperanza para el futuro.

Enséñame a relajarme más, confiando en *tu* control sobre mi vida y recordando que siempre estás cerca. Tu Palabra me asegura que hay *gozo en tu presencia*; además, ¡*tu rostro irradia un gozo* que me ilumina!

En tu nombre radiante, Jesús,
Amén

Salmos 62:8; Proverbios 23:18;
Hechos 2:28; Números 6:25

6 de marzo

Amado Señor Jesús:

Vengo a tu misericordiosa presencia, pidiéndote que *me llenes de tu amor inagotable*. He descubierto que el mejor momento para buscar tu rostro es *por las mañanas*, al momento de despertar. Conectarme contigo temprano es lo mejor para asegurarme un buen día. Tu amor sin fin me satisface inmensamente: me permite creer que soy apreciado e importante. Me recuerda que tú y yo juntos podemos manejar las circunstancias de este día. Saber que tu amor por mí es eterno me da energía y valor para perseverar en las dificultades.

Experimentar tu amorosa presencia me inspira a *cantar de gozo y estar alegre*. ¡Encontrarme en la privacidad de mi hogar con aquel que es *Rey de reyes y Señor de señores* es un privilegio asombroso! Además, me da una profunda alegría saber que mi nombre está *escrito en el libro de la vida del Cordero*, ¡con tinta indeleble!

Quiero tomarme un tiempo para disfrutar de tu presencia: leyendo las Escrituras y orando, hablando y cantando alabanzas. ¡Me deleito en la maravillosa verdad de que *ninguna cosa creada podrá separarme de tu amor*!

En tu nombre glorioso,
Amén

Salmos 90:14; Apocalipsis 19:16;
Apocalipsis 21:27; Romanos 8:39

7 de marzo

Jesús compasivo:

Necesito hablarte de las cosas que me han estado agobiando. Aunque soy consciente de que ya lo sabes todo, decírtelo me alivia de esta pesada carga que he estado llevando.

Siempre que me siento desanimado, es fundamental para mí que dedique tiempo a *acordarme de ti*. Pensar en quién eres—*mi Señor y mi Dios*, mi Salvador y Pastor, el Amigo que *nunca me dejará*— me levanta e ilumina mi perspectiva. Estoy agradecido de que seas plenamente consciente de todos los aspectos de mi vida, incluidos mis pensamientos y sentimientos. ¡Todo lo que tiene que ver conmigo es importante para ti! Mientras descanso en tu amorosa presencia, ayúdame a recordar las muchas formas en que me has cuidado, brindándome justo lo que necesito. Intentaré agradecerte por cada bendición que venga a mi mente.

Bajo la luz de tu presencia puedo ver las cosas con mayor claridad y clasificar lo que es importante y lo que no lo es. Mientras permanezco contigo, tu rostro brilla sobre mí, bendiciéndome, alentándome y consolándome. *Te alabaré nuevamente por la ayuda de tu presencia*.

En tu poderoso nombre,
Amén

Salmos 42:6; Juan 20:28;
Deuteronomio 31:8; Salmos 42:5

8 de marzo

Señor Jesús:

Estoy tratando de confiar en que tus intenciones conmigo son buenas aun cuando resulten radicalmente diferentes a lo que me imaginaba o esperaba. *Tú eres luz; en ti no hay tinieblas.* Buscaré tu luz en mis circunstancias, porque tú estás plenamente presente en todos los momentos de mi vida. Quiero estar dispuesto para ti y aceptar todos los planes que tengas para mí. A veces, esto requiere renunciar a sueños que me son preciosos. En tales momentos necesito recordar y creer de todo corazón que *tu plan es perfecto*, sin importar lo difícil que sea.

Tú eres un escudo para todos los que se refugian en ti. Cuando me sienta decepcionado o atemorizado, acércame a ti, recordándome que tú eres mi refugio. Me doy cuenta de que no me libras de absolutamente todo. Hay algunas pruebas que has preparado para que las enfrente. Gracias por darme un papel importante que desempeñar en este mundo. Por favor, ayúdame a *llevar la vida que me has asignado* en gozosa dependencia de ti. Entonces, *¡mi alma se saciará como con los alimentos más ricos; con labios jubilosos te alabará mi boca!*

En tu nombre supremo,
Amén

1 Juan 1:5; Salmos 18:30;
1 Corintios 7:17; Salmos 63:5

9 de marzo

Mi Señor omnipresente:

He estado preocupado mirando hacia adelante a las incertidumbres, dejando que me pongan nervioso. Veo miedo y desánimo en cada recodo del camino de mi futuro, listos para acompañarme si se los permito. Te ruego que sigas recordándome que *tú vas delante de mí y estarás siempre conmigo. Y que me sostienes de mi mano derecha.* Debido a que vives más allá del tiempo, puedes estar conmigo donde yo estoy *y* al mismo tiempo estar en el camino adelante. A través de los ojos de la fe, puedo verte brillando intensamente, llamándome, animándome a fijar mi mirada en ti. Así que me aferraré fuertemente a tu mano mientras paso por esas presencias oscuras del pavor y el desánimo. Ayúdame a seguir mirando hacia tu presencia luminosa que irradia *amor inagotable* y aliento sin fin.

Mi confianza proviene de saber que *tú permaneces continuamente conmigo* y ya estás en mi futuro, preparando el camino ante mí. Si escucho con atención, puedo oírte diciéndome desde el camino más adelante palabras de advertencia y sabiduría, valor y esperanza: «*No temas, porque Yo estoy contigo; no te desalientes, porque Yo soy tu Dios. Te fortaleceré, ciertamente te ayudaré*».

En tu poderoso nombre, Jesús,
Amén

DEUTERONOMIO 31:8; SALMOS 73:23;
SALMOS 119:76; ISAÍAS 41:10

10 de marzo

Mi gran Dios:

No quiero dejar que las circunstancias me intimiden. Por favor, sigue recordándome que mientras más desafiante es mi día, más de tu poder me brindas.

Antes solía pensar que todos los días me fortalecías de igual manera, pero he aprendido que esto no es así. Sin embargo, mi tendencia al despertar cada mañana es evaluar las dificultades que tengo por delante, comparándolas con mi fuerza promedio. Me doy cuenta de que estos pensamientos de preocupación son solo un ejercicio en lo irreal, ¡y anhelo liberarme de ellos!

Señor, *tú* sabes lo que traerá cada uno de mis días, y puedo confiar en que me darás el poder para enfrentarlos. Me has estado mostrando que el grado en que me fortaleces en un día determinado se basa principalmente en dos variables: la dificultad de mis circunstancias y mi disposición a depender de ti mientras me enfrento a esos desafíos.

Ayúdame a ver los días difíciles como oportunidades para recibir más de lo habitual de tu poder. En lugar de entrar en pánico durante los tiempos difíciles, que pueda acudir a ti para todo lo que necesito. Gracias por tus palabras tranquilizadoras: «*Como tus días serán tus fuerzas*».

En tu nombre fuerte, Jesús,
Amén

2 Corintios 12:9; Salmos 105:4;
Deuteronomio 33:25 (RVR1960)

11 de marzo

Mi Señor consolador:

Ayúdame *a encontrar descanso solo en ti; mi esperanza viene de ti.* Tengo una mente inquieta. Salta y corretea, tomándose rara vez el tiempo para quedarse sosegada. Sin embargo, tu Palabra me dice que debo *estar quieto y reconocer que tú eres Dios.* Cuando permanezco en silencio en tu presencia, puedo escucharte decir: «*Ven a mí, y yo te haré descansar*».

Tú eres el único lugar de descanso para mi mente que realmente me satisface y fortalece. Necesito tomarme un tiempo para dirigir mis pensamientos hacia ti, susurrar tu nombre y esperar en tu sagrada Presencia. Este interludio contigo proporciona un refrigerio tanto para mi mente como para mi alma.

La verdadera esperanza viene de ti. La falsa esperanza proviene de muchas fuentes, incluida la publicidad persuasiva. Por favor, dame discernimiento mientras trato de ir por un camino lleno de esperanza. Muchas voces me gritan: «¡Este es el camino!». Protégeme de ser engañado mientras trato de procesar toda la información que demanda mi atención. He descubierto que la mejor manera de liberarme de la sobrecarga de información es reenfocando mis pensamientos *en ti.* Mientras descanso en tu apacible presencia, la verdadera esperanza crece dentro de mí.

En tu nombre reconfortante, Jesús,
Amén

SALMOS 62:5; SALMOS 46:10;
MATEO 11:28-29; SALMOS 42:5

12 de marzo

Querido Jesús:

A veces me siento agotado, arrastrado de un lado a otro por las personas y las circunstancias que me rodean. En esos momentos, necesito detenerme y volverme hacia ti, pero en lugar de eso, tiendo a esforzarme para hacer más y más cosas. Incluso si logro calmar mi cuerpo, mi mente sigue corriendo, anticipando problemas futuros y buscando soluciones.

Ayúdame a enfocarme en la maravillosa verdad de que *todos los tesoros de la sabiduría y el conocimiento están escondidos en ti.* Por favor, recuérdamelo con frecuencia, susurrándole a mi corazón: «Amado, yo soy tu tesoro. En mí estás completo».

Cuando te pongo por encima de todo, deleitándome en ti como *mi primer amor*, estoy protegido de sentirme fragmentado. Tú eres el único que me completa, y me estás preparando para traer mis pensamientos de regreso a ti cada vez que se desvían de tu presencia. Gracias, Señor, por tu paciente obra en mí.

Vivir cerca de ti, disfrutar de tu presencia, incluye obedecer tus mandamientos. Confieso que en esto fallo con frecuencia, pero estoy eternamente agradecido de que *me hayas vestido con ropas de salvación, ¡con tu manto de tu justicia!*

En tu santo nombre,
Amén

Colosenses 2:2-3; Apocalipsis 2:4;
Isaías 61:10

13 de marzo

Dios omnisciente:

Prepárame, por favor, para el día que tengo por delante. Tú sabes *exactamente* lo que trae este día, mientras que yo solo tengo ideas vagas al respecto. Desearía poder ver un mapa que me mostrara todas las vueltas y los recovecos que tendrá la jornada de hoy. Me sentiría mejor preparado si pudiera visualizar lo que hay en el camino por el cual debo ir. Sin embargo, me has estado enseñando una mejor manera de prepararme para *lo que sea* que me encuentre hoy: pasando tiempo de calidad contigo.

Aunque no sé lo que me espera adelante, confío en que me has equipado bien para el viaje. ¡Estoy encantado con la promesa de que eres mi compañero en cada tramo del camino! Y estoy aprendiendo a mantener una mejor comunicación contigo, susurrando tu nombre cuando necesito redirigir mis pensamientos hacia ti. Esta sencilla práctica me ayuda a caminar durante el día con mi enfoque en ti.

Señor, me regocijo en tu presencia permanente, ¡no podría tener un mejor mapa para el camino!

En tu delicioso nombre, Jesús,
Amén

Éxodo 33:14; Filipenses 4:4; Juan 15:4-5

14 de marzo

Glorioso Señor:

Me has estado mostrando que la esperanza es como un cordón dorado que me conecta con el cielo. Este cordón me ayuda a mantener la cabeza en alto incluso cuando me atacan múltiples pruebas. Sé que nunca te alejas de mi lado ni jamás sueltas mi mano. Sin embargo, cuando me olvido de ese cordón de la esperanza, me deprimo y mis pies comienzan a arrastrarse mientras camino cuesta arriba aunque tú vayas conmigo. ¡La esperanza eleva mi perspectiva de mis pies cansados a la vista gloriosa que puedo tener desde lo alto!

Gracias, Señor, porque siempre estás conmigo, y el camino que recorremos juntos es en última instancia el camino al cielo. Cuando contemplo este glorioso destino, dejo de preocuparme por la aspereza o la suavidad de la senda por delante. Por favor, enséñame a tener en mi corazón un enfoque dual: tu presencia continua y la esperanza del cielo.

En tu maravilloso nombre, Jesús,
Amén

Romanos 12:12; 1 Tesalonicenses 5:8;
Hebreos 6:19-20; Romanos 15:13

15 de marzo

Amado Jesús:

Tu Palabra me asegura que *si camino en la luz* —viviendo cerca de ti—, *tu sangre me limpia de todo pecado.* Así que te traigo mis pecados, los confieso y te pido que me ayudes a hacer los cambios necesarios.

Estoy agradecido de que mi situación ante ti no se base en si confieso mis pecados lo suficientemente rápido o con bastante profundidad. Me has mostrado que lo único que me mantiene bien contigo es *tu* justicia perfecta. Gracias, Señor, por darme este regalo invaluable de forma gratuita y permanente cuando me convertí en cristiano. Ya que soy tuyo, magníficamente *ataviado con tu manto de justicia*, puedo entrar con confianza en tu gloriosa presencia.

He descubierto que *caminar en la luz de tu presencia* me bendice de muchas maneras. Las cosas buenas son mejores y las cosas malas se vuelven más llevaderas cuando las comparto contigo. Mientras me deleito en tu luz de amor, puedo amar a los demás más plenamente y *tener comunión* con ellos. Además, es menos probable que tropiece o caiga, porque los pecados son notoriamente evidentes en tu santa luz.

¡Señor, enséñame a *regocijarme en tu nombre a lo largo del día*, disfrutando de tu presencia y *gozándome en tu justicia*!

En tu sagrado nombre,
Amén

1 Juan 1:7; Isaías 61:10; Salmos 89:15-16

16 de marzo

Soberano Dios:

Necesito renunciar a la ilusión de tener el control de mi vida. Cuando las cosas van bien, es fácil para mí sentir que soy yo quien manda. Sin embargo, mientras más me considero mi propio maestro y más cómodo me siento en este papel, más riesgo corro.

Puedo disfrutar de los tiempos de tranquilidad y estar agradecido por ellos. Sin embargo, no debo volverme adicto a una sensación de dominio sobre mi vida, considerándola la norma. He aprendido por experiencia que *vendrán* tormentas y que las incertidumbres se *vislumbrarán* en el horizonte. Si me aferro al control y me siento con derecho a que las cosas salgan a mi manera, es probable que me hunda cuando encuentre dificultades.

Ayúdame a *confiar en ti en todo momento, derramándote mi corazón, porque tú eres mi refugio*. Gracias por usar la adversidad para liberarme de la ilusión de que tengo el control. Cuando mis circunstancias y mi futuro están llenos de incertidumbres, puedo volverme a ti y refugiarme en ti. Quiero encontrar mi seguridad *en conocerte*, el maestro que es soberano sobre las tormentas de mi vida. ¡Sobre todo!

En tu gran nombre, Jesús,
Amén

Santiago 4:13-14; Salmos 62:8; Juan 17:3

17 de marzo

Precioso Jesús:

Tú eres la resurrección y la vida. El que cree en ti, aunque muera, vivirá. Le dijiste esta poderosa verdad a Marta cuando su hermano Lázaro llevaba cuatro días muerto, y ella te creyó. Luego le ordenaste a Lázaro que saliera de su tumba, ¡y lo hizo!

Me encanta reflexionar sobre tu enseñanza de que *eres el camino, la verdad y la vida*. Tú eres todo lo que podría necesitar, para esta vida y la próxima. *Todos los tesoros de la sabiduría y el conocimiento están escondidos en ti*. Creer esta verdad simplifica mi vida y me ayuda a concentrarme en ti. Por favor, instrúyeme en la alegre disciplina de atesorarte por encima de todo.

Tú eres la respuesta a todas mis luchas, el gozo que impregna todos los momentos y circunstancias. Tú haces que mis tiempos difíciles sean soportables y mis tiempos buenos resulten aún mejores. Así que *vengo a ti* tal como soy, deseando compartir más y más de mi vida contigo. Me regocijo mientras viajo contigo: el *camino* que me guía paso a paso y la *resurrección* que me da la vida eterna.

En tu nombre majestuoso,
Amén

Juan 11:25, 43-44; Juan 14:6;
Colosenses 2:2-3; Mateo 11:28

18 de marzo

Queridísimo Jesús:

¡Qué maravilloso es saber que te preocupas por mí! En la medida en que paso tiempo contigo, disfrutando de la calidez y la seguridad de tu amorosa presencia, es más fácil confiar en que cada detalle de mi vida está bajo tu control. La Biblia afirma que *todas las cosas cooperan para bien para los que son llamados conforme a tus propósitos.*

Debido a que el mundo se encuentra en una condición tan anormal y caída, a veces se siente como si el universo estuviera gobernado por el azar. Los sucesos parecen ocurrir por casualidad, con poco o ningún sentido aparente. No obstante, tú me has mostrado que cuando veo el mundo de esta manera, estoy pasando por alto un hecho muy importante: las limitaciones de mi comprensión. ¡Yaciendo bajo la superficie del mundo visible hay misterios demasiado profundos para que pueda comprenderlos!

Si yo realmente pudiera *ver* lo cerca que estás de mí y cuán constantemente trabajas en mi favor, nunca volvería a dudar de tu maravilloso cuidado. Pero tu Palabra me instruye a *vivir por fe, no por vista*. Por favor, ayúdame a confiar en tu misteriosa y majestuosa presencia.

En tu magnífico nombre,
Amén

ROMANOS 8:28; JOB 42:3;
1 PEDRO 5:7; 2 CORINTIOS 5:7

19 de marzo

Exaltado Jesús:

Ayúdame a seguirte paso a paso. Sé que esto es todo lo que me pides. De hecho, me doy cuenta de que la *única* forma en que puedo moverme por este mundo de espacio-tiempo es dando un paso tras otro. Sin embargo, cuando miro hacia adelante, veo enormes montañas que se avecinan y empiezo a preguntarme cómo podré alguna vez escalar esas alturas. Por otra parte, como no me fijo por dónde voy, tropiezo en el camino por el cual me estás guiando. Mientras me ayudas a ponerme de pie, te digo lo preocupado que estoy por los acantilados que hay más adelante.

Tú me recuerdas con cariño mi incapacidad de saber lo que pasará *hoy*, mucho menos mañana. Nuestro camino puede dar un giro inesperado, alejándome de esos picos imponentes. O puede haber una ruta más fácil a través de las montañas que no es visible desde esta distancia. Sé que si me conduces por el camino más empinado, me equiparás adecuadamente para ese arduo ascenso. Incluso *darás órdenes a tus ángeles para que me guarden en todos mis caminos.*

Realmente quiero mantenerme enfocado en el viaje en el que me encuentro, disfrutando de tu presencia. Enséñame a *caminar por fe, no por vista*, confiando en que tú allanarás mi senda.

En tu nombre compasivo,
Amén

Salmos 18:29; Salmos 91:11-12;
2 Corintios 5:7

20 de marzo

Dios-Creador:

Tu Palabra me dice que *haces mis pies como de ciervas y me afirmas en las alturas*. Tú creaste al ciervo con la capacidad de escalar montañas empinadas sin esfuerzo y pararse sin miedo en las alturas. También me creaste a mí y me redimiste, haciendo posible que «permanezca en pie» confiando en ti. Esto me da confianza para *caminar y progresar en mis lugares altos llenos de problemas, responsabilidades y sufrimientos*.

Es crucial para mí recordar que vivo en un mundo donde mis enemigos espirituales nunca declaran una tregua. Ayúdame a *estar alerta* y listo para la batalla en todo momento, *poniéndome toda la armadura* que me has provisto. No importa lo que pase, quiero *ser capaz de resistir, y habiéndolo hecho todo, estar firme*.

Cada vez que me encuentre en medio de la batalla, recuérdame afirmar mi confianza en ti, mi seguridad de que tú estás conmigo, luchando a mi lado. Incluso cuando siento que estoy perdiendo la batalla, sé que no debo rendirme. Mi tarea es sujetarme con fuerza de tu mano y mantenerme firme. ¡Esa es la victoria!

En tu nombre victorioso, Jesús,
Amén

2 Samuel 22:34; Habacuc 3:19;
1 Pedro 5:8; Efesios 6:13

21 de marzo

Misericordioso Jesús:

Tu rostro está brillando sobre mí, irradiando una *paz que sobrepasa todo entendimiento.* Me encuentro rodeado por un mar de problemas, pero estoy cara a cara contigo, mi paz. Mientras me concentre en ti, estaré a salvo. Si me fijo demasiado tiempo en los innumerables problemas que me rodean, me hundiré bajo el peso de mis cargas. Si empiezo a hundirme, estoy agradecido de poder gritar: «*¡Señor, sálvame!*», y tú me levantarás.

Mientras más cerca de ti vivo, más seguro me siento. Las circunstancias a mi alrededor son fluctuantes y puedo ver olas de aspecto traicionero en la distancia. Necesito *mantener mi mirada en ti*, que nunca cambias. Sé que para cuando esas olas lejanas me alcancen, se habrán reducido a las proporciones de tu diseño. Y me regocijo de que siempre estés a mi lado, fortaleciéndome y animándome al enfrentar las circunstancias *de hoy.*

Me has estado mostrando que el futuro es un fantasma que busca asustarme. Ayúdame a reírme del futuro mientras permanezca cerca de ti.

En tu nombre protector,
Amén

Filipenses 4:7; Mateo 14:29-30;
Hebreos 12:2; Hebreos 13:8

22 de marzo

Mi amoroso Dios:

A veces te escucho susurrar en mi corazón: «Relájate, hijo mío. Yo tengo el control». Me gusta dejar que estas palabras me inunden repetidamente, como olas relajantes en una hermosa playa, asegurándome tu amor infinito.

Confieso que pierdo mucho tiempo y energía tratando de resolver las cosas antes de que llegue su momento. Mientras tanto, tú estás trabajando para preparar el camino ante mí. Por eso te pido que abras mis ojos a tus maravillosas sorpresas, circunstancias que solo *tú* podrías haber orquestado. Por favor, sigue recordándome que soy tu hijo amado, que estás a mi lado y quieres lo mejor para mí.

Alguien que es amado por una persona generosa y poderosa puede esperar recibir abundantes bendiciones. Me regocijo de ser amado por *ti*, el Rey del universo, y de que *tienes buenos planes para mí*. Mientras alzo la mirada hacia el futuro desconocido, ayúdame a relajarme en tu seguridad de quién soy: *aquel que amas*. Entonces podré seguir adelante con confianza, aferrado a tu mano. Mientras tú y yo caminamos juntos por *la senda de la vida*, llenas mi corazón de alegría y mi mente de paz.

En tu nombre precioso, Jesús,
Amén

Jeremías 29:11; Deuteronomio 33:12;
Salmos 16:11

23 de marzo

Victorioso Señor Jesús:

Ayúdame a *regocijarme en mis sufrimientos*, creyendo realmente que *la tribulación produce paciencia; y la paciencia, carácter probado; y el carácter probado, esperanza*. Es muy alentador saber que el dolor y los problemas en realidad pueden ser bendiciones, aumentando mi esperanza. Sin embargo, me doy cuenta de que esto no sucede automáticamente. Necesito cooperar con tu Espíritu mientras me guía en tiempos de sufrimiento.

En estos días, la perseverancia es una cualidad muy rara. Como la mayoría de la gente, busco y anhelo una solución rápida. Sin embargo, tú me has estado mostrando a través de tu Palabra que la adversidad prolongada —aceptada con confianza y seguridad en ti— transforma mi carácter, haciéndome más como tú. Esto me prepara para una eternidad sin problemas viviendo contigo.

Mientras más me parezco a ti, más esperanza experimento. ¡Estos cambios en mi carácter me convencen de que realmente te pertenezco! Mi cercanía a ti también me ayuda a enfrentar los problemas, confiando en que tú y yo *juntos* podemos resolverlos. Y la radiante esperanza del cielo brilla sobre mí, fortaleciéndome y animándome.

En tu nombre glorioso,
Amén

ROMANOS 5:3-4; JUAN 14:16-17;
FILIPENSES 4:13

24 de marzo

Poderoso Dios:

Aunque ande en medio de la angustia, tú me vivificarás. Así que no dejaré que los problemas me intimiden. En lugar de eso, recordaré que tú, *el Poderoso*, estás *en medio de mí*, ¡y eres más grande que todos los problemas del mundo juntos! La Biblia me asegura que *tu diestra me salvará*. Si me aferro con fuerza a tu mano, puedo caminar con confianza en mis momentos más difíciles.

Estoy agradecido de que me permitas no solo soportar mis dificultades, sino también hacerme más fuerte a través de ellas. Aun así, debido a que estoy en un arduo viaje, hay momentos en los que me siento cansado y desanimado. Ayúdame a no interpretar esto como una señal de que estás disgustado conmigo, sino a aceptar mi debilidad como parte de vivir en un mundo quebrantado. No dejes de recordarme que no estoy solo en mis luchas. Tú estás conmigo, *y mis hermanos de todo el mundo experimentan el mismo tipo de sufrimientos que yo.* A medida que avanzo en este desafiante camino, necesito mantenerme en comunicación contigo. Tu presencia viviente me revive, *fortaleciéndome y bendiciéndome con paz.*

En tu nombre incomparable, Jesús,
Amén

Salmos 138:7; Sofonías 3:17;
1 Pedro 5:9; Salmos 29:11

25 de marzo

Mi refugio:

Vengo a ti débil y cansado, al borde de sentirme abrumado. Es reconfortante saber que eres perfectamente consciente de la profundidad y la amplitud de mis dificultades. Nada te es oculto.

Te derramo mi corazón, porque tú eres mi refugio. Es un gran alivio bajar la guardia y hacer a un lado mis excusas, ser real contigo *y* conmigo mismo. Contarte todo sobre mis luchas mejora mi relación contigo y crea una intimidad pacífica. Ayúdame a descansar en la seguridad de tu presencia, confiando en que me entiendes completamente y *me amas con amor eterno.*

Mientras me relajo en tu presencia, me confortas y me renuevas, mostrándome la mejor manera de seguir adelante. Estoy agradecido de que nunca te alejes de mi lado; *me agarras con firmeza y no me soltarás.* Este conocimiento me da valor y confianza para continuar mi viaje. A medida que avanzo a lo largo de mi camino contigo, puedo oírte *diciéndome: «No temas, Yo te ayudaré».*

En tu nombre alentador, Jesús,
Amén

Salmos 62:8; Jeremías 31:3;
Salmos 46:10; Isaías 41:13

26 de marzo

Dios omnipresente:

El hecho más importante de mi existencia es que tú estás perpetuamente conmigo, cuidándome. Estoy agradecido de que no estés limitado por el tiempo o el espacio y de que tu presencia conmigo sea una promesa eterna. Por eso, tengo buenas razones para afrontar el futuro con tranquilidad, confiando en que ya estás ahí.

Tu Palabra me asegura que cuando dé el salto cuántico a la eternidad, te encontraré esperándome en el cielo. Dado que mi futuro está en tus manos, no necesito *preocuparme por el mañana*. Siempre que empiece a sentirme ansioso, ayúdame a escucharte decir: «Hijo mío, *no te preocupes*».

Señor, quiero vivir este día plenamente, viendo todo lo que hay que ver, haciendo todo lo que hay que hacer. En lugar de distraerme con preocupaciones futuras, intentaré confiártelas a ti. Cada día de la vida es un regalo glorioso tuyo, pero confieso que lucho por vivir dentro de los confines del hoy. A menudo, mi energía para vivir en abundancia se derrama sobre la línea de tiempo hacia las preocupaciones del mañana o los lamentos del pasado. Cuando desperdicio mi preciosa energía de esta manera, me paso el día sin fuerzas en lugar de vivirlo *al máximo*. Sin embargo, cuando mantengo mi atención en tu presencia en el presente, puedo caminar con confianza, viviendo eufóricamente.

En tu atesorado nombre, Jesús,
Amén

Proverbios 3:5-6; Mateo 6:34; Juan 10:10

27 de marzo

Dios eterno:

Me doy cuenta de que los problemas son inevitables; están entretejidos en la trama misma de este mundo caído. No obstante, confieso que con demasiada facilidad entro en modo de resolución de problemas, actuando como si tuviera la capacidad de arreglarlo todo. Esa es una respuesta habitual, tan automática que por lo general pasa por alto mi pensamiento consciente. Esto no solo me frustra, sino que siento que me aleja de ti.

No quiero que «arreglar las cosas» sea una prioridad tan alta en mi vida. Me doy cuenta cada vez más de lo limitado que soy para corregir todo lo que está mal en este mundo quebrantado. En lugar de agobiarme con asuntos que no son de mi responsabilidad, anhelo hacer de mi relación contigo mi enfoque principal. Por favor, recuérdame hablarte sobre cualquier cosa que esté en mi mente, buscando tu perspectiva sobre la situación. En lugar de intentar arreglar todo lo que me rodea, puedo pedirte que me muestres lo que quieres que haga hoy, y no preocuparme por el resto.

Señor, me deleito en reflexionar sobre la maravillosa verdad de que estoy camino al cielo. Ayúdame a concentrarme en ti, dejando que mis problemas se desvanezcan en la gloriosa luz de la eternidad.

En tu nombre espléndido, Jesús,
Amén

Salmos 32:8; Lucas 10:41-42;
Filipenses 3:20; Juan 14:2-3

28 de marzo

Señor misericordioso:

Ayúdame a *esperar lo que no veo, aguardándolo ansiosamente con perseverancia*. Entre los cinco sentidos, la vista es el que más valoro. Tú creaste el mundo gloriosamente hermoso, y me deleito al ver la belleza de tu creación. Sin embargo, me doy cuenta de que la esperanza, que en sí misma es una especie de visión, es incluso más maravillosa que la vista. La esperanza me permite ver —a través de los ojos de mi corazón— cosas que *aún no son*. El ejemplo más sorprendente de esto es la esperanza del cielo. Tu Palabra me dice que mi destino final es compartir tu gloria. Puedo confiar en esta magnífica promesa, porque está basada en tu obra terminada en la cruz y tu milagrosa resurrección.

Necesito practicar la esperanza en las cosas que no veo, tanto en esta vida como en la próxima. Por favor, guíame hacia esperanzas y sueños que se alineen con tu voluntad. Quiero entrenar los ojos de mi corazón a fin de «ver» estas bendiciones mientras oro para que tu voluntad se haga de forma completa y única. Enséñame *a esperar ansiosamente con perseverancia*, con mi enfoque principalmente *en ti*, pero también en el resultado anhelado. ¡Tú eres mi esperanza!

En tu gran nombre, Jesús,
Amén

Romanos 8:25; Juan 17:22; Hebreos 11:1

29 de marzo

Señor Jesús:

Ayúdame a darte las gracias por las mismas cosas que me preocupan. Confieso que estoy al borde de la rebelión, a punto de agitar mi puño ante tu rostro. Me siento tentado a permitirme quejarme «solo un poco» por el trato que me das. Sin embargo, he aprendido a golpes que los arranques de ira y autocompasión pueden arrastrarme una vez que sobrepase esa línea. Me has mostrado que la mejor protección contra este comportamiento hiriente es *ser agradecido.* Es imposible para mí agradecerte y rebelarme contra ti al mismo tiempo.

Cuando te agradezco por las circunstancias difíciles o las pruebas horribles, mis oraciones se tornan incómodas y artificiales al principio. No obstante, sé que si persisto en estas oraciones, mis expresiones de agradecimiento finalmente cambiarán mi corazón. La gratitud despierta mi corazón a tu presencia permanente, que eclipsa todos mis problemas. *¡En tu presencia hay plenitud de gozo!*

En tu nombre gozoso,
Amén

SALMOS 116:17; FILIPENSES 4:4-7;
SALMOS 16:11

30 de marzo

Mi amoroso Salvador:

Tu gran amor es mi consuelo. Debido a que vivo en un mundo tan dañado, los problemas nunca están lejos. Aunque hay muchas fuentes de consuelo a mi disposición, solo una de ellas es infalible: ¡tu amor! Otras fuentes pueden ayudarme *algunas* veces, pero tu consoladora presencia está conmigo *todo* el tiempo.

El amor perfecto e inagotable que me brindas no es solo *algo* que me haga sentir menos molesto; es también una *persona.* Tu amor es inseparable de *ti, así que nada en toda la creación puede separarme de tu amorosa presencia.*

Ayúdame a recordar quién soy: tu querido seguidor. Puedo acudir a ti en busca de consuelo tantas veces como lo necesite. Como eres una fuente ilimitada de bendiciones para mí, quiero ser una bendición en la vida de otras personas, *consolar a quienes tienen problemas con el consuelo que he recibido de ti.*

En tu nombre consolador, Jesús,
Amén

Salmos 119:76 (nvi); Juan 16:33;
Romanos 8:38-39; 2 Corintios 1:3-4

31 de marzo

Precioso Jesús:

Me *regocijo de que mi nombre está escrito en el cielo, en tu libro de la vida*. Porque soy tuyo, tengo un gozo que es independiente de cualquier circunstancia. Has provisto la vida eterna que *nunca* me podrá ser quitada. Por la fe en ti como mi Salvador resucitado, soy *justificado* y *también glorificado*. Además, *he resucitado contigo y me he sentado a tu lado en los lugares celestiales*.

Ayúdame a recordar que el gozo es un derecho de nacimiento de todos los que te pertenecen y que puede coexistir con las circunstancias más difíciles y dolorosas. Así que vengo a ti esta mañana con las manos y el corazón abiertos, diciendo: «Jesús, recibo tu gozo». Mientras espero contigo, la luz de tu presencia brilla sobre mí, empapando lo más profundo de mi ser interior. Así me fortaleces, preparándome para el día que me espera.

Estoy agradecido de poder regresar a ti en busca de nuevos suministros de gozo tan a menudo como lo necesite. ¡Ya que eres un Dios de abundancia ilimitada, siempre tienes más que suficiente para mí!

En tu nombre generoso,
Amén

LUCAS 10:20; APOCALIPSIS 21:27;
ROMANOS 8:30; EFESIOS 2:6

Porque por gracia ustedes han sido salvados por medio de la fe, y esto no procede de ustedes, sino que es don de Dios.

Efesios 2:8

1 de abril

Jesús encantador:

¡Ayúdame a vivir en gozosa dependencia de ti! Antes solía ver la dependencia como una debilidad, así que me esforzaba por ser lo más autosuficiente posible. Sin embargo, ahora sé que esto no es lo que quieres para mí. Tú me diseñaste para necesitarte continuamente, e incluso para regocijarme en mi necesidad. Quiero vivir en armonía con tus intenciones para mí, confiando en que tu manera es la mejor.

La Biblia me exhorta a *estar siempre gozoso* y a *orar continuamente*. ¡Siempre se puede encontrar gozo en tu presencia! Tú me has prometido que *no me dejarás ni me desampararás*, así que puedo hablarte en todo momento sabiendo que me escuchas y te preocupas por mí.

Orar continuamente es una forma de demostrar mi dependencia deliberada de ti. Otra forma poderosa de confiar en ti es estudiar tu Palabra, pidiéndote que la uses para transformarme según tu voluntad. Estas deliciosas disciplinas me mantienen cerca de ti, viviendo con una confianza gozosa en ti. A *medida que me deleito en ti* más y más, tú eres glorificado y yo soy bendecido.

En tu nombre maravilloso,
Amén

1 Tesalonicenses 5:16-17;
Deuteronomio 31:8; Salmos 119:11-12;
Salmos 37:4

2 de abril

Querido Señor Jesús:

Ayúdame *a confiar en ti y a no tener miedo*. Me has estado entrenando para que vea las pruebas como ejercicios diseñados para desarrollar mis músculos de la confianza. Vivo en medio de feroces batallas espirituales, y el miedo es una de las armas favoritas que Satanás usa contra mí. Tú me has enseñado que cada vez que empiece a sentir miedo, afirme mi confianza en ti orando: «Confío en ti, Jesús». Y que si las circunstancias lo permiten, haga esta afirmación en voz alta.

Tu Palabra me dice que si *resisto al diablo, manteniéndome firme contra él, huirá de mí*. Así podré revitalizarme en tu santa presencia. Mientras te hablo y te alabo con cánticos espirituales, tu rostro brilla con gracia sobre mí, bendiciéndome con paz.

Te ruego que me sigas recordando que *no hay condenación para aquellos que te pertenecen*. Debido a que moriste en la cruz por todos mis pecados, he sido juzgado «¡NO CULPABLE!» por toda la eternidad. *Confiaré y no temeré, porque tú eres mi fuerza, mi cántico y mi salvación*.

En tu nombre salvador,
Amén

ISAÍAS 12:2; SANTIAGO 4:7;
NÚMEROS 6:24-26; ROMANOS 8:1

3 de abril

Poderoso Dios:

Me deleito en tu invitación: «*Echa sobre mí tu carga, y yo te sustentaré*». ¡Llevar mis propias cargas es agotador! Mis hombros no están diseñados para cargas pesadas, así que por favor, enséñame a *echar todas mis preocupaciones sobre ti.* Cuando me dé cuenta de que algo me agobia, examinaré la preocupación para determinar si es mi problema o no. Si no es mío, simplemente puedo dejarlo ir. Pero si *es* mi problema, necesito hablar contigo al respecto, pedirte que me ayudes a verlo desde tu perspectiva y a hacer lo que sea necesario para superarlo.

He estado aprendiendo que no debo permitir que los problemas se conviertan en mi foco de atención y me agobien. En lugar de eso, quiero traerte mis preocupaciones y *dejarlas* contigo, confiando en que tú puedes llevar mis cargas sobre tus hombros increíblemente fuertes.

Estoy muy agradecido por tu promesa de sostenerme y brindarme todo lo que necesito. Tu palabra me asegura que *satisfarás todas mis necesidades de acuerdo con tus gloriosas riquezas.*

En tu precioso nombre, Jesús,
Amén

SALMOS 55:22; ISAÍAS 9:6; 1 PEDRO 5:7;
FILIPENSES 4:19

4 de abril

Maravilloso Jesús:

¡Tú eres la luz del mundo! Ya que soy tu seguidor, *no caminaré en tinieblas, sino que tendré la luz de la vida.* Aunque hay mucha oscuridad en este mundo, siempre tengo acceso a ti. Así que nunca estoy en tinieblas.

El sendero que tengo ante mí a menudo parece sombrío, especialmente cuando desaparece en el futuro. Por eso, desearía estar iluminado con focos potentes para poder anticipar lo que vendrá. ¡Sin embargo, la verdad es que tú eres suficiente! Tú estás conmigo continuamente y también vas delante de mí, iluminándome el camino. Todo lo que necesito hacer es confiar en ti y seguir la luz que me provees. Incluso cuando la senda ante mí está tenuemente iluminada, tu iluminación es suficiente para que encuentre mi camino hacia adelante paso a paso.

¡Algún día estaré contigo en el cielo, donde veré tu luz en toda su gloria! La oscuridad será cosa del pasado y podré ver todo con claridad. La Biblia me asegura que *allí no habrá más noche. No necesitaré la luz de una lámpara o del sol, porque tú me darás luz...* ¡más allá de todo lo que pueda imaginar!

En tu brillante nombre,
Amén

JUAN 8:12; PROVERBIOS 4:18; APOCALIPSIS 22:5

5 de abril

Mi Salvador fuerte:

Ayúdame a no cansarme ni desanimarme. Cuando enfrento dificultades una tras otra, no me cuesta mucho llegar al punto de tener ganas de rendirme. Los problemas crónicos tienden a cansarme y desgastarme. No obstante, me doy cuenta de que si me concentro demasiado en mis problemas, corro el peligro de caer en un agujero negro de autocompasión o desesperación del que me va a costar salir.

El cansancio físico que no se alivia puede hacerme vulnerable al agotamiento emocional y la fatiga espiritual, *provocándome desánimo.* Gracias por equiparme para trascender mis problemas al *fijar mis ojos en ti.* Sé que *soportar la cruz* fue un precio terrible que pagaste para ser mi Salvador. Cuando pienso en tu disposición a sufrir tanto por mí, las fuerzas que necesito para soportar mis propias luchas se renuevan.

¡Adorarte es una forma deliciosa de renovar mis fuerzas! Cuando doy pasos de fe alabándote en medio de la adversidad, me inunda tu gloriosa luz. Mi deseo es que esta luz se refleje en los demás mientras vivo cerca de ti, consciente de tu amorosa presencia. ¡Y me regocijo de *ser transformado a tu semejanza con gloria cada vez mayor*!

En tu hermoso nombre, Jesús,
Amén

Hebreos 12:2-3; 2 Corintios 5:7;
2 Corintios 3:18

6 de abril

Supremo Señor Jesús:

Quiero confiar en ti lo suficiente como para permitir que las cosas sucedan sin esforzarme por predecir o controlar el resultado. A veces solo necesito relajarme y refrescarme en la luz de tu amor eterno. Aunque tu amor-luz nunca se apaga, a menudo me doy cuenta de que no soy consciente de tu radiante presencia. Me doy cuenta de que cuando me concentro en el futuro, ensayando mentalmente lo que haré o diré, estoy tratando de ser autosuficiente. Este intento de poder hacerlo todo sin tu ayuda es un pecado tan sutil en mí que por lo general no me percato de ello.

Señor, enséñame a vivir más plenamente en el presente, dependiendo de ti momento a momento. No necesito temer mi insuficiencia; ¡en cambio, puedo regocijarme en tu abundante suficiencia! Sé que te preocupas de que *busque siempre tu rostro*, incluso cuando me siento capaz de manejar las cosas por mí mismo. En lugar de dividir mi vida en cosas que puedo hacer solo y cosas que requieren de tu ayuda, quiero aprender a confiar en ti en *cada* situación. Mientras vivo en una dependencia confiada de ti, puedo afrontar cada día con confianza y disfrutar de tu amorosa presencia.

En tu amoroso nombre,
Amén

Salmos 37:5; Filipenses 4:19;
Salmos 105:4; Filipenses 4:13

7 de abril

Mi Dios Salvador:

Anhelo la ausencia de problemas en mi vida, pero me doy cuenta de que este objetivo no es realista. Poco antes de tu crucifixión, les dijiste con franqueza a tus seguidores: «*En este mundo tendrán aflicción*». Estoy agradecido de poder esperar una vida en la eternidad libre de problemas, reservada para mí en el cielo. Me regocijo en esta gloriosa herencia que nadie me puede quitar. Enséñame a esperar pacientemente esta perfección prometida en lugar de buscar mi cielo aquí en la tierra.

Señor, ayúdame a comenzar cada día anticipándome a los problemas, pidiéndote que me prepares para las dificultades que me esperan. El mejor equipamiento es tu presencia viviente, tu mano que nunca suelta la mía.

Hablar de mis problemas contigo me libera para tener una visión más alegre de los problemas, viéndolos como un desafío que tú y yo juntos podemos enfrentar. ¡Te ruego que me recuerdes todas las veces que sea necesario que estás de mi lado y que *tú has vencido al mundo*!

En tu nombre conquistador, Jesús,
Amén

JUAN 16:33; SALMOS 73:23;
FILIPENSES 4:13; ROMANOS 8:31

8 de abril

Radiante Señor Jesús:

Tú eres la luz que brilla en las tinieblas, porque las tinieblas nunca la han podido dominar, ¡y nunca lo harán! Sin embargo, cuando los múltiples problemas se ciernen sobre mí, la luz de tu presencia a veces me parece un recuerdo borroso. Cada vez que me siento distante de ti, necesito detener todo y *derramarte mi corazón*. Ayúdame a encontrar tiempo y espacio para hablar contigo sobre mis problemas y sentimientos. Mientras me desahogo ante ti, por favor, muéstrame el camino a seguir.

No importa cuánta oscuridad vea en el mundo que me rodea, ¡tu luz continúa *brillando*, porque es infinitamente más poderosa! Debido a que te pertenezco, esta luz brilla no solo sobre mí, sino también dentro de mí. Vivo *en medio de una generación torcida y perversa*, y esta es una oportunidad para que yo *brille como una luz en el mundo*. A fin de hacer esto, debo tomarme un tiempo para disfrutar de tu radiante presencia, pidiéndote que *me transformes a tu semejanza*. Soy débil y pecador, pero anhelo vivir de manera que *refleje tu gloria*.

En tu nombre glorioso,
Amén

JUAN 1:5; SALMOS 62:8;
FILIPENSES 2:14-15; 2 CORINTIOS 3:18

9 de abril

Bendito Jesús:

Ayúdame a aprender a vivir por encima de mis circunstancias. Me doy cuenta de que esto requiere un tiempo concentrado en ti, porque tú *has vencido al mundo*. Los problemas y las angustias están entretejidos en la estructura misma de este mundo que perece. Solo tu vida en mí puede capacitarme para enfrentar con *buen ánimo* el flujo interminable de problemas que atenta contra mí.

Mientras me relajo en tu presencia, permaneciendo en silencio contigo, haces brillar la paz en mi mente y mi corazón atribulados. Poco a poco, a través de este tiempo enfocado en ti y tu Palabra, soy liberado de los grilletes terrenales y levantado por encima de mis circunstancias. Obtengo tu perspectiva sobre mi vida, permitiéndome distinguir entre las cosas que son importantes y las que no lo son. Además, descansar en tu presencia me bendice con un *gozo que nadie me quitará*.

En tu gozoso nombre,
Amén

Juan 16:33; Salmos 42:5; Juan 16:22

10 de abril

Amado Jesús:

Tu Palabra me invita a *gustar y comprobar lo bueno que eres*. He descubierto que mientras más plenamente te experimento, más me convenzo de tu bondad. Me regocijo de que seas *el Viviente que me ve* y participes en todos los aspectos de mi vida. Me estás entrenando para buscarte en cada momento, dejando que tu amor fluya a través de mí hacia las vidas de los demás. A veces, tus bendiciones me llegan de formas misteriosas: a través del dolor y los problemas. En esos momentos, puedo conocer tu bondad solo por medio de mi confianza en ti. Mi entendimiento me falla una y otra vez, pero la confianza me mantiene cerca de ti.

Te agradezco por el regalo de tu paz, un regalo de proporciones tan inmensas que no puedo ni siquiera comprender su profundidad o amplitud. Cuando te apareciste ante tus discípulos después de tu resurrección, fue la paz lo que comunicaste en primer lugar. Ellos necesitaban desesperadamente tu paz para calmar sus miedos y aclarar sus mentes. Tú también me comunicas paz, porque conoces mis pensamientos ansiosos. Por favor, ayúdame a desconectar otras voces para poder escucharte más claramente. Señor, vengo a ti con las manos abiertas y el corazón dispuesto, listo para recibir tu paz.

En tu nombre de paz,
Amén

Salmos 34:8; Génesis 16:13-14;
Juan 20:19; Colosenses 3:15

11 de abril

Queridísimo Jesús:

Creo en ti, aunque no te vea con mis ojos. Sé que eres mucho más real que las cosas que puedo ver a mi alrededor. ¡Así que cuando creo en ti, confío en una realidad sólida como una roca! No importa cuáles sean mis circunstancias, tú eres la *Roca* indestructible sobre la que estoy parado. Estoy agradecido de poder *refugiarme siempre en ti*, porque te pertenezco para siempre.

Me has estado enseñando que creer en ti tiene innumerables beneficios. Por supuesto, el más obvio es *la salvación eterna de mi alma*, ¡un regalo de valor infinito! Mi fe en ti también realza inmensamente mi vida presente, permitiéndome saber quién soy. Tú me ayudas a encontrar mi camino a través de este mundo quebrantado con esperanza en mi corazón mientras me mantengo en estrecha comunicación contigo.

Señor, has aumentado mi capacidad de gozo. ¡Mientras más te busco y más plenamente te conozco, más me llenas de un gozo *inefable y glorioso*!

En tu nombre que es sobre todo nombre,
Amén

1 Pedro 1:8-9; Salmos 18:2; Romanos 8:25

12 de abril

Dignísimo Dios:

La Biblia me asegura que *tu bendición está sobre aquellos que confían en ti, que ponen su confianza en ti.* Ayúdame a confiar en ti en cada detalle de mi vida. Sé que en tu reino nada ocurre por casualidad. *Todas las cosas encajan en un plan para bien, para aquellos que te aman y son llamados conforme a tu propósito.*

En lugar de tratar de resolverlo todo, quiero concentrar mi energía en confiar y agradecerte. Estoy aprendiendo que nada se desperdicia cuando camino cerca de ti. Me has mostrado que incluso mis errores y pecados pueden reciclarse en algo bueno a través de tu gracia transformadora.

Mientras todavía vivía en la oscuridad, comenzaste a hacer brillar la luz de tu santa presencia en mi vida manchada por el pecado. En el momento oportuno, *me sacaste del pozo cenagoso, del barro y del fango. Pusiste mis pies sobre una roca y me diste un lugar firme donde poder pararme.*

Gracias por *llamarme de la oscuridad a tu luz maravillosa.* Por todo lo que has hecho, estoy convencido de que puedo confiar en ti en todas las facetas de mi vida.

En tu espléndido nombre, Jesús,
Amén

Jeremías 17:7; Romanos 8:28;
Salmos 40:2; 1 Pedro 2:9

13 de abril

Poderoso Jesús:

Cuando las cosas no vayan como a mí me gustaría que fueran, ayúdame a aceptar la situación sin dudar. Me doy cuenta de que teorizar sobre cómo podrían haber ido las cosas es una pérdida de tiempo y energía. Además, he aprendido que si me entrego a los sentimientos de arrepentimiento, pueden convertirse fácilmente en resentimiento. Necesito recordar que tú eres soberano sobre todas mis circunstancias, y *humillarme bajo tu mano poderosa, echando toda mi ansiedad sobre ti*. Puedo regocijarme en lo que estás haciendo en mi vida, aunque esté más allá de mi comprensión.

Tú eres el camino, la verdad y la vida. En ti tengo todo lo que necesito, para esta vida y la venidera. No quiero que el impacto del mundo destruya mi pensamiento o desvíe mi atención de ti. El desafío que enfrento en cada momento es *mantener mis ojos en ti*, sin importar lo que esté sucediendo a mi alrededor. Cuando eres el centro de mi pensamiento, puedo ver las circunstancias desde tu perspectiva. Esto me permite caminar contigo por la *senda de la vida*, experimentando *gozo en tu presencia*.

En tu amor incomparable,
Amén

1 Pedro 5:6-7; Juan 14:6;
Hebreos 12:2; Salmos 16:11

14 de abril

Príncipe de Paz:

Vengo a ti sintiéndome *cansado y cargado.* Quiero pasar tiempo descansando en tu presencia. Necesito tu paz continuamente, de la misma manera que te necesito *a ti* en todo momento.

Cuando las cosas van bien en mi vida, es fácil olvidar lo dependiente que soy de ti. Luego, cuando encuentro obstáculos en el camino, tiendo a ponerme ansioso y de mal humor. Finalmente, esto revive mi conciencia en cuanto a que te necesito, y entonces vuelvo a ti buscando tu paz. Estoy agradecido de que me hayas dado este glorioso regalo, pero me cuesta recibirlo si no me he calmado. ¡Qué bueno sería estar cerca de ti en todo momento!

¡Ayúdame a recordar que tú, mi Príncipe, eres *Dios todopoderoso*! *Toda autoridad te ha sido dada en el cielo y en la tierra.* Siempre que estoy pasando por momentos difíciles, puedo acudir a ti y contarte mis problemas. Pero necesito venir humildemente, reconociendo lo grande y sabio que eres. En lugar de agitar mi puño amenazadoramente ante tu rostro apacible o insistir en que hagas las cosas a mi manera, puedo inclinarme ante ti y orar estas maravillosas palabras de David: «*Yo, oh Señor, en Ti confío; digo: "Tú eres mi Dios". En Tu mano están mis años*».

En tu majestuoso nombre, Jesús,
Amén

Isaías 9:6; Mateo 11:28;
Mateo 28:18; Salmos 31:14-15

15 de abril

Precioso Jesús:

Leyendo tu Palabra he visto que la esperanza y la confianza están íntimamente entrelazadas, como hilos de oro tejidos para formar una cadena que no se rompa. Pienso en la *confianza* como el hilo central, porque esta actitud se enseña con mucha frecuencia en toda la Biblia. La esperanza embellece el hilo central y fortalece la cadena que me une a ti.

Esperar a que actúes, con mis ojos fijos en ti, demuestra que realmente confío en ti. No obstante, si simplemente digo: «Confío en ti», mientras intento ansiosamente que las cosas salgan como yo quiero, mis palabras suenan huecas.

La esperanza mira al futuro, conectándome con mi gloriosa herencia en el cielo. Sin embargo, como me has mostrado, los beneficios de la esperanza recaen plenamente sobre mí en el presente.

Debido a que te pertenezco, no solo paso el tiempo esperando, sino que puedo esperar expectante, en confiada esperanza. Señor, ayúdame a estar alerta para que pueda captar hasta el más leve destello de tu presencia.

En tu nombre fidedigno,
Amén

JUAN 14:1; SALMOS 56:3-4;
SALMOS 27:14; 1 JUAN 3:3

16 de abril

Mi amoroso Señor:

Gracias por amarme sin importar la forma en que me estoy comportando. A veces, me siento incómodo y me pregunto si estoy haciendo lo suficiente para ser digno de tu amor. Pero me doy cuenta de que no importa cuán ejemplar sea mi comportamiento, la respuesta a esa pregunta siempre será *no*. Me has estado mostrando que mi actuación y tu amor son asuntos completamente diferentes. *Me has amado con un amor eterno* que fluye desde la eternidad sin límites ni condiciones. *Me has vestido con tu manto de justicia*, y esta es una transacción eterna. ¡Nada ni nadie puede revertirla, lo que significa que mis éxitos y fracasos no tienen nada que ver con tu amor por mí!

He descubierto que incluso mi capacidad para evaluar qué tan bien lo estoy haciendo es defectuosa. Mi perspectiva humana limitada y la condición de mi cuerpo, con sus variaciones mercuriales, distorsionan la evaluación que hago de mi comportamiento.

Señor, te traigo mi ansiedad por el desempeño y te pido que la reemplaces con *tu amor inagotable*. Ayúdame a estar consciente de tu amorosa presencia conmigo en todo lo que hago. Te ruego que dirijas mis pasos a lo largo de este día.

En tu precioso nombre, Jesús,
Amén

Jeremías 31:3; Isaías 61:10; Salmos 31:16

17 de abril

Jesús misericordioso:

Me has estado enseñando que la ansiedad es el resultado de imaginar el futuro sin ti. Así que mi mejor defensa contra tal preocupación es mantenerme en comunicación contigo. Cuando dirijo mis pensamientos hacia ti, *puedo entregarte todas mis ansiedades y preocupaciones*, sabiendo que *cuidas de mí*. Ayúdame a no dejar de leer tu Palabra y a escucharte mientras leo, haciendo de mis pensamientos un diálogo contigo.

Gracias por brindarme las pautas que debo seguir siempre que esté considerando acontecimientos venideros: primero, no debo persistir en el futuro, porque las ansiedades brotan como hongos cuando deambulo por allí. En segundo lugar, necesito recordar la promesa de tu presencia continua e incluirte en mis pensamientos mientras hago planes para sucesos futuros. Confieso que esta disciplina mental es un desafío para mí; mi mente se desliza fácilmente a soñar despierto mientras estoy haciendo planes. ¡Pero mientras tanto, aprendo que la gloriosa realidad de tu presencia conmigo, ahora y para siempre, eclipsa cualquier ensueño que pudiera imaginar!

En tu nombre esplendoroso,
Amén

Lucas 12:22-25; 1 Pedro 5:7; Efesios 3:20-21

18 de abril

Jesús inquebrantable:

Ayúdame a mantener mi enfoque en ti. Me creaste con la asombrosa habilidad de elegir el punto focal de mis pensamientos. Esta es una señal de haber sido *creado a tu imagen*; sin embargo, he visto que si mi mente se atasca en las preocupaciones, estas pueden convertirse en ídolos. La ansiedad cobra vida propia, infestando mi mente como un parásito. Afortunadamente, puedo liberarme de esta esclavitud afirmando mi confianza en ti y refrescándome en tu presencia.

Lo que ocurre en mi mente es invisible para otras personas, pero *tú* lees mis pensamientos continuamente. Por eso, porque sabes todo sobre mí, quiero proteger mis pensamientos con cuidado, ya que las buenas decisiones te honran y me mantienen cerca de ti.

Mi meta es *tomar cautivo todo pensamiento para hacerlo obediente a ti*. Cuando mi mente se aleja de ti, necesito capturar esos pensamientos y traerlos a tu presencia. En tu radiante luz, los pensamientos ansiosos se encogen y se marchitan, y los críticos se desenmascaran mientras disfruto de tu amor misericordioso. Las ideas confusas se desenredan mientras descanso en la sencillez de tu paz. Tu Palabra me asegura que *guardarás en perfecta paz a todos los que confían en ti, ¡a todos los que concentran en ti sus pensamientos!*

En tu reconfortante nombre,
Amén

Génesis 1:27; 2 Corintios 10:5;
Salmos 112:7; Isaías 26:3

19 de abril

Dios omnisciente:

Me has buscado y me conoces. Comprendes mis pensamientos desde lejos y conoces íntimamente todos mis caminos. ¡Cuán agradecido estoy de ser *plenamente conocido* por ti! Todo acerca de mí es visible para ti, incluidos mis pensamientos y sentimientos más secretos. Esta transparencia me aterrorizaría si no fuera tu hijo amado. Sin embargo, no tengo nada que temer, porque tu justicia perfecta me ha sido acreditada *por mi fe en ti*. ¡Estoy muy agradecido de ser un miembro permanente de tu familia real!

He estado aprendiendo que mi relación íntima contigo es un poderoso antídoto contra los sentimientos de soledad. Por favor, recuérdame que ore a viva voz cada vez que me sienta solo o con miedo. Sé que también escuchas mis oraciones silenciosas, pero pienso con más claridad cuando susurro mis palabras o las pronuncio en voz alta. Como me entiendes perfectamente *y* conoces mis circunstancias, no necesito explicarte las cosas. Puedo comenzar de inmediato y pedirte que me ayudes con las cosas a las que me enfrento. Y puedo pasar tiempo relajándome contigo, respirando *el gozo de tu presencia*.

En la realeza de tu nombre, Jesús,
Amén

SALMOS 139:1-3; 1 CORINTIOS 13:12;
ROMANOS 3:22; SALMOS 21:6

20 de abril

Dios Todopoderoso:

Tu Palabra me dice que *pelearás por mí, y que yo solo necesito permanecer en quietud.* Señor, tú sabes lo cansado que estoy. He estado luchando para mantener mi cabeza fuera del agua, y mis fuerzas se están agotando. Necesito dejar de esforzarme tanto y permitir que tú pelees por mí.

Esto es muy difícil, porque mis sentimientos me dicen que debo seguir esforzándome para sobrevivir. Sin embargo, sé que tú estás obrando a mi favor y me estás llamando a descansar en ti. Así que, por favor, ayúdame a *estar quieto y saber que tú eres Dios.*

Tratar de calmar mi mente es aún más desafiante que calmar mi cuerpo. En mi batalla por sentirme seguro, he confiado demasiado en mi propio pensamiento. Mientras luchaba por sentirme en control, inconscientemente elevaba mi mente a una posición de autosuficiencia. ¡Perdóname, Señor! Necesito desesperadamente que tu Espíritu obre dentro de mí, controlando mi mente cada vez más, tranquilizándome desde adentro hacia afuera. Mientras paso el tiempo *descansando a la sombra de tu omnipotente presencia*, me regocijaré porque estás peleando por mí.

En tu nombre invencible, Jesús,
Amén

ÉXODO 14:14; SALMOS 46:10;
ROMANOS 8:6; SALMOS 91:1

21 de abril

Reconfortante Señor Jesús:

Vengo a ti para descansar y recuperarme. Mi viaje ha sido una subida ardua, cuesta arriba, y estoy agotado. Ayúdame a no avergonzarme de mi agotamiento, sino a verlo como una oportunidad para confiar más plenamente en ti.

Mantenme recordando que tú *puedes hacer que todo coopere para bien*, incluidas las cosas que desearía que fueran diferentes. Necesito comenzar desde donde estoy ahora, aceptando que aquí es donde tú quieres que yo esté. Mientras me apoyo en ti para que me afirmes, puedo ir a lo largo de este día, un paso y un momento a la vez.

Mi principal responsabilidad es permanecer atento a ti, pidiéndote que me guíes a través de las muchas decisiones que debo tomar. Parece una tarea fácil, pero la encuentro bastante desafiante. Mi deseo de vivir consciente de tu presencia va contra la corriente del mundo, la carne y el diablo. Gran parte de mi cansancio se debe a mi constante batalla con estos oponentes. ¡Pero no me rendiré! En lugar de eso, *esperaré en ti*, confiando en que *te alabaré nuevamente por la ayuda de tu presencia.*

En tu dignísimo nombre,
Amén

Romanos 8:28; Proverbios 3:5; Salmos 42:5

22 de abril

Querido Dios:

Ayúdame a *ser fuerte y valiente*, confiando en que *tú estarás conmigo* pase lo que pase. He aprendido que puedo *decidir* ser fuerte y valiente incluso cuando me siento débil. Sin embargo, mientras más débil me siento, más esfuerzo me cuesta tomar esta decisión. Todo depende de adónde mire. Si me concentro en mí y en mis problemas, mi valor se hace pequeñito. Pero si a través de los ojos de la fe te veo en el camino por delante, manifestándote a mí paso a paso, siento que mis fuerzas regresan. Mi valentía depende de la seguridad de que tú estás *conmigo* y *para* mí.

Incluso cuando todo parece ir mal, puedo luchar contra el desánimo a través de mi confianza en ti. Sé que eres un Dios de sorpresas, no limitado por la forma en que están las cosas o las insignificantes posibilidades que yo pueda ver. ¡*Contigo todo es posible*, porque eres infinitamente creativo y poderoso! Mientras más espero a que mis oraciones sean respondidas, más cerca estoy de un gran avance. Mientras tanto, he descubierto que esperarte, consciente de tu amorosa presencia, es una forma bendita de vivir. Tu Palabra me asegura que *eres bueno para con los que esperan en ti*.

En tu impresionante nombre, Jesús,
Amén

Josué 1:9; Mateo 19:26;
Lamentaciones 3:25-26

23 de abril

Apreciado Señor Jesús:

Ayúdame a confiar en *tu amor inagotable*, dándote las gracias por lo bueno que no puedo ver. Cuando el mal parece estar floreciendo en el mundo que me rodea, siento como si las cosas estuvieran fuera de control. Sin embargo, sé que *tú* no te estás retorciendo las manos con impotencia, preguntándote qué hacer a continuación. Tienes el control total, moviéndote con bondad entre bastidores mientras la confusión arrecia. Por eso, con fe, te agradezco no solo por las bendiciones que puedo ver, sino también por las que no puedo ver.

Tu *sabiduría y conocimiento* son más profundos y ricos de lo que mis palabras podrían expresar. *¡Tus juicios son inescrutables y tus sendas insondables!* Así que mi elección más sabia es *confiar en ti en todo momento*, incluso cuando mi mundo se sienta inestable y tus caminos me parezcan confusos.

Necesito recordar que tú *siempre estás conmigo, sosteniéndome de mi mano derecha. Y que después de esta vida, me recibirás en la gloria*. Mientras reflexiono sobre este tesoro escondido —mi herencia celestial— ¡te agradezco por esta gloriosa bendición que aún no puedo ver!

En tu sagrado nombre,
Amén

Isaías 54:10; Romanos 11:33;
Salmos 62:8; Salmos 73:23-24

24 de abril

Jesús omnipresente:

Me regocijo de que estés conmigo en todo lo que hago, incluso en las tareas más humildes. Es tremendamente reconfortante saber que siempre estás consciente de mí, preocupado por cada detalle de mi vida. Nada de mí escapa a tu atención, ni siquiera *la cantidad de cabellos en mi cabeza*. Sin embargo, confieso que mi conciencia de tu presencia vacila y parpadea; como resultado, mi experiencia de vida a menudo se siente fragmentada. Cuando mi enfoque es lo suficientemente amplio como para incluirte en mis pensamientos, me siento seguro y completo. Sin embargo, cuando mi enfoque se reduce de modo que los problemas y los detalles llenan mi mente, te pierdo de vista. Como resultado, me siento vacío e incompleto.

Señor, enséñame a mirarte fijamente en todos mis momentos y todas mis circunstancias. Aunque este mundo es inestable y cambiante, puedo experimentar la continuidad si me mantengo consciente de tu constante presencia. Ayúdame a *fijar mis ojos en lo que no se ve*, especialmente en *ti*, incluso mientras el mundo visible pasa ante mis ojos.

En tu nombre fiel,
Amén

Mateo 10:29-31; Hebreos 11:27;
2 Corintios 4:18

25 de abril

Jesús confiable:

Ayúdame a darles la bienvenida a los tiempos difíciles como oportunidades para confiar en ti. Te tengo a mi lado y tu Espíritu está dentro de mí, por lo que ninguna circunstancia me resulta demasiado complicada. Sin embargo, confieso que cuando el camino que tengo por delante está salpicado de dificultades, suelo empezar a medir mi fuerza frente a esos desafíos. Por supuesto, ese cálculo invariablemente me llena de ansiedad. ¡Sin tu ayuda, no podría superar el primer obstáculo!

Me has estado enseñando la manera *correcta* de caminar durante los días exigentes: agarrando tu mano con fuerza y manteniendo una comunicación estrecha contigo. Además, he aprendido que me enfrento mucho mejor a las exigencias de mi día cuando mis pensamientos y palabras están enriquecidos con gratitud y confianza.

En lugar de preocuparme por todos mis problemas, quiero poner mi energía en *pensar cuidadosamente en ti.* Tu Palabra me asegura que *me mantendrás en perfecta paz* en la medida en que *mi mente esté centrada en ti, confiando en ti.*

En tu gran nombre,
Amén

Santiago 1:2; Filipenses 4:13;
Hebreos 3:1; Isaías 26:3

26 de abril

Salvador fiel:

Quiero vivir tan cerca de ti como pueda, momento a momento. Sin embargo, a veces dejo que las dificultades me distraigan de tu presencia conmigo.

Solía pensar que mis circunstancias determinaban la calidad de mi vida. Así que dediqué mi energía a tratar de controlar esas situaciones. Me sentía feliz cuando las cosas iban bien, y triste o molesto cuando las cosas no salían como yo quería. No cuestioné esta correlación entre mis circunstancias y mis sentimientos. No obstante, la Biblia me dice que es posible *estar contento en cualquier situación.*

Ayúdame a poner más energía en confiar en ti y disfrutar de tu presencia. En lugar de dejar que mi felicidad dependa de mis circunstancias, anhelo conectar mi gozo contigo y tus preciosas promesas, mientras me hablas a través de tu Palabra:

Yo estoy contigo y te cuidaré dondequiera que vayas.

Satisfaré todas tus necesidades de acuerdo con mis gloriosas riquezas.

Nada en toda la creación puede separarte de mi amor.

En tu amado nombre, Jesús,
Amén

Filipenses 4:12; Génesis 28:15;
Filipenses 4:19; Romanos 8:39

27 de abril

Jesús misericordioso:

Vengo gustosamente a tu presencia, disfrutando del lujo de ser comprendido por completo y amado perfectamente. Ayúdame a verme a mí mismo como tú me ves: radiante en tu justicia, purificado por tu sangre. Estoy agradecido de que me veas como la persona que me creaste para ser, la persona que *realmente* seré cuando el cielo se convierta en mi hogar. ¡Es tu vida dentro de mí la que me está cambiando de *gloria en gloria*! Me regocijo en este misterioso milagro.

Mientras me aparto en silencio para estar en tu presencia, mi conciencia de tu vida dentro de mí aumenta. Tú eres *Cristo en mí, la esperanza de gloria*. Estoy agradecido de que tú, el que camina a mi lado sosteniéndome de la mano, eres el mismo que vive dentro de mí. Este es un misterio glorioso e insondable. La luz de tu presencia brilla tanto en mi interior como sobre mí. Tú y yo estamos entrelazados en una intimidad que involucra cada fibra de mi ser. Estás en mí y yo estoy en ti. Esto significa que nada en el cielo ni en la tierra puede separarme de ti. ¡Aleluya!

En tu magnífico nombre,
Amén

Salmos 34:5; 2 Corintios 5:21;
2 Corintios 3:18; Colosenses 1:27

28 de abril

Supremo Salvador:

Ayúdame a renunciar a la ilusión de que merezco una vida sin problemas. Una parte de mí todavía anhela la resolución de todas mis dificultades, pero me doy cuenta de que eso es una falsa esperanza. Tu Palabra dice claramente que *en este mundo tendré problemas.* Debo vincular mi esperanza no a la solución de las dificultades en esta vida, sino a la promesa de una eternidad de vida libre de problemas contigo en el cielo. En lugar de buscar la perfección en este mundo caído, quiero derramar mi energía en buscarte *a ti*, el Perfecto.

Me has mostrado que es posible glorificarte en medio de las circunstancias adversas. Tu luz brilla intensamente a través de los creyentes que confían en ti en la oscuridad. Esta es una confianza sobrenatural, producida por tu Espíritu que mora en mí.

Señor, te invito a que me transformes cada vez más en la persona que me diseñaste para ser. Quiero dejar que obres creativamente en mí, sin resistirme ni intentar acelerar el proceso. Anhelo disfrutar el ritmo de una vida inspirada por Dios, *contigo* marcando el paso. Te agradezco que *me tomes de la mano derecha, me guíes con tu consejo, y luego me recibirás en la gloria.*

En tu nombre triunfante, Jesús,
Amén

Juan 16:33; 2 Corintios 3:18; Salmos 73:23-24

29 de abril

Glorioso Jesús:

Ayúdame a dejar a un lado mis problemas el tiempo suficiente para mirarte. A veces me imagino de pie al borde de un océano magnífico, en una playa cubierta de guijarros. Los guijarros representan los problemas: míos, de mi familia, de mis amigos y del mundo. Cuando tomo estas pequeñas piedras y las sostengo cerca de mis ojos, examinando sus detalles, mi vista de la grandeza que me rodea se bloquea. Por lo general, tan pronto como me deshago de un guijarro-problema, recojo otro. Por lo tanto, no disfruto de la belleza de tu presencia ni de la bendición de *tu amor inagotable.*

El océano te representa a *ti*, infinitamente glorioso y continuamente presente conmigo. Quiero olvidarme de *todos* los guijarros para poder experimentar tu amorosa presencia. Mientras espero contigo, casi puedo escucharte susurrar: «*Escógeme*, amado. Decídete a verme, a encontrarme, en cada momento de tu vida».

Anhelo el día en que buscarte continuamente sea un hábito, un hábito delicioso que me mantendrá cerca de ti en *la senda de la vida.*

En tu delicioso nombre,
Amén

Hebreos 12:2; Salmos 33:5;
Hebreos 11:27; Salmos 16:11

30 de abril

Mi gran Dios:

¡Tú eres mi fuerza y mi escudo! Estoy agradecido de que estés actuando continuamente en mi vida, a veces de maneras maravillosas, para fortalecerme y protegerme. ¡Me doy cuenta de que mientras más confío en ti, más grande es *el vuelco de gozo que da mi corazón*!

Ayúdame, Señor, a confiar en ti de todo corazón, descansando en tu control soberano sobre el universo. Cuando las circunstancias parecen haberse dislocado, necesito aferrarme a ti, perseverar en la verdad de que tú sabes lo que estás haciendo. Mientras estoy en medio de la adversidad, mi mayor desafío es seguir confiando en que eres soberano y bueno. Sin embargo, me doy cuenta de que no puedo esperar comprender tus caminos, *porque así como los cielos son más altos que la tierra, tus caminos son más altos que los míos.*

Quiero complacerte respondiendo a los problemas con acción de gracias, confiando en que puedes hacer que el bien surja de las situaciones más difíciles. Cuando respondo de esta manera, tú eres glorificado y yo soy fortalecido. Señor, *te doy gracias con cánticos.*

En tu gozoso nombre, Jesús,
Amén

SALMOS 28:7; SALMOS 18:1-2;
ISAÍAS 55:9; ROMANOS 8:28

«Vengan a Mí, todos los que están cansados y cargados, y Yo los haré descansar».

Mateo 11:28

1 de mayo

Precioso Jesús:

Ayúdame a encontrar gozo incluso en los lugares más inverosímiles. Sé que esto requiere un esfuerzo de mi parte: buscar lo bueno y negarme a dejar que mis respuestas naturales me cieguen a lo que hay allí. Te ruego que abras mis ojos para ver más allá de lo obvio y que pueda descubrir tesoros escondidos en mis tribulaciones.

Me has estado enseñando que vivir con alegría es una elección. Debido a que habito en un mundo tan pecaminoso y quebrantado, debo hacer el esfuerzo de elegir la alegría muchas veces al día. Esto es especialmente cierto durante mis tiempos difíciles. Tu Palabra me dice que *lo considere como puro gozo cada vez que enfrente pruebas de muchos tipos*. Este versículo me muestra que cuando encuentro diversas dificultades, estos conflictos me están poniendo a prueba. Y tales pruebas pueden fortalecer mi fe, que es *mucho más preciosa que el oro*, y demostrar que esa fe es genuina.

Gracias, Jesús, por tomar la decisión terrible de *soportar la cruz por el gozo puesto ante ti:* el placer eterno de *llevar a muchos hijos e hijas a la gloria*. Permíteme elegir el gozo *fijando mis ojos en ti* y buscando tesoros en mis pruebas.

En tu valeroso nombre,
Amén

SANTIAGO 1:2-3; 1 PEDRO 1:6-7;
HEBREOS 12:2; HEBREOS 2:10

2 de mayo

Dios de misericordia:

A veces te escucho susurrar en mi corazón: «*Me deleito grandemente en ti*». No es fácil para mí recibir esta bendición, pero sé que se basa en el amor incondicional que tienes por todos tus hijos. Te ruego que me ayudes a relajarme en la luz de tu presencia, dándome tiempo para empaparme de tu luminoso amor. Anhelo sentarme en silencio contigo mientras *me renuevas con tu amor.*

Me resulta tremendamente desafiante vivir en un mundo caído. Hay mucho quebrantamiento a mi alrededor, así como dentro de mí. No obstante, puedo elegir, momento tras momento, concentrarme en lo que está mal o *buscar tu rostro* y disfrutar de tu aprobación.

Necesito recordar que tu deleite en mí se basa en tu obra redentora en la cruz. Este recuerdo me protege de caer en la trampa de esforzarme por conquistar tu amor. Enséñame a vivir como quien realmente soy: tu amado hijo, *salvado por gracia mediante la fe*. Así, mi gratitud me mantendrá cerca de ti, deseoso de seguirte a dondequiera que me lleves.

En tu nombre maravilloso, Jesús,
Amén

Sofonías 3:17; Salmos 27:8;
Números 6:25-26; Efesios 2:8

3 de mayo

Señor compasivo:

Tu Palabra me dice que *ensanchas el camino debajo de mí para que mis pies no resbalen*. Esto me muestra cuán intrincadamente estás involucrado en el viaje de mi vida. Sabes exactamente lo que tengo por delante y puedes alterar las partes peligrosas de mi camino antes de que llegue, facilitando mi andar. Algunas veces me permites ver lo que has hecho por mí. Otras, me ahorras penurias privándome de percibir tu labor protectora. De cualquier manera, tu actitud vigilante a mi favor demuestra tu amorosa participación en mi vida.

Desde mi limitada perspectiva humana, tus caminos son a menudo misteriosos. No me proteges —ni a nadie— de *toda* adversidad. *Tú* tampoco fuiste protegido de las dificultades durante tus treinta y tres años de vida en este mundo. Al contrario, voluntariamente sufriste dolor, humillación y agonía inimaginables en la cruz... ¡por mí! Cuando tu Padre apartó su mirada de ti, experimentaste un sufrimiento indescriptible. Sin embargo, debido a que estuviste dispuesto a soportar ese inmenso aislamiento de Él, *nunca* tendré que sufrir solo. Por favor, ayúdame a recordar y regocijarme en la gloriosa verdad de que *siempre estás conmigo*, ¡y a ser agradecido!

En tu nombre maravilloso, Jesús,
Amén

SALMOS 18:36; SALMOS 121:3;
MATEO 27:46; MATEO 28:20

4 de mayo

Querido Jesús:

Ayúdame a estar dispuesto a arriesgarme contigo. Si es a eso a lo que me diriges, sé que es el lugar más seguro para mí.

Me has estado mostrando que mi deseo de vivir una vida libre de riesgos es realmente una forma de incredulidad. Reconozco cada vez más que mi anhelo de vivir cerca de ti está en desacuerdo con mis intentos de minimizar los riesgos. Parece que me estoy acercando a una encrucijada en el viaje de mi vida. Para seguirte de todo corazón, debo abandonar mi tendencia a ir a lo seguro. Mientras trato de salir de mi zona de confort, necesito aferrarme con fuerza a tu mano en busca de apoyo y guía.

Señor, por favor, guíame paso a paso a lo largo de este día y de todos mis días. He descubierto que cuando mantengo mi atención en ti, puedo caminar por senderos peligrosos sin tener miedo. Espero que al fin aprenda a relajarme y realmente disfrute de la aventura de nuestro viaje juntos. La Biblia me dice que tu presencia protectora *velará por mí dondequiera que vaya*. Así que mi parte en esta aventura es seguir mirándote con confianza.

En tu nombre vigilante,
Amén

Salmos 23:4; Juan 12:26; Salmos 9:10;
Génesis 28:15

5 de mayo

Glorioso Salvador:

Ayúdame a vivir en el presente, *brindándole toda mi atención a lo que estás haciendo ahora mismo.* No quiero *preocuparme por lo que pueda pasar —o no— mañana.* Sin embargo, confieso que confiarte mi mañana va en contra de la esencia de mi naturaleza humana, en contra de mi fuerte deseo de sentir que tengo el control. La verdad es que pierdo mucho tiempo pensando en el futuro.

He descubierto que tratar de no pensar en algo suele ser ineficaz y contraproducente. Mi esfuerzo por dejar de pensar en el asunto me mantiene encadenado a esos pensamientos. No obstante, puedo liberarme si enfoco mi atención en ti y lo que estás haciendo en mi vida. Tú eres mi Señor viviente y siempre estás haciendo *cosas nuevas.*

Lo principal que me mantiene encadenado a pensamientos futuros es mi temor a lo que pueda traer el mañana, preguntándome si seré capaz de sobrellevarlo o no. Pero tu Palabra me tranquiliza*: tú me ayudarás a lidiar con cualquier cosa difícil que surja cuando llegue el momento.*

En tu nombre misericordioso, Jesús,
Amén

Mateo 6:34; Hebreos 12:2; Isaías 42:9

6 de mayo

Mi amado Señor:

Tú me invitas continuamente a acercarme a ti, susurrando en mi corazón: «*Ven a mí,* amado. *Te he amado con amor eterno. Te he atraído con misericordia*». Yo respondo a tu hermosa invitación permaneciendo en tu presencia, relajándome y *fijando mis pensamientos en ti*. Y medito en la gloriosa verdad de que continuamente estás conmigo. Esta realidad sólida como una roca proporciona una base firme para mi vida.

El mundo en el que habito está en constante cambio, al punto que no puedo encontrar un cimiento sólido para mí. Por eso, necesito desesperadamente estar consciente de *ti* a medida que avanza el día. Sé que no soy capaz de hacer esto a la perfección, pero puedo volver a ti una y otra vez, orando: «Jesús, mantenme consciente de tu amorosa presencia». Me gusta dejar que esta oración resuene continuamente en mi corazón y mi mente, llevándome de regreso a ti cuando mis pensamientos comienzan a desviarse.

He descubierto que mientras tengo más de ti en mi vida al vivir cerca de ti, más feliz estoy. Esto no solo me bendice a mí, sino también a los demás, ya que tu gozo fluye a través de mí hacia ellos.

En tu nombre bendito, Jesús,
Amén

Mateo 11:28; Jeremías 31:3;
Hebreos 3:1; Salmos 73:23

7 de mayo

Todo suficiente Salvador:

Ayúdame a aceptar y abrazar mi insuficiencia, que es el vínculo perfecto con tu infinita suficiencia. Cuando mis recursos parecen faltar, mi inclinación natural es preocuparme. La mejor manera que he encontrado para resistir esta tentación es reconocer abiertamente mis insuficiencias y agradecerte por ellas. Esto me protege de intentar ser lo que no soy: mi propio salvador y proveedor. Debido a que soy débil y pecador, necesito un Salvador fuerte y perfecto, un Proveedor que pueda *satisfacer todas mis necesidades.*

Me has estado enseñando a acceder a tus ilimitados recursos estando tanto quieto como activo. Pasar tiempo a solas tú y yo, esperando en tu presencia, mejora mi conexión contigo. Además, *tú obras para los que esperan en ti*, haciendo por mí lo que no puedo hacer por mí mismo. No obstante, me doy cuenta de que hay muchas cosas que *sí puedo* hacer. Cuando realizo mis actividades confiando en *la fuerza que tú me brindas, eres glorificado* y yo soy bendecido.

Recuérdame, por favor, que recurra a ti cada vez que me sienta inadecuado. Es en este lugar de necesidad donde tú, con bondad y amor, te encuentras conmigo.

En tu nombre redentor, Jesús,
Amén

Filipenses 4:19; Isaías 64:4;
1 Pedro 4:11; 2 Corintios 12:9

8 de mayo

Poderoso Dios:

Tú le das fuerza al cansado y aumentas el poder del débil. Ayúdame a no desanimarme por mi fragilidad. Tengo varios tipos de debilidades: espirituales, emocionales y físicas. Tú las usas para mantenerme humilde y entrenarme a fin de esperar en ti con una actitud de confiada dependencia. Tu Palabra me asegura que *los que esperan en ti recibirán nuevas fuerzas.*

Soy consciente de que esta forma de vida dependiente no es algo que tenga que practicar solo a veces. Tú me diseñaste para que te buscara en todo momento, experimentándote como *el Viviente que me ve.*

Esperar en ti está estrechamente relacionado con confiar en ti. Mientras más tiempo dedico a concentrarme en ti, más confianza en ti desarrollo. Y mientras más confío en ti, más quiero pasar tiempo contigo. *Esperar en ti* en todo momento también aumenta mi esperanza en ti. Esta esperanza me bendice de innumerables formas, elevándome por encima de mis circunstancias a la vez que me envuelve en *tu amor inagotable.*

En tu nombre lleno de esperanza, Jesús,
Amén

Isaías 40:29; Isaías 40:30-31;
Génesis 16:14; Salmos 33:20-22

9 de mayo

Amado Jesús:

Quiero vivir en una conciencia continua de tu presencia y tu paz. Sé que estos son dones de proporciones sobrenaturales. Desde tu resurrección, has consolado a tus seguidores con estos maravillosos mensajes: «*Ciertamente estaré contigo para siempre*» y «*La paz sea contigo*». Por favor, Señor, ayúdame a ser cada vez más receptivo contigo mientras me ofreces estos gloriosos dones. Estoy aprendiendo que la mejor manera de recibir tu presencia y tu paz es agradecerte por ellas.

Me alegra que me hayas creado ante todo para glorificarte. Esto significa que jamás podría pensar que estoy pasando demasiado tiempo agradeciéndote y alabándote. He descubierto que la acción de gracias y la alabanza me sitúan en una relación adecuada contigo, abriendo el camino para que tu gozo fluya hacia mí mientras me acerco a ti en adoración.

Agradecerte por tu presencia y tu paz es una sabia inversión de tiempo, permitiéndome recibir más de ti y tus preciosos dones.

En tu nombre glorioso,
Amén

Mateo 28:20; Lucas 24:36; Hebreos 13:15; 2 Corintios 9:15

10 de mayo

Dios fiel:

¡Mi relación contigo trasciende todas mis circunstancias! Por eso, deseo alabarte y disfrutar de tu presencia incluso durante mis más intensos episodios de lucha. Sin embargo, para encontrarte en esos momentos, tengo que esforzarme en ejercitar mi fe.

Encuentro desafiante vivir en dos planos simultáneamente: el mundo natural, donde abundan las situaciones adversas, y el mundo sobrenatural, donde tú reinas supremo. Para experimentar tu presencia conmigo incluso en mis momentos más difíciles, necesito unos músculos de la confianza fuertes. Estoy agradecido de que las pruebas puedan fortalecer mi fe y mostrarme cuánto, o cuán poco, realmente confío en ti.

Me doy cuenta de que tengo que trabajar para fortalecer los músculos de mi confianza, llenando mi mente y mi corazón con las Escrituras, *buscando tu rostro continuamente*. Por favor, recuérdame que debo mantenerme volviendo mis pensamientos hacia ti y afirmando mi fe en ti, ya sea que me sienta confiado o inadecuado. Y ayúdame a creer realmente, en lo más profundo de mi ser, que mi idoneidad se basa en mi relación contigo. *¡Me preparas para lo que sea al infundir en mí fuerza interior!*

En tu nombre fidedigno, Jesús,
Amén

Santiago 1:2-3; Salmos 105:4; Filipenses 4:13

11 de mayo

Dios misericordioso:

No quiero tener *miedo de las malas noticias*. Por favor, ayúdame a tener un *corazón firme que confíe en ti*. Es cierto que en este mundo abundan las malas noticias. Sin embargo, en lugar de tener miedo de lo que está sucediendo, quiero descansar confiadamente en ti. Pensar en tu muerte sacrificial en la cruz y en tu resurrección milagrosa me llena de esperanza y gratitud. ¡Me regocijo de que tú, mi Salvador viviente, seas el Dios Todopoderoso! Y encuentro consuelo en la verdad de que eres *soberano* sobre los acontecimientos globales. ¡Tú tienes el control!

Cuando las cosas a mi alrededor o las cosas en el mundo parecen estar descontroladas, puedo acercarme a ti y *derramarte mi corazón*. En lugar de inquietarme y enfurecerme, puedo usar esa energía de la preocupación para comunicarme contigo.

Señor, vengo a ti no solo para recibir consuelo, sino también para recibir dirección. Cuando paso tiempo esperando en tu presencia, me muestras el camino correcto por el que debo seguir.

Debido a que te pertenezco, no tengo que temer las malas noticias o dejar que me asusten. En cambio, puedo mantener mi corazón firme y tranquilo confiando con valor en ti.

En tu nombre inquebrantable, Jesús,
Amén

SALMOS 112:7; ISAÍAS 9:6; ISAÍAS 40:10;
SALMOS 62:8

12 de mayo

Jesús, mi esperanza:

Siempre que me siento tentado a entregarme a la autocompasión o a escapar hacia la irrealidad, confiar en ti de todo corazón es mi única esperanza. En medio de la adversidad, me resulta difícil pensar con claridad y tomar decisiones acertadas. A veces parece como si una vertiginosa variedad de opciones se arremolinara a mi alrededor, esperando a que me aferre a la correcta. Sin embargo, sé que hay *una* opción que siempre es apropiada y efectiva: *confiar en ti con todo mi corazón y toda mi mente.*

Si en algún momento me encuentro deslizándome hacia el desánimo o la autocompasión, puedo detener ese resbalón declarando mi confianza en ti: susurrándola, hablándola, ¡incluso gritándola! Al pensar en las muchas razones que tengo para tener *confianza en ti*, me regocijo en tu *amor inagotable.*

Cuando me sienta tentado a adormecer mi dolor escapando a la irrealidad, ayúdame a acercarme a ti, expresando mi confianza en ti. ¡Esto me pone en contacto con *la realidad suprema*! Me encanta confiar en ti, porque sabes todo sobre mí *y* mis circunstancias. Oh Señor, eres infinitamente sabio y comprensivo.

En tu nombre alentador,
Amén

Proverbios 3:5; Salmos 52:8; Romanos 11:33

13 de mayo

Querido Jesús:

Estoy muy agradecido de que estés comprometido con *la renovación de mi mente.* Confieso que cuando mis pensamientos fluyen libremente, a menudo se dirigen hacia los problemas. Entonces, mi atención se engancha en un problema molesto y le doy vueltas y vueltas en un intento inútil de resolverlo. Mientras tanto, este enfoque negativo me resta la energía en otros asuntos que necesitan mi atención. Lo peor de todo es que te pierdo *a ti* de vista.

He aprendido que una mente renovada se enfoca en tu presencia. Ayúdame a recordar que siempre estás cerca, y entrena mi mente para *buscarte* en cada momento, en cada situación. A veces encuentro recordatorios de tu presencia en mi entorno: el canto de un pajarillo, la sonrisa de un ser querido, la luz dorada del sol. En otras ocasiones, me acerco para encontrarte en mi espíritu, donde tu Espíritu habita. Sé que el lugar más importante para *buscarte* es en tu Palabra. Mientras te busco y me comunico contigo, renuevas mi mente... ¡transformándome!

En tu magnífico nombre,
Amén

ROMANOS 12:2; HEBREOS 3:1;
SALMOS 105:4; JEREMÍAS 29:13

14 de mayo

Mi Dios Salvador:

Cuando muchas cosas parezcan ir mal y mi vida se sienta cada vez más fuera de control, ayúdame a confiar en ti y ser agradecido contigo. La confianza y la gratitud son respuestas sobrenaturales que me elevan por encima de mis circunstancias. Si hago lo que me resulta *natural* ante las dificultades, tiendo a caer presa del negativismo.

Incluso unas pocas quejas pueden oscurecer mi perspectiva y lanzarme a una espiral descendente. Si dejo que esta actitud negativa me controle, las quejas fluirán cada vez más fácilmente de mi boca, llevándome cuesta abajo por una pendiente resbaladiza. Y ocurre que mientras más bajo, más rápido me deslizo. Sin embargo, siempre es posible aplicar los frenos clamando a ti en tu nombre, afirmando mi confianza en ti y *dando gracias por todo*. Aunque esto no parece natural, he aprendido que si persisto en estas respuestas, gradualmente volveré a subir la pendiente.

Una vez que haya recuperado todo el terreno perdido, podré afrontar mis circunstancias desde una perspectiva humilde. Si elijo respuestas sobrenaturales esta vez, confiando y agradeciéndote, *tu paz, que sobrepasa todo entendimiento, protegerá mi corazón y mi mente.*

En tu nombre insuperable, Jesús,
Amén

Salmos 13:5; Efesios 5:20; Filipenses 4:6-7

15 de mayo

Queridísimo Señor Jesús:

Siempre que los planes y los problemas están preocupando mi mente, necesito volverme a ti y susurrar tu nombre. Mientras descanso en ti y me regocijo en *tu amor inagotable*, la luz de tu presencia brilla sobre mí. Gracias por cuidarme siempre y amarme eternamente. Te amo, Jesús, y confío en que iluminarás mi camino, mostrándome lo que se debe hacer hoy y lo que no. Ayúdame a lidiar con los problemas según sea necesario mientras me niego a permitir que la preocupación o el miedo se conviertan en el centro de mis pensamientos.

Tú iluminas mi perspectiva mientras sigo volviendo mi atención a ti. Una manera maravillosa de enfocarme en ti es saturar mi mente y mi corazón con las Escrituras, leyéndolas, estudiándolas y memorizando versículos que son especialmente significativos para mí. *Lámpara es a mis pies tu Palabra, y lumbrera a mi camino.*

Al perseverar en estas prácticas, mi preocupación por los problemas y los planes disminuye. Esto deja espacio en mi vida para más de *ti*. ¡Señor, te pido que *me llenes del gozo de tu presencia!*

En tu nombre deleitoso,
Amén

Salmos 33:22; 1 Pedro 5:7;
Salmos 119:105; Hechos 2:28

16 de mayo

Jesús, mi pastor:

Tu Palabra me asegura que *no hay condenación para quienes te pertenecen*. Mediante tu gloriosa obra de salvación, *la ley del Espíritu de vida me ha librado de la ley del pecado y de la muerte*. Esta libertad radical es mi patrimonio como cristiano, pero admito que lucho por vivir libre.

Para caminar por el camino de la libertad, debo mantener mi mente firmemente fija en ti. Muchas voces proclaman: «Este es el camino que debes seguir», pero solo *tu* voz me indica el verdadero camino. Si sigo las sendas del mundo con todo su brillo y esplendor, descenderé más y más profundamente en un abismo. Incluso las voces cristianas pueden desviarme, diciendo: «¡Haz esto!», «¡No hagas eso!», «¡Ora de esta manera!», «¡No ores de esa otra!».

Cuando escucho todas esas voces, me siento cada vez más confundido. Por favor, ayúdame a contentarme con ser una simple «oveja», escuchando tu voz y siguiéndote, mi fiel pastor. *Me conduces junto a aguas tranquilas y me haces descansar en verdes pastos. Me guías por sendas de justicia.*

En tu hermoso nombre,
Amén

Romanos 8:1-2; Isaías 30:21;
Juan 10:27; Salmos 23:1-3

17 de mayo

Dios consolador:

Me encanta oírte susurrar en mi mente: «*No temas, porque yo estoy contigo. No te desalientes, porque yo soy tu Dios*». Estas palabras de amor son como una cálida manta que me envuelve, protegiéndome de la frialdad del miedo y el desánimo.

Cuando los problemas me acechan, recuérdame tomar tu mano con fuerza y mantenerme en comunicación contigo. Puedo *confiar y no tener miedo, porque tú eres mi fortaleza y mi canción*. Tu poderosa presencia está conmigo siempre: ¡No me enfrento *a nada* solo! Estoy agradecido de que hayas prometido *fortalecerme y ayudarme*.

Tu mano fuerte me apoya tanto en los buenos como en los malos momentos. Cuando las cosas van bien en mi vida, puede que esté menos atento a tu fiel presencia. Sin embargo, cuando *camino por el valle de sombra de muerte*, soy profundamente consciente de mi necesidad de ti. En esos momentos, tomar tu mano me mantiene erguido y me permite poner un pie firme delante del otro.

Mientras trato de soportar la adversidad confiando en ti, bendíceme con paz y gozo en tu presencia.

En tu nombre confiable, Jesús,
Amén

Isaías 41:10; Isaías 12:2; Salmos 23:4

18 de mayo

Mi Creador:

¡Este es el día que has hecho! Ayúdame *a regocijarme y alegrarme en él.* Empiezo este día levantando mis manos vacías llenas de fe, listo para recibir todo lo que estás derramando en esta breve porción de mi vida. Dado que eres el autor de mis circunstancias, debo tener cuidado de no quejarme de nada, ni siquiera del clima.

He descubierto que la mejor manera de manejar circunstancias no deseadas es agradeciéndote por ellas. Este acto de fe me libera del resentimiento y me permite buscar las bendiciones que surgen de los problemas. A veces me muestras lo bueno que estás sacando de las dificultades. ¡En *todo* momento me ofreces el glorioso regalo de ti mismo!

Soy consciente de que vivir dentro de los límites de este día es vital para encontrar el gozo que hay en él. Tú sabías lo que hacías cuando dividiste el tiempo en segmentos de veinticuatro horas. Tienes una comprensión perfecta de la fragilidad humana y sabes que solo puedo manejar el problema de un día a la vez.

No quiero *preocuparme por el mañana* o quedarme estancado en el pasado. ¡En cambio, busco disfrutar de una vida abundante en tu presencia hoy!

En tu nombre gozoso, Jesús,
Amén

Salmos 118:24; Hebreos 3:13;
Hebreos 4:15; Mateo 6:34

19 de mayo

Precioso Jesús:

Cada vez que algo frustra mis planes o deseos, me enfrento a una decisión importante: hundirme en la frustración o comunicarme contigo. Cuando elijo hablarte sobre la situación, soy bendecido de varias maneras. Primero, en la circunstancia que sea, comunicarme fortalece mi relación contigo. Además, mis decepciones, en lugar de arrastrarme hacia abajo, pueden transformarse en oportunidades para el bien. Esta transformación elimina el aguijón de las circunstancias difíciles, lo que me permite estar feliz en medio de la adversidad.

Te ruego que me ayudes a practicar esta disciplina en todas las pequeñas desilusiones de la vida diaria. Son estos pequeños contratiempos los que a menudo me alejan de tu presencia. Sin embargo, he descubierto que cuando reformulo los *contratiempos como oportunidades*, gano mucho más de lo que he perdido. Algún día espero llegar al punto donde pueda aceptar las grandes pérdidas de esta manera positiva. Mi objetivo es alcanzar la perspectiva del apóstol Pablo, quien escribió que consideraba que todo lo que había perdido era *basura en comparación con la inmensa grandeza de conocerte.*

En tu nombre maravilloso,
Amén

Proverbios 19:21; Colosenses 4:2;
Filipenses 3:7-8

20 de mayo

Bendito Jesús:

Me deleito en escucharte decirle susurrando a mi corazón: «*Estoy contigo. Estoy contigo. Estoy contigo*». Estas palabras reconfortantes son como una red de seguridad para mi espíritu, protegiéndome de caer en la desesperación. Como soy un ser humano, tengo muchos altibajos en mi experiencia de vida. No obstante, la promesa de tu presencia determina hasta dónde puedo caer. Así que, por favor, aumenta mi conciencia de tu amorosa presencia que siempre está conmigo.

Admito que a veces me siento como si estuviera en caída libre, especialmente cuando las personas o cosas con las que había contado me decepcionan. Sin embargo, tan pronto como recuerdo que estás conmigo, mi perspectiva cambia radicalmente. En lugar de lamentarme por mis circunstancias y revolcarme en ellas, recurro a ti en busca de ayuda. Recuerdo que no solo estás *conmigo*, sino que *me sostienes de la mano derecha. Me guías con tu consejo, y luego me recibirás en la gloria*. Esta es exactamente la perspectiva que necesito: la seguridad de tu presencia permanente y la promesa de la gloria eterna del cielo.

En tu exaltado nombre,
Amén

Mateo 28:20; Sofonías 3:17; Salmos 73:23-24

21 de mayo

Mi Salvador inquebrantable:

Protégeme de la trampa de mirarme a mí mismo a través de los ojos de otras personas. Me doy cuenta de que esta práctica es dañina de varias maneras. En primer lugar, es casi imposible discernir lo que los demás piensan realmente de mí. Además, sus puntos de vista sobre mí son variables, sujetos al estado espiritual, emocional y físico de cada persona en ese momento. Sin embargo, el principal problema de dejar que otros me definan es que es una forma de idolatría. Tratar de complacer a la gente apaga mi deseo de complacerte a ti, mi Creador. Perdóname por esta preocupación idólatra por las opiniones que los demás pudieran tener de mí.

Me has estado mostrando que es mucho más real verme a mí mismo a través de *tus* ojos. Tu mirada sobre mí es firme y segura, absolutamente libre de pecado o de una naturaleza cambiante. Señor, ayúdame a verme a mí mismo y a los demás desde tu perspectiva. Al pasar tiempo en tu presencia, puedo experimentar la realidad de ser amado de manera perfecta y eterna. Mientras descanso en tu mirada amorosa, me llenas de profunda paz. Quiero responder a tu gloriosa presencia *adorándote en espíritu y en verdad.*

En tu gran nombre, Jesús,
Amén

Proverbios 29:25; Hebreos 11:6;
Romanos 5:5; Juan 4:23-24

22 de mayo

Jesús, mi roca:

¡Me regocijo en mi dependencia de ti! He descubierto que este es un lugar de maravillosa seguridad. Aprendí a golpes que depender de mí mismo, los demás o las circunstancias era como construir mi vida sobre la arena. Cuando llegaron las tormentas, me di cuenta de lo endebles que eran mis cimientos; totalmente inadecuados para sostenerme. Ahora estoy buscando construir mi vida *sobre la roca*, un cimiento que es más que suficiente para mantenerme en pie durante las tormentas de la vida.

Señor, ayúdame a depender de ti no solo en las circunstancias tormentosas, sino también cuando el cielo está despejado y mi vida se desarrolla en calma. Esta es una disciplina diaria, preparándome para *cualquier* cosa que me depare el futuro. ¡Descubrí que igualmente es una fuente de gran gozo! Depender de ti implica mantenerse en comunicación contigo, ¡un privilegio extraordinario! Esta rica bendición me brinda fortaleza, aliento y guía. Cuando me mantengo en contacto contigo, puedo afrontar las dificultades, porque *sé* que no estoy solo. Mientras *camino en la luz de tu presencia*, tú me das el poder de *regocijarme en tu nombre todo el día*. Depender de ti es una forma gozosa y bendecida de vivir.

En tu nombre jubiloso,
Amén

Mateo 7:24-27; Salmos 89:15-16;
1 Tesalonicenses 5:16

23 de mayo

Mi pastor fuerte:

Vengo a ti con todas mis debilidades: espirituales, emocionales y físicas. Mientras descanso en el consuelo de tu presencia, recuerdo que *para ti nada es imposible*, ¡y me *regocijo en ti*!

Ayúdame a apartar mi mente de mis problemas para que pueda enfocar mi atención más completamente en ti. ¡Señor, tú eres el único que *puede hacer muchísimo más de lo que pido o imagino*! En lugar de intentar dirigirte a que hagas esto y aquello, quiero sintonizarme con lo que *ya* estás haciendo.

Siempre que la ansiedad intente abrirse camino en mis pensamientos, por favor, recuérdame que *tú eres mi pastor.* ¡Ya que me estás cuidando, no necesito tener miedo de nada! En lugar de intentar mantener el control sobre mi vida, quiero entregarme a ti. Aunque esto pudiera sentirse aterrador y peligroso, sé que el lugar más seguro para estar es a tu lado.

En tu nombre consolador, Jesús,
Amén

Lucas 1:37; Filipenses 4:4;
Efesios 3:20-21; Salmos 23:1

Mayo 24

Jesús tierno y amoroso:

Ayúdame a *regocijarme en ti siempre, dejando que mi bondad sea evidente a todos.* He descubierto que regocijarme en ti me protege de la tentación de quejarme. Cuando mis circunstancias son estresantes, es muy fácil que me vuelva irritable. Sin embargo, me estás enseñando a demostrarles amabilidad a los demás y no irritabilidad. Esto es posible en la medida en que encuentro gozo en ti. Siempre hay mucho de qué regocijarme, porque *tú eres el mismo ayer, hoy y siempre.*

Puedo sentirme especialmente feliz al saber que *tú estás cerca.* Cuando un hombre y una mujer están profundamente enamorados, tienden a sacar lo mejor del otro. El solo hecho de estar con la persona amada puede calmar las irritaciones y aumentar la felicidad. Tú eres el Amante que siempre está cerca; invisible, pero tiernamente presente. Cuando me tomo el tiempo para sintonizarme con tu amorosa presencia, calmas mis frustraciones y me llenas de gozo.

Por favor, recuérdame agradecerte con frecuencia por tu presencia continua y tu amor inagotable. ¡Cuando las circunstancias me depriman, necesito volver mi atención hacia ti y *considerar tu gran amor* por mí!

En tu glorioso nombre,
Amén

Filipenses 4:4-5; Gálatas 5:22-23;
Hebreos 13:8; Salmos 107:43

25 de mayo

Mi Señor encantador:

¡Este es el día que has hecho! Mientras me regocijo en este día de mi vida, espero que me conceda preciosos dones y una formación beneficiosa. Quiero ir contigo por el camino elevado de la acción de gracias, descubriendo todos los placeres que me has preparado.

Para proteger mi agradecimiento, necesito recordar que resido en un mundo caído donde las bendiciones y las tristezas se entremezclan libremente. Cuando estoy demasiado concentrado en los problemas, avanzo a través de un día que rebosa belleza y brillo mientras veo solo el gris de mis pensamientos. Descuidar la práctica de dar gracias oscurece mi mente y nubla mi visión.

Señor, te pido que aclares mi visión ayudándome a no dejar de agradecerte en todo momento. Cuando me siento agradecido, puedo caminar a través de los días más oscuros con gozo en mi corazón, porque sé que *la luz de tu presencia* sigue brillando sobre mí. Por eso *me regocijo en ti*, mi encantador e inquebrantable Compañero.

En tu nombre brillante y resplandeciente, Jesús,
Amén

Salmos 118:24; Colosenses 4:2;
Salmos 118:1; Salmos 89:15-16

26 de mayo

Rey Jesús:

¡*La luz del evangelio de tu gloria* es un tesoro asombrosamente rico! Lo que hace que el evangelio sea una noticia tan buena es que me abre el camino para *conocerte* en tu majestuosa gloria.

Cuando confié en ti como mi Salvador, pusiste mis pies en el camino al cielo. El perdón de los pecados y un futuro glorioso son dones maravillosos, ¡pero tú proveíste aún más! *Hiciste brillar tu luz en mi corazón para darme el resplandor del conocimiento de la gloria de tu rostro.* Ayúdame a *buscar tu rostro* de todo corazón, deleitándome ante tu presencia gloriosa y radiante.

Uno de los significados de *conocimiento* es «conciencia adquirida por la experiencia o el estudio». Conocerte implica estar consciente de ti, experimentar tu presencia a través del Espíritu Santo. También implica estudiar la Biblia para aprender cada vez más sobre ti. Aunque *el dios de este mundo ha cegado el entendimiento de los incrédulos*, puedo percibirte claramente al escudriñar las Escrituras y disfrutar del *resplandor del evangelio de tu gloria.*

En tu maravilloso nombre,
Amén

2 Corintios 4:4; 2 Corintios 4:6;
Salmos 27:8

27 de mayo

Mi Dios siempre cercano:

A veces me siento como si estuviera en un lugar desolado, desprovisto de tu amorosa compañía. Sin embargo, ya sea que sienta tu presencia o no, puedo llamarte y *saber* que estás conmigo. La Biblia promete que *tú estás cerca de todos los que te invocan*. Mientras susurro tu nombre con tierna confianza, ¡ayúdame a arrojar mis dudas al viento!

Necesito pasar algún tiempo contándote mis problemas y buscando tu guía. Como consecuencia, cambiaré mi enfoque alabándote por tu grandeza y majestad, tu poder y tu gloria. Y agradeciéndote por las muchas cosas buenas que has hecho y estás haciendo en mi vida. ¡Señor, estás ricamente presente en mi alabanza y acción de gracias!

Tu Palabra me instruye a *probar y ver que eres bueno*. Mientras más me concentro en ti y tus bendiciones, más plenamente puedo saborear tu bondad. Me deleita la dulzura de *tu amor inagotable*. La cordialidad de tu poderosa fuerza me anima. Satisfaces el hambre de mi corazón con el gozo y la paz de tu presencia, asegurándome: *«Estoy contigo y te cuidaré dondequiera que vayas»*.

En tu generoso nombre, Jesús,
Amén

Salmos 145:18; Salmos 34:8;
Isaías 54:10; Génesis 28:15

28 de mayo

Apreciado Jesús:

Ayúdame a recordar que las circunstancias desafiantes van y vienen, pero *tú estás continuamente conmigo.* ¡La constancia de tu presencia es un tesoro glorioso!

Me reconforta saber que estás escribiendo la historia de mi vida a través de los tiempos buenos *y* los tiempos difíciles. Tú puedes ver el cuadro completo: desde antes de mi nacimiento hasta más allá de la tumba. Y sabes exactamente cómo seré cuando el cielo se convierta en mi hogar para siempre. Además, estás constantemente trabajando en mí, transformándome en la persona que diseñaste que fuera. Tu Palabra me asegura que en tu reino pertenen eceré a la realeza.

Una de mis formas favoritas de acercarme a ti es pronunciando tu nombre con amor. Esta sencilla oración expresa mi confianza en que verdaderamente estás conmigo y me estás cuidando. Tú, *el Dios de la esperanza, lléname de todo gozo y paz mientras confío en ti.*

No importa cuán pesadas sean mis cargas, la realidad de tu presencia supera todas mis dificultades. Cuando espero en silencio contigo, puedo oírte susurrar: «*Vengan a Mí, todos los que están cansados y cargados, y Yo los haré descansar*».

En tu nombre reconfortante,
Amén

Salmos 73:23; 1 Pedro 2:9;
Romanos 15:13; Mateo 11:28

29 de mayo

Mi amado Señor:

Deja que la mañana me traiga palabra de tu inagotable misericordia. Ayúdame a *poner mi confianza en ti* y a disfrutar de tu amor que me alumbra incluso en medio de mis problemas. Cuando estoy luchando contra el desánimo, necesito afirmar mi confianza en ti y recordar quién eres: Creador y Sustentador del universo, así como mi Salvador, Señor y Amigo. Sé que puedo contar contigo, porque tu amor es ilimitado y constante. Este nunca se agota ni se atenúa, y no depende de qué tan bien me esté desempeñando. Tu amor perfecto nunca cambia, porque *eres el mismo ayer, hoy y siempre.*

Soy bendecido cuando me tomo el tiempo para *elevar mi alma hacia ti*, esperando en tu presencia sin pretensiones ni exigencias. Mientras dedico tiempo a adorarte y esperar, tú actúas en mi interior y me preparas para el día. Luego, *me muestras el camino por donde debo ir*, paso a paso. Estoy agradecido de que seas *mi Dios por los siglos de los siglos. ¡Serás mi guía hasta la muerte!*

En tu nombre orientador, Jesús,
Amén

Salmos 143:8; Hebreos 1:2-3;
Hebreos 13:8; Salmos 48:14

30 de mayo

Majestuoso Jesús:

¡Tu misericordia es mejor que la vida misma! Estoy agradecido de que tu amor no tenga límites en cuanto a calidad, cantidad o duración. *¡Cuán precioso es tu gran amor!* Es infinitamente mejor que cualquier cosa que este mundo pueda ofrecer, además de que nunca se extinguirá. Es tan precioso que vale la pena perder todo lo demás para asegurárnoslo.

Aunque para ganarlo vale la pena perder la vida, este glorioso regalo me *enriquece* enormemente. Tu amor inquebrantable me proporciona una base firme sobre la que construir. Saber que soy amado de manera perfecta y eterna mejora mis relaciones con los demás y me ayuda a convertirme en la persona que me diseñaste para que fuera. Además, *comprender cuán ancho, largo, alto y profundo es tu amor* por mí me lleva a la adoración. *Aquí es* donde mi intimidad contigo crece a pasos agigantados, ¡mientras celebro con gozo tu magnífica presencia!

Mi corazón se hace eco de las palabras del salmista: «*Todo lo que respira te alabe, Señor.* ¡Aleluya!».

En tu nombre digno de alabanza,
Amén

Salmos 63:3; Salmos 36:7 (NVI);
Efesios 3:16-18; Salmos 150:6

31 de mayo

Salvador magnífico:

Tu Palabra me dice que *si hay alguna virtud o algo que merezca elogio, debo meditar en esas cosas*. Suena fácil, pero ponerlo en práctica ya no lo es tanto.

He visto cuán contracultural es enfocarse en las cosas admirables. Las personas que trabajan en los medios casi siempre destacan las noticias negativas. Rara vez se molestan en informar sobre las cosas buenas que están sucediendo, especialmente las muchas cosas buenas que tú pueblo está haciendo.

Admito que tener un enfoque positivo no solo es contracultural, sino también contrario a mi naturaleza caída. Cuando Adán y Eva se rebelaron contra ti, *todo* fue dañado por la caída, incluida mi mente. Como resultado, enfocarme en las cosas excelentes y admirables no es nada natural para mí. Esto requiere un esfuerzo persistente, tratando de tomar la decisión correcta una y otra vez. Señor, ayúdame a elegir buscar lo que es bueno todos los días, momento a momento.

A pesar de los enormes problemas de este mundo, hay muchas cosas dignas de elogio. Me regocijo de que tú, el *más* digno de alabanza, estés *continuamente conmigo*, ¡más cerca que mis propios pensamientos!

En tu excelente y admirable nombre, Jesús,
Amén

Filipenses 4:8; Génesis 3:6;
Filipenses 4:4; Salmos 73:23

Porque Este es Dios, nuestro Dios para siempre; Él nos guiará hasta la muerte.

Salmos 48:14

1 de junio

Jesús, mi guía fiel:

Me deleito pasando tiempo contigo, *meditando en tu misericordia inagotable. Porque tú eres mi Dios por los siglos de los siglos.* Ayúdame, a través de tu Espíritu, a traer mi mente de regreso a ti cada vez que tienda a divagar.

Encuentro gran aliento en las palabras de Jacob: «*Ciertamente el Señor está en este lugar*». No importa dónde me encuentre, tú estás conmigo. Estoy muy agradecido de que seas mi Dios para siempre, ¡hoy, mañana y por toda la eternidad!

Tú también eres *mi guía*. Es fácil para mí asustarme por el futuro cuando me olvido de que me estás guiando en cada paso del camino de mi vida. Sin embargo, tu presencia que me guía ha estado disponible para mí desde que confié en ti como mi Salvador. Me has estado entrenando para ser cada vez más consciente de ti a medida que realizo mis actividades diarias. Una forma en la que estoy aprendiendo a acercarme a ti es susurrando tu nombre. Esto me recuerda que estás cerca de mí. En lugar de *preocuparme por cualquier cosa*, puedo presentarte mis peticiones *a través de la oración y la súplica con acción de gracias*. ¡Cuánto me regocijo por la maravillosa seguridad de que *seguirás siendo mi guía hasta el final*!

En tu nombre bendito y eterno,
Amén

Salmos 48:9-10, 14; Génesis 28:16;
Filipenses 4:6

2 de junio

Dulce Jesús:

A veces necesito tu ayuda incluso para pedirte ayuda. Mientras trato de hacer varias cosas al mismo tiempo, me encuentro moviéndome cada vez más rápido, interrumpiendo una cosa para hacer otra. Si mi teléfono suena en esos momentos, mi nivel de estrés aumenta aún más. Solo cuando *dejo* todo, respiro profundo unas cuantas veces y susurro tu nombre, empiezo a calmarme. Entonces puedo reconocer mi necesidad de que me guíes a lo largo del día. Tú has *prometido llevarme por senderos de justicia por amor de tu nombre.*

Cuando me estoy preparando para hacer algo desafiante, por lo general me tomo el tiempo para pedir tu ayuda. Pero cuando hago las tareas diarias, tiendo a comenzar sin ayuda, actuando como si pudiera manejar estos asuntos solo. Sin embargo, es mucho mejor abordar *todo* en humilde dependencia de ti. Cada vez que me siento tentado a dedicarme de lleno a algo, necesito detenerme y volverme hacia ti, pidiéndote que me muestres el camino por el que debo seguir. Mientras espero en tu amorosa presencia, me deleito en escucharte decir estas palabras de seguridad: «*Te guiaré por el mejor camino para tu vida*».

En tu nombre tranquilizador,
Amén

Salmos 23:3; Hechos 17:27; Salmos 32:8

3 de junio

Dios de gracia:

Acudo a ti en busca de comprensión, ya que me conoces mucho mejor que yo mismo. Me comprendes en toda mi complejidad; ningún detalle de mi vida te es oculto. Sin embargo, no necesito temerle a tu conciencia íntima de mí, porque sé que me ves a través de los ojos de la gracia. Señor, quiero que la luz de tu presencia sanadora brille en lo más profundo de mi ser, limpiándome, sanándome, refrescándome y renovándome.

Ayúdame a confiar en ti lo suficiente como para aceptar el perdón total que me ofreces continuamente. ¡Este glorioso regalo te costó la vida y es mío por toda la eternidad! Estoy agradecido de que el perdón esté en el centro mismo de tu presencia permanente. Me aseguras a través de tu Palabra: *«Nunca te dejaré ni te desampararé»*.

Cuando nadie parece entenderme, simplemente puedo acercarme más a ti, regocijándome en aquel que me comprende por completo y me ama perfectamente. Mientras me llenas de tu amor, anhelo convertirme en una reserva de ese amor que se desborde en la vida de otras personas.

En tu precioso nombre, Jesús,
Amén

Salmos 139:1-4; Juan 1:16-17; Josué 1:5

4 de junio

Salvador misericordioso:

Vengo a ti sintiéndome *cansado y agobiado*, así que te pido que *me des descanso*. Solo tú conoces la profundidad y la amplitud de mi cansancio. ¡Nada te es oculto! Me has estado mostrando que hay un momento para seguir esforzándome y hay un momento para dejar de trabajar y simplemente descansar. Incluso tú, que tienes energía infinita, descansaste el séptimo día después de completar tu obra de creación.

Quiero prolongar mi encuentro en tu amorosa presencia mientras *tu rostro brilla sobre mí*. Al dejar que porciones favoritas de las Escrituras discurran libremente por mi cerebro, consigo que fortalezcan mi corazón y mi espíritu. Cuando me venga a la mente algo que no quiero olvidar, lo anotaré y luego volveré mi atención hacia ti. Mientras me relajo contigo, permito que tu amor penetre en las profundidades de mi ser. Me deleito en expresarte mi amor en susurros, en palabras habladas y cánticos espirituales.

Ayúdame a creer que me apruebas y apruebas el descanso al que me acojo. Mientras permanezco en una actitud de relajamiento en tu presencia, confiando en tu obra terminada en la cruz, me siento profundamente renovado y fortalecido.

En tu nombre vigorizante, Jesús,
Amén

MATEO 11:28; GÉNESIS 2:2; NÚMEROS 6:25-26

5 de junio

Querido Jesús:

A veces siento que la luz de tu gloria brilla sobre mí. Mientras te admiro con adoración en mi corazón, el resplandor de tu amor cae sobre mí, sumergiéndose en las profundidades de mi ser. ¡Cuánto atesoro estos momentos contigo! Úsalos para hacerme más como tú. Estoy aprendiendo que mientras más *fijo mis ojos en ti,* en los momentos tranquilos *y* en los atareados, mejor puedo *reflejar tu gloria* a otras personas.

Admito que estar consciente de ti cuando estoy ocupado es un gran desafío. Afortunadamente, me has creado con una mente que puede funcionar en más de una «pista» a la vez. Ayúdame a permanecer atento a ti, dedicando una de esas pistas a tu presencia conmigo. Esta práctica me beneficia de varias maneras: cuando me doy cuenta de que estás presente conmigo, es menos probable que haga o diga algo que te desagrada. Siempre que estoy luchando con circunstancias difíciles o sentimientos dolorosos, la conciencia de tu presencia me brinda consuelo y aliento.

¡Sé que puedes usar *todo* en mi vida para bien, *transformándome a tu semejanza con una gloria cada vez mayor*!

En tu nombre glorioso,
Amén

Hebreos 12:2; 2 Corintios 3:18;
Romanos 8:28

6 de junio

Mi gran Dios:

En los días en que mi objetivo principal es complacerme a mí mismo, mi actitud pertinaz llena mi vida de frustración. La insistencia de que las cosas deben salir a mi manera se basa en una premisa errónea: pretender que soy el centro de mi mundo. La verdad es que el Centro eres *tú*, y todo gira en torno a ti. Así que necesito hacer mis planes de forma provisional, *buscando tu rostro* y tu voluntad en todo lo que hago. Al buscar tu rostro y empeñarme en hacer tu voluntad, estoy creando una situación en la que todos ganan. Si las cosas salen según mis planes, puedo agradecerte y regocijarme. Y cuando mis deseos se frustran, puedo mantener la comunicación contigo y subordinar mi voluntad a la tuya, confiando en que *lo que tú haces es perfecto.*

Ayúdame a recordar que *yo no soy mío*; te pertenezco. Esta conciencia de que soy tuyo, tu amado, es un gran alivio. Aparta mi enfoque de mí mismo y lo que quiero. En lugar de esforzarme por hacer que las cosas salgan a mi manera, mi objetivo principal es complacerte a ti. Esto suena como si pudiera ser una carga, pero en realidad es bastante liberador, ya que *tu yugo es fácil y tu carga es ligera.* Además, saber que te pertenezco le proporciona *un descanso profundo y satisfactorio a mi alma.*

En tu nombre estimulante, Jesús,
Amén

Salmos 105:4; Salmos 18:30;
1 Corintios 6:19; Mateo 11:29-30

7 de junio

Jubiloso Señor Jesús:

¡En ti he encontrado *un gozo inefable y lleno de gloria*! Esta alegría asombrosa no está disponible en ningún otro lugar; la encuentro solo en mi relación contigo. Señor, ayúdame a confiar en ti de todo corazón y a caminar con confianza contigo a lo largo del camino de mi vida. Mientras viajamos juntos, sé que encontraré muchos obstáculos, y algunos de ellos serán bastante difíciles de superar.

Tu Palabra me enseña que *cada día tiene bastantes problemas propios*. De modo que debo esperar dificultades diarias y no dejar que me desvíen del rumbo, negándome a permitir que la adversidad me impida disfrutar de tu presencia. Mi vida contigo es una aventura; y siempre hay algunos peligros involucrados en los viajes aventureros. Por favor, dame valor para enfrentar los problemas con confianza y perseverancia.

Mi esperanza debe estar puesta en ti y en la recompensa celestial que me has preparado. Sé que cuando llegue a mi hogar eterno, mi gozo se expandirá exponencialmente más allá de cualquier límite que pueda imaginar. Allí te veré *cara a cara*, ¡y mi gozo no conocerá fronteras!

En tu nombre victorioso,
Amén

1 Pedro 1:8; Mateo 6:34; 1 Corintios 13:12

8 de junio

Mi Señor viviente:

¡Tú eres todo lo que podría necesitar en un Dios Salvador, y *vives en mí*! Me llenas de vida y amor radiantes. Quiero que tu vida en mí se desborde e impacte a otras personas. Vive y ama a través de mí mientras interactúo con los demás. Te pido que tu amor adorne mis palabras y tu luz se refleje en mi comportamiento mientras vivo en gozosa dependencia de ti.

En este mundo a menudo me siento insuficiente, pero sé que *estoy completo en ti*, Señor. Todo lo que necesito para mi salvación y mi crecimiento espiritual se encuentra en ti. A través de *tu divino poder* tengo todo lo necesario para perseverar en mi camino hacia el cielo. Me bendices con un *conocimiento íntimo de ti* y me invitas a sincerarme y compartir contigo en los niveles más profundos, tanto mis luchas como mis deleites.

Tu obra terminada en la cruz, Señor Jesús, le proporciona un descanso profundo a mi alma. Estoy muy agradecido de estar eternamente seguro en ti, mi Salvador viviente y mi Amigo para siempre.

En tu nombre victorioso, Jesús,
Amén

Gálatas 2:20; Colosenses 2:9-10; 2 Pedro 1:3

9 de junio

Jesús confiable:

Te traigo todos mis sentimientos, incluidos los que desearía no tener. Confieso que el miedo y la ansiedad a menudo me acosan, tentándome a concentrarme en mí mismo en lugar de confiar en ti. Misiles ardientes de miedo vuelan hacia mí día y noche; estos ataques del maligno son implacables. Enséñame a usar mi *escudo de fe* con eficacia, *extinguiendo esos dardos encendidos.*

Señor, permíteme seguir afirmando mi fe, sin importar cómo me sienta. He visto que cuando persisto en declarar mi confianza en ti, mis sentimientos terminan alineándose con mi fe.

No quiero esconderme de mi miedo o fingir que no existe. Si escondo la ansiedad en lo más recóndito de mi corazón, esta da lugar al miedo, una monstruosa mutación. En cambio, elijo llevar mis ansiedades a la luz de tu amorosa presencia, donde tú puedes mostrarme cómo lidiar con ellas. Ayúdame a perseverar en confiar en ti y a vivir cerca de ti; entonces el temor perderá gradualmente su lugar en mí.

En tu nombre fiel,
Amén

Efesios 6:16; 1 Juan 1:5-7; Isaías 12:2

10 de junio

Jesús encantador:

Tu Palabra me dice que *eche toda mi ansiedad en ti, porque tú tienes cuidado de mí*. Sé que eres un excelente receptor, así que quiero depositar sobre ti todas mis preocupaciones, ansiedades y angustias. Mientras me libero de esas cosas preocupantes, me relajo en tu presencia y doy un suspiro de alivio. Necesito seguir haciendo esto durante el día, y a veces también durante la noche. Afortunadamente, siempre estás despierto, listo para recibir mis preocupaciones y *soportar mis cargas*.

Debido a que eres infinitamente poderoso, llevar mis cargas no te pesa en absoluto. He descubierto que «tu función de receptor» tiene un efecto positivo en mí: aligera mi espíritu y lo eleva. No importa cuántas «bolas» te lance ni cuán pesadas sean, ¡las capturas todas! Entonces, en lugar de dejar que las preocupaciones me agobien, me regocijaré porque estás conmigo, listo para ayudarme con lo que sea que enfrente.

Siempre que me doy cuenta de que estoy dándole vueltas a un problema, puedo mirarte con confianza y arrojar mi preocupación en tus manos fuertes y expectantes. ¡Gracias, Jesús, por siempre *velar por mí* y recoger mis preocupaciones!

En tu nombre vigilante y bondadoso,
Amén

1 Pedro 5:7; Salmos 139:23;
Salmos 68:19; Salmos 121:5-6

11 de junio

Jesús, mi compañero constante:

Quiero caminar gozosamente contigo durante el día de hoy, agarrado de tu mano con confianza y dependencia. Contigo a mi lado, puedo saborear los placeres y soportar las dificultades que trae este día. Ayúdame a apreciar todo lo que has preparado para mí: hermosos paisajes, vigorizantes vientos de aventura, rincones protegidos para descansar cuando estoy cansado y mucho más. Estoy agradecido de que no solo seas mi compañero constante, sino también mi guía. Conoces cada paso del viaje que tengo ante mí, todo el camino hasta el cielo.

No necesito elegir entre permanecer cerca de ti y mantener el rumbo. Dado que *tú eres el camino*, estar cerca de ti *es* ir por la ruta correcta. Mientras *fijo mis pensamientos en ti*, confío en que me guíes momento a momento a lo largo del viaje de hoy. Ayúdame a no preocuparme por lo que encontraré adelante. Y, por favor, no dejes de recordarme que siempre estás a mi lado. Esto me libera para concentrarme en disfrutar de tu presencia y mantenerme en sintonía contigo.

En tu nombre jubiloso,
Amén

Filipenses 4:13; Isaías 58:11;
Juan 14:6; Hebreos 3:1

12 de junio

Queridísimo Dios:

Me acerco a ti en este momento tranquilo, buscando disfrutar de tu presencia en el presente. He aprendido que la confianza y el agradecimiento son excelentes aliados en esta búsqueda.

Si me revuelco en el pasado o me preocupo por el futuro, mi conciencia de ti se debilita. Mientras más confío en ti, más plenamente puedo vivir en el presente, donde tu presencia me espera.

Me has estado entrenando para comunicarme contigo continuamente. Oraciones breves como «Confío en ti, Jesús» y «*Te amo, Señor, fortaleza mía*» me mantienen cerca de ti. También aumentan mi confianza en que me estás cuidando amorosamente.

Me has mostrado que tener una actitud agradecida es esencial para disfrutar de la intimidad contigo. Una actitud ingrata te deshonra y debilita nuestra relación. Ayúdame a recordar que *estoy recibiendo un reino inconmovible*, sin importar lo que esté sucediendo en mi vida o en el mundo. Esto me da una razón constante e inquebrantable para *estar agradecido*. Quiero estar cerca de ti y disfrutar de tu amorosa presencia *dándote gracias en todas las circunstancias*.

En tu precioso nombre, Jesús,
Amén

Salmos 18:1; Hebreos 12:28-29;
1 Tesalonicenses 5:18

13 de junio

Dios fiel:

Ayúdame a *aprender el secreto de estar contento en cualquier situación*. Me doy cuenta de que el entrenamiento para estar contento es un proceso difícil, y que se aprende a través de soportar un gran número de dificultades. En un momento pensé que estaba bastante avanzado en este entrenamiento, pero luego mis circunstancias se volvieron difíciles de manejar. Ha habido días en que he podido sobrellevar bastante bien el estrés; ¡pero en otros solo quiero *salir corriendo*!. Enséñame a manejar esos «otros días».

Estoy tan agradecido de poder *derramar mi corazón delante de ti*, reconociendo lo frustrado y molesto que me siento. Liberar esos sentimientos reprimidos en tu presencia me hace mucho bien. Saber que me comprendes completamente *y* conoces mis circunstancias me anima aún más.

Señor, ¿podrías, por favor, profundizar mi conciencia de tu continua presencia conmigo? Sé que necesito mantenerme en comunicación contigo, hablándote, saturando mi mente y mi corazón con las Escrituras que hablan de mi situación. ¡Y cantarte alabanzas me levanta el ánimo como ninguna otra cosa! *Es bueno cantar alabanzas a tu nombre, declarando tu bondad por la mañana y tu fidelidad cada noche.*

En tu amoroso nombre, Jesús,
Amén

Filipenses 4:12; Salmos 62:8; Salmos 92:1-2

14 de junio

Poderoso Salvador:

Me dices en tu Palabra que *tú eres capaz de hacer muchísimo más de lo que pido o entiendo* . ¡Así que vengo a ti con expectativas positivas, sabiendo que no hay límite para lo que puedes lograr!

Sin embargo, confieso que a veces me siento desanimado, porque muchas de mis oraciones aún no han recibido respuesta. Ayúdame a esperar pacientemente, confiando en ti en medio de la incertidumbre. Has prometido que *aquellos que esperan en ti tendrán nuevas fuerzas*, y definitivamente yo necesito más fortaleza.

En lugar de dejar que las dificultades me preocupen, trato de verlas como el escenario de tu gloriosa intervención. Me has mostrado que mientras más extremas son mis circunstancias, más probabilidades tengo de ver tu *poder y gloria* en acción. Señor, anhelo vivir con los ojos y la mente completamente abiertos, ¡contemplando todo lo que estás haciendo en mi vida!

En tu santo nombre, Jesús,
Amén

Efesios 3:20-21; Isaías 40:30-31; Salmos 63:2

15 de junio

Mi amoroso Dios:

¡Tú eres *mi fortaleza*! Empiezo este día sintiéndome débil y cansado, pero no hay problema. Mi debilidad es un recordatorio de mi dependencia de ti. Necesito recordar que tú estás continuamente conmigo y que *me ayudarás* mientras voy por la vida. Así que tomo tu mano con apacible confianza, pidiéndote que me *fortalezcas* y me guíes. ¡Me deleito en tu amorosa presencia!

Siempre que me siento inadecuado para la tarea que tengo por delante, es fundamental que me detenga y piense en mis recursos. Tú, *fortaleza mía*, eres infinito. ¡Nunca te quedas sin nada! Por eso, cuando trabajo en colaboración contigo, no debo ponerle límites a lo que se puede lograr. En cambio, dependeré de ti para que me des todo lo que necesito para este esfuerzo. Ya sea que alcance la meta de forma rápida o gradual, sé que lo lograré en tu tiempo perfecto. Por lo tanto, puedo negarme a que las demoras o desvíos me desanimen.

Ayúdame a seguir avanzando paso a paso y a confiar de todo corazón en que tú sabes lo que estás haciendo. ¡Estoy aprendiendo que la perseverancia y la confianza forman una combinación poderosa!

En tu nombre fuerte, Jesús,
Amén

SALMOS 59:16-17; ISAÍAS 41:13;
FILIPENSES 4:13; ISAÍAS 40:28-29

16 de junio

Soberano Señor:

¡Enséñame a confiar en ti, a confiar realmente en ti, con todo mi ser! Si aprendo esta lección vital, nada podrá separarme de tu paz. Sé que eres soberano sobre cada detalle de mi vida. Esto significa que *todo* lo que soporto se puede utilizar para bien: entrenándome para confiar más en ti. *Así* es como puedo frustrar las obras del mal, creciendo en gracia a través de la misma adversidad que estaba destinada a dañarme. Me encanta la historia de José en el Antiguo Testamento. Él fue un excelente ejemplo de este cambio divino al declararles a sus hermanos que lo habían vendido como esclavo: *«Ustedes pensaron hacerme mal, pero Dios lo cambió en bien»*.

Me doy cuenta de que mientras más confío en ti, menos miedo siento. Ayúdame a descansar en tu soberanía mientras me concentro en confiar en ti, recordando que tú vas delante de mí, así como también a mi lado, día a día. Por eso no necesito temer lo que este día, o cualquier otro, pueda traerme.

¡*No temeré mal alguno*, porque sé que tú puedes sacar bien de cada situación en la que me encuentre!

En tu nombre exaltado, Jesús,
Amén

Isaías 26:4; Génesis 50:20;
2 Corintios 4:17; Salmos 23:4

17 de junio

Mi pastor:

Anhelo *descansar en verdes pastos* de paz. Ayúdame a relajarme y a reposar en la presencia de *mi pastor*: ¡tú! Esta era electrónica me mantiene «conectado» la mayor parte del tiempo, demasiado tenso para encontrarte en medio de mis momentos. Sin embargo, pusiste en mi ser la necesidad de descansar.

El mundo está tan retorcido y deteriorado que tiendo a sentirme culpable cuando trato de satisfacer mi necesidad innata de descanso. Como resultado, pierdo tiempo y energía manteniéndome ocupado en lugar de pasar tiempo contigo, encontrando un refrigerio en tu presencia y buscando tu dirección para mi vida.

Señor Jesús, quiero caminar contigo por la senda de la paz, abriendo un camino para otros que desean vivir en tu apacible presencia. Sé que no son mis fortalezas las que me han preparado para esta aventura, sino mis debilidades, las cuales aumentan mi necesidad de ti. He descubierto que mientras más dependo de ti, más derramas tu paz en mi camino. ¡Gracias Señor!

En tu tierno nombre, Jesús,
Amén

SALMOS 23:1-3; GÉNESIS 2:2-3; LUCAS 1:79

18 de junio

Mi Dios Salvador:

Me regocijo de que *me hayas vestido con ropas de salvación*: ¡tu *manto de justicia* es mío eternamente! Debido a que eres mi Salvador para siempre, tu justicia perfecta nunca me la podrán quitar. Esto significa que no necesito tener miedo de enfrentar mis pecados o lidiar con ellos. A medida que me doy cuenta del pecado en mi vida, puedo confesarlo y recibir tu perdón en plena medida.

Ayúdame también a perdonarme. Sé que el odio a mí mismo es muy malsano para mí y *no* te agrada. A fin de evitar esta trampa hiriente, estoy aprendiendo a *mirarte* muchas veces por cada mirada que les doy a mis pecados y fracasos.

Me deleito en tus afirmaciones de que soy precioso a tus ojos. Estoy muy agradecido de que no tenga que demostrar mi valía tratando de ser lo suficientemente bueno. Viviste una vida perfecta en mi nombre, porque sabías que yo no podría hacerlo. Ahora quiero vivir en esta gloriosa libertad de ser tu seguidor totalmente perdonado, ¡recordando que *no hay condenación para aquellos que te pertenecen*!

En tu nombre perdonador, Jesús,
Amén

Isaías 61:10; Mateo 1:21;
1 Juan 1:9; Romanos 8:1

19 de junio

Valiente Jesús:

Tú eres *el campeón que perfecciona mi fe.* Me has estado enseñando que mientras más llena de problemas se vuelve mi vida, más importante es para mí *mantener mis ojos en ti.* Si me fijo demasiado en mis problemas o en los acontecimientos mundiales que me preocupan, es probable que me desanime. Siempre que me sienta abrumado o desanimado, te pido que me recuerdes dirigirme a ti. Estoy agradecido de que estés continuamente conmigo y siempre escuches mis oraciones. En lugar de dejar que mis pensamientos fluyan libremente, quiero seguir dirigiéndolos hacia ti. Esto le da tracción a mi pensamiento y me acerca más a ti.

Ayúdame a descansar en tu abrazo, disfrutando de la protección reconfortante de tu presencia. Mientras contemplo el paisaje de este mundo quebrantado, me regocijo en tu promesa de que *nada puede separarme de tu amor.* No importa lo sombrías que se vean las cosas, me alienta saber que todavía tienes el control. Además tú —mi campeón que lucha por mí— te *burlas* de aquellos que piensan que pueden derrotarte.

Señor, te alabo por *tu gran amor que rodea a quienes confían en ti.* ¡Confío en ti, Jesús!

En tu nombre invencible,
Amén

Hebreos 12:1-2 (nvi); Romanos 8:38-39;
Salmos 2:4; Salmos 32:10 (nvi)

20 de junio

Jesús, mi paz:

Ayúdame a vivir cerca de ti, recordando que tú eres mi lugar de descanso. Ya que tú, mi *Príncipe de Paz*, estás conmigo y dentro de mí, puedo vivir en este remanso de paz contigo.

Deseo poder mantener la calma en medio de las situaciones estresantes, centrándome en ti. Podemos lidiar con mis problemas juntos, tú y yo, así que no tengo por qué entrar en pánico cuando las cosas parecen fuera de control. Sin embargo, confieso que mientras más difíciles sean mis circunstancias, más probable es que cambie ansiosamente y vaya a toda marcha, olvidándome de tu firme presencia que *me fortalece.*

Tan pronto como me doy cuenta de que me he alejado de tu presencia, necesito regresar a ti de inmediato. Susurrar tu nombre me vuelve a conectar contigo y me calma. A veces me desanimo, porque parece que me alejo de ti con mucha frecuencia. Sin embargo, me esfuerzo por formar un nuevo hábito y sé que esto requiere tiempo y esfuerzo persistente. Gracias por mostrarme que las recompensas de este arduo entrenamiento bien merecen todo el esfuerzo. Me doy cuenta de que mientras más regreso a ti —mi lugar de descanso—, más pacífica y alegre se vuelve mi vida.

En tu nombre maravilloso,
Amén

Isaías 9:6; Filipenses 4:13;
Proverbios 18:10; Mateo 11:28

21 de junio

Glorioso Dios:

Tu Palabra me enseña que *estoy siendo transformado a tu imagen de gloria en gloria.* ¡Encuentro este versículo reconfortante y emocionante! Estoy agradecido de que tu Espíritu esté orquestando esta enorme obra en mí. Cuando enfrento dificultades en mi vida, no quiero desperdiciar esas circunstancias desafiantes. En cambio, puedo invitarte a que las uses para transformarme cada vez más a tu semejanza. Este puede ser un proceso doloroso, pero sé que tu sabiduría, tus caminos y tu voluntad son perfectos. Necesito estar dispuesto a *padecer contigo para que yo también pueda ser glorificado contigo.*

Aun cuando mis problemas a veces parecen pesados e interminables, me doy cuenta de que en realidad son *leves y pasajeros* en comparación con *la gloria eterna que están logrando para mí.* Estoy aprendiendo a agradecerte por mis tiempos difíciles y a alabarte por los problemas en curso, independientemente de cómo me sienta. Quiero glorificarte *dando siempre gracias*, incluso en medio de la adversidad, por lo que eres y por todo lo que has hecho por mí. Además, una actitud de agradecimiento me ayuda a progresar en mi transformación de gloria en gloria.

En tu nombre hermoso, Jesús,
Amén

2 Corintios 3:18; Romanos 8:17;
2 Corintios 4:17; Efesios 5:19-20

22 de junio

Poderoso Dios:

Ayúdame a confiar en ti, soltando el control de mis manos y entregándotelo, *sabiendo que tú eres Dios*. Este es *tu* mundo: tú lo hiciste y tú lo controlas. Mi parte en la letanía del amor es responderte. Has plantado en mi alma un don de receptividad a tu presencia. Quiero proteger este don y nutrirlo con la luz de tu amor.

Me regocijo de que me animes a hablarte con franqueza, *derramando mi corazón* mientras te expreso mis preocupaciones y te traigo mis peticiones. Después de sincerarme contigo, me gusta agradecerte por responder a mis oraciones, aun antes de ver los resultados. Cuando los problemas vuelvan a venir a mi mente, recuérdame que continúe agradeciéndote por las respuestas que están en camino.

He descubierto que cuando te hablo de mis preocupaciones una y otra vez, vivo en un estado de tensión. No obstante, si te agradezco por cómo estás respondiendo a mis oraciones, mi mentalidad se vuelve mucho más positiva y pacífica. Las oraciones de agradecimiento mantienen mi enfoque en tu presencia y en *tus preciosas y maravillosas promesas*.

En tu excelente nombre, Jesús,
Amén

Salmos 46:10; Salmos 62:8;
Colosenses 4:2; 2 Pedro 1:4

23 de junio

Dios omnisciente:

Cuando mi espíritu desmaya dentro de mí, eres tú quien conoce mi senda. Este es uno de los beneficios de la debilidad; destaca la realidad de que no puedo encontrar mi camino sin tu dirección. Siempre que me sienta cansado o confundido, tengo la opción de apartar la mirada de estos sentimientos y volverme de todo corazón a ti. Al derramar mi corazón ante ti, encuentro descanso en la presencia de Aquel que conoce mi camino perfectamente y me conduce al cielo.

Ayúdame Señor a continuar con esta práctica de mirarte incluso durante los momentos en que me siento seguro y fuerte. Es entonces cuando corro más riesgo de tomar la dirección equivocada. En lugar de pretender que conozco el siguiente paso de mi viaje, estoy aprendiendo a hacer mis planes en tu presencia, pidiéndote que seas tú quien me guíe.

Por favor, recuérdame con la frecuencia que sea necesario que *tus caminos y pensamientos son más altos que los míos, como los cielos son más altos que la tierra*. Recordar esta gran verdad me lleva a adorarte a ti, *el Alto y Sublime que vive para siempre*. Me regocijo de que, aunque *moras en lo alto y santo*, te inclinas para mostrarme el camino que debo seguir.

En tu nombre exaltado, Jesús,
Amén

Salmos 142:3; Isaías 55:9; Isaías 57:15

24 de junio

Amado Jesús:

Tu Palabra me dice *que te cante, porque me has llenado de bienes.* Confieso que a veces entonar alabanzas es lo último que tengo ganas de hacer, pero es entonces cuando más lo necesito. De hecho, me has *llenado de bienes* incluso en ocasiones en que no lo pareciera. He estado en un viaje cuesta arriba contigo y me siento cansado. Anhelo unos días tranquilos, un camino que no sea tan empinado. Sin embargo, me doy cuenta de que son las arduas subidas las que me llevan siempre hacia arriba, cada vez más cerca de la cima.

Ayúdame a recordar que la dificultad de mis circunstancias *no* es un error. Es una cuestión de tu soberana voluntad y, hasta cierto punto, de mis propios objetivos. Deseo vivir cerca de ti y crecer más plenamente hasta transformarme en la persona que tú tenías en mente que fuera cuando me creaste. Perseguir estos objetivos me ha puesto en un camino aventurero donde abundan los tropiezos y los peligros.

A veces comparo el camino de mi vida con el de las personas cuyas vidas parecen más fáciles que la mía, pero no comprendo completamente los problemas que enfrentan los otros, ni sé lo que les depara el futuro. En lugar de comparar mis circunstancias con las de los demás, necesito volverme a ti y escucharte mientras me dices: «*¡Sígueme!*».

En tu nombre generoso,
Amén

Salmos 13:6; 2 Samuel 22:33-34; Juan 21:22

25 de junio

Jesús misericordioso:

Quiero apoyarme cada vez más en ti. Solo *tú* conoces el alcance de mi debilidad, y tu poderosa presencia se encuentra conmigo en ese mismo lugar. Tu fuerza y mi debilidad encajan perfectamente en un hermoso patrón diseñado por ti mucho antes de mi nacimiento. De hecho, tu Palabra me dice que *tu poder se muestra más eficazmente en la debilidad.*

Siempre que me siento inadecuado o abrumado, me encanta poder apoyarme en ti, Señor. Me recuerdas que soy más que adecuado cuando confío en ti para *fortalecerme.* Me regocijo en tus palabras de ánimo de las Escrituras. *Me sostienes de mi diestra y me dices: «No temas, Yo te ayudaré».*

Incluso cuando me siento competente para manejar algo por mí mismo, necesito depender de ti. ¡Sé que eres infinitamente sabio! Guía mi pensamiento mientras hago planes y tomo decisiones. Estoy agradecido de que apoyarme en ti construya lazos de intimidad contigo, el que *nunca me dejará ni me abandonará.*

En tu nombre sabio y consolador,
Amén

2 Corintios 12:9; Filipenses 4:13;
Isaías 41:13; Deuteronomio 31:6

26 de junio

Misericordioso Señor Jesús:

Me has estado enseñando a *estar siempre gozoso*, conectando mi gozo contigo en primer lugar. Me consuela recordar que me amas en todo momento y en todas las circunstancias. Como tu Palabra me lo asegura, *aunque los montes sean quitados y las colinas tiemblen, tu misericordia no se apartará de mí*. Así que no debo ceder a la tentación de dudar de tu amor cuando las cosas no salen como me gustaría o cuando he fallado de alguna manera. Tu amorosa presencia es la roca sólida sobre la que *siempre* puedo estar, sabiendo que en ti estoy eternamente seguro. ¡Estoy agradecido de que tú seas *el Señor que se compadece de mí!*

He descubierto que *dar gracias en todas las circunstancias* aumenta inmensamente mi gozo. Ayúdame a ver mi vida cada vez más a través de una red de gratitud. Incluso durante mis momentos más difíciles, puedo buscar tus bendiciones esparcidas a lo largo de mi camino y agradecerte por cada una que encuentro. Para mirar con firmeza a través de una lente de agradecimiento, necesito *pensar en cosas excelentes y dignas de elogio: cosas verdaderas, nobles, correctas, puras, hermosas y admirables*.

En tu nombre precioso,
Amén

1 TESALONICENSES 5:16-18;
ISAÍAS 54:10; FILIPENSES 4:8

27 de junio

Glorioso Señor:

Me estás entrenando no solo para soportar mis dificultades, sino para colaborar contigo mientras las transformas en gloria. Esta es una hazaña sobrenatural que requiere la ayuda de tu Espíritu. Cuando los problemas me agobian, mi tendencia natural es acelerar el paso, buscando frenéticamente las respuestas. Sin embargo, lo que realmente necesito en esos momentos es reducir la velocidad, *buscar tu rostro* y hablar sobre mis dificultades contigo. Tu Palabra me instruye a *presentarte mis peticiones y esperar con ansias.*

Aunque espere expectante, me doy cuenta de que es posible que no respondas a mis oraciones durante mucho tiempo. Tú siempre estás haciendo algo importante en mi vida, mucho más allá de simplemente resolver mis problemas. Me has estado mostrando que mis luchas son parte de una batalla mucho más grande, y la forma en que las manejo puede contribuir a resultados significativos. Quiero glorificarte confiando en ti y *orando con acción de gracias*. Además, esta práctica de orar persistentemente producirá un cambio *en mí*, ¡ya que tu Espíritu obra para *transformarme a tu imagen con gloria cada vez mayor*!

En tu nombre maravilloso, Jesús,
Amén

Salmos 105:4; Salmos 5:3;
Filipenses 4:6; 2 Corintios 3:18

28 de junio

Querido Jesús:

Tú eres el Resucitado, mi *Dios viviente*. ¡Celebro el gozo de servir a un Salvador que está tan exuberantemente vivo! También me regocijo en tu promesa de estar conmigo continuamente, por el tiempo y la eternidad. Estas verdades pueden sostenerme a través de mis peores pruebas y mis más profundas decepciones. Ayúdame a caminar con valentía contigo por el camino de la vida, confiando en que nunca soltarás mi mano.

Me deleito pensando en todo lo que me ofreces: tu amorosa presencia, el perdón completo de mis pecados, y placeres para siempre en el cielo. ¡Todo esto es tan extravagante y espléndido que ni siquiera puedo empezar a comprenderlo! Por eso es tan importante para mí adorarte. Esa es una forma poderosa de conectarme contigo que trasciende mi siempre tan limitado entendimiento.

Disfruto adorándote de diversas maneras: cantando himnos espirituales y canciones de alabanza, estudiando y memorizando tu Palabra, orando individualmente y con otros, deleitándome en las maravillas de tu creación. Otra forma de adorarte es sirviendo a los demás y amándolos con tu amor. *¡Todo lo que hago,* Señor, quiero *hacerlo para tu gloria!*

En tu victorioso nombre,
Amén

Mateo 28:5-6; Salmos 42:2;
Colosenses 2:3; 1 Corintios 10:31

29 de junio

Dios triunfante:

Tu Palabra plantea la pregunta retórica: «*Si Dios está por nosotros, ¿quién estará contra nosotros?*». Yo confío que en verdad estás *por mí*, ya que soy tu seguidor. Reconozco que este versículo no quiere decir que no haya nadie que se oponga a mí. Quiere decir que *tenerte* de mi lado es el hecho más importante de mi existencia.

Independientemente de qué perjuicios experimente, estoy del lado ganador. ¡Tú ya ganaste la victoria decisiva a través de tu muerte y resurrección! Tú eres el eterno vencedor y yo comparto tu triunfo, porque te pertenezco para siempre. No importa cuánta adversidad encuentre en mi viaje al cielo, ¡nada puede finalmente prevalecer contra mí!

Saber que mi futuro está completamente asegurado cambia de forma radical mi perspectiva. En lugar de vivir a la defensiva, esforzándome por protegerme del sufrimiento, estoy aprendiendo a seguirte con confianza, a dondequiera que me lleves. Me estás enseñando no solo a *buscar tu rostro* y seguir tu ejemplo, sino a disfrutar de esta aventura de abandonarme a ti. Me regocijo de que te mantengas conmigo continuamente y *estés siempre listo para ayudarme en tiempos de tribulaciones.*

En tu nombre magnífico, Jesús,
Amén

ROMANOS 8:31; SALMOS 27:8; SALMOS 46:1

30 de junio

Dios que todo lo satisface:

Mi alma tiene sed de ti, del Dios viviente. Los anhelos más profundos de mi corazón son la intimidad contigo, Señor. Estoy agradecido de que me hayas diseñado para desearte y me deleito en *buscar tu rostro.* Ayúdame a no sentirme culpable por tomarme tanto tiempo para estar quieto en tu presencia. Simplemente estoy respondiendo a los impulsos de tu Espíritu dentro de mí. Me hiciste a tu imagen y pusiste el cielo en mi corazón. Mi anhelo por ti es una forma de nostalgia, un anhelo por mi verdadero hogar en el cielo.

Me doy cuenta de que mis jornadas son diferentes a las de otras personas y necesito valor para perseverar. Sin embargo, confío en que el camino que me has llamado a recorrer contigo es exquisitamente adecuado para mí. He descubierto que mientras más de cerca sigo tu dirección, más plenamente desarrollas mis dones. Para seguirte de todo corazón, necesito renunciar a mi deseo de complacer a los demás. Aun así, mi cercanía a ti puede ser una fuente de bendición para otras personas, ya que me permites *reflejar tu gloria* en este mundo en oscuridad.

En tu nombre resplandeciente, Jesús,
Amén

Salmos 42:1-2; 1 Crónicas 16:11;
Salmos 34:5; 2 Corintios 3:18

Por tanto, ahora no hay condenación
para los que están en Cristo Jesús.

Romanos 8:1

1 de julio

Dios infinitamente sabio:

Sé que tú eres bueno, pero a menudo tus caminos son misteriosos. Cuando miro los acontecimientos mundiales, con tanta maldad desenfrenada, no me cuesta mucho sentirme temeroso y desanimado. No puedo entender por qué permites tanta crueldad y sufrimiento. Por supuesto, reconozco que tú eres infinito y yo no. Hay muchas cosas que simplemente están más allá de mi capacidad de comprensión.

Afortunadamente, cada vez que llego al límite de mi comprensión, puedo seguir adelante dependiendo de mi confianza en ti. Ayúdame a mantenerme en comunicación contigo a través de oraciones en silencio y habladas, *confiando en ti con todo mi corazón* en lugar de *apoyarme en mi propio entendimiento.*

No quiero quedarme atrapado en una postura presuntuosa de exigir saber por qué las cosas suceden de la manera en que suceden. Me doy cuenta de que es mucho mejor preguntar: «¿Cómo quieres que vea esta situación?» y «¿Qué quieres que haga ahora mismo?». Aunque no puedo cambiar el pasado, puedo comenzar con el momento presente y buscar tu camino para seguir avanzando.

Señor, enséñame a confiar en ti día a día. Déjame escucharte susurrar esta preciosa declaración: «*No temas, Yo te ayudaré*».

En tu nombre confiable, Jesús,
Amén

Salmos 37:12-13; Proverbios 3:5; Isaías 41:13

2 de julio

Glorioso Salvador:

Estoy agradecido de que estés *en medio de mí* y seas poderoso. Así como el sol está en el centro del sistema solar, tú estás en el centro de todo mi ser: físico, emocional y espiritual. ¡Tú, *el poderoso* que creó el universo, *vive en mí*! Quiero tomarme un tiempo para absorber esta asombrosa verdad, dejar que reverbere en mi mente y penetre en mi ser más íntimo.

Me deleito reflexionando sobre lo que significa tener tanto poder morando dentro de mí. Cuando pienso en tu poderosa presencia, me doy cuenta de que no necesito preocuparme por mi falta de fuerza. Además, me reconforta saber que *tu poder se completa y se muestra más eficazmente en mi debilidad.*

Jesús, por favor recuérdame con frecuencia que tú vives en mí y eres poderoso. Te pido que mi conciencia de tu presencia dentro de mi ser pueda expulsar el desánimo y llenarme de gozo. Estoy muy agradecido de que tu vida fluya en mí continuamente, fortaleciéndome con tu poder divino.

En tu poderoso nombre, Jesús,
Amén

Sofonías 3:17; Gálatas 2:20;
Efesios 3:20; 2 Corintios 12:9

3 de julio

Precioso Jesús:

Ayúdame a buscarte y encontrarte en los lugares difíciles de mi vida. Es fácil para mí encontrarte en la oración contestada, la belleza y el gozo sincero. Sin embargo, sé que también estás tiernamente presente en mis dificultades. Enséñame a ver mis problemas como oportunidades para crecer en gracia, experimentando tu amorosa presencia con mayor profundidad y amplitud. Debo buscarte *a ti* en mis tiempos oscuros, tanto pasados como presentes. Cuando esté preocupado por pensamientos de experiencias dolorosas de mi pasado, te buscaré en esos recuerdos dolorosos. Tú sabes todo sobre ellos y estás listo para encontrarme allí. Puedo invitarte a esos lugares destrozados y colaborar contigo para volver a juntar los pedazos de una manera *nueva*.

Cuando esté atravesando tiempos difíciles en el presente, recuérdame que siga aferrado a tu mano. Contra el oscuro telón de fondo de la adversidad, la luz de tu presencia brilla con un resplandor trascendente. Esta luz me produce una gran bendición, proporcionándome comodidad y guía, e iluminando el camino que debo seguir paso a paso. Mientras busco caminar cerca de ti, llévame a una intimidad más profunda y rica contigo.

En tu nombre compasivo,
Amén

Salmos 139:11-12; Juan 1:5; Salmos 73:23-24

4 de julio

Jesús invencible:

¡Tu amor me ha conquistado y *me ha hecho libre*! El poder de tu amor es tan grande que me ha esclavizado a ti. *No soy mío; fui comprado por un precio*: tu sangre santa. Debido a tu asombroso sacrificio por mí, quiero servirte con cada fibra de mi ser. Sé que mi servicio es lamentablemente inadecuado. Sin embargo, cuando me entrego a tu voluntad, me bendices con alegría.

Debido a que eres perfecto en todos tus caminos, puedo entregarme de todo corazón a ti sin temor a que te aproveches de mí. En realidad, ser conquistado por ti me protege y me hace verdaderamente libre. Has invadido lo más íntimo de mi ser, y tu Espíritu se está apoderando de más y más territorio dentro de mí. Como enseña tu Palabra, *donde está el Espíritu del Señor, hay libertad*. Me regocijo en la libertad que he encontrado en ti, Jesús. ¡Y me entrego gustoso a tu amor conquistador!

En tu poderoso y amoroso nombre,
Amén

Romanos 6:17-18; 1 Corintios 6:19-20;
2 Corintios 3:17

5 de julio

Dios misericordioso:

¡Eres tan grande, glorioso y compasivo que es imposible alabarte o agradecerte demasiado! *Tú habitas entre las alabanzas de tu pueblo*, y me deleito en acercarme a ti a través de la adoración. A veces mi adoración es un desbordamiento espontáneo de alegría en respuesta a ricas bendiciones o la belleza radiante. En otras ocasiones, mi elogio es más disciplinado y mesurado: un acto de mi voluntad. Te agradezco que residas en ambos tipos de alabanza.

He descubierto que el agradecimiento es una forma maravillosa de disfrutar de tu presencia. Un corazón agradecido tiene mucho espacio para ti. Cuando te agradezco por los muchos buenos dones que me otorgas, afirmo que eres Aquel de quien fluyen todas las bendiciones. Ayúdame a darte gracias también en medio de la adversidad, confiando en tu bondad *y* tu soberanía.

Enséñame cómo llenar los momentos libres de mi vida con alabanza y acción de gracias. Esta gozosa disciplina me permitirá vivir en la intimidad de tu amorosa presencia.

En tu nombre digno de alabanza, Jesús,
Amén

Salmos 22:3; Salmos 146:1-2;
1 Tesalonicenses 5:18; Salmos 100:4

6 de julio

Majestuoso Jesús:

Vengo con gozo a tu presencia, mi *Príncipe de Paz*. Me encanta escucharte susurrar las palabras que les dijiste a tus temerosos discípulos: «*¡Paz a ustedes!*». Me regocijo de que tu paz esté siempre conmigo, porque eres mi compañero constante. Cuando mantengo mi enfoque en ti, puedo experimentar tanto tu presencia como tu paz. Eres digno de toda mi adoración, porque eres Rey de reyes, Señor de señores y Príncipe de Paz.

Necesito tu paz en cada momento para cumplir tus propósitos en mi vida. Confieso que a veces me siento tentado a tomar atajos para alcanzar mis metas lo más rápidamente posible. No obstante, estoy aprendiendo que si los atajos implican alejarme de tu apacible presencia, debo elegir la ruta más larga.

Señor, ayúdame a seguir caminando contigo por *el camino de paz*, disfrutando el viaje en tu presencia.

En tu digno nombre,
Amén

Isaías 9:6; Juan 20:19;
Salmos 25:4; Lucas 1:79

7 de julio

Eterno Dios:

Tú, el Creador del universo, *estás conmigo* y *por mí*. ¡Tú eres todo lo que necesito! Cuando siento que algo me falta, es porque no me estoy conectando contigo en un nivel profundo. Tú me ofreces vida abundante. Ayúdame a responder a tu abundancia recibiendo tus bendiciones con gratitud: confiando en tu provisión y negándome a preocuparme por nada.

Estoy aprendiendo que no son principalmente los acontecimientos adversos en mi mundo los que me ponen ansioso; los principales culpables son mis pensamientos sobre esos acontecimientos. Cuando algo me preocupa, mi mente comienza a trabajar enérgicamente para tomar el control de la situación, esforzándose por lograr el resultado que deseo. Mis pensamientos se acercan al problema como lobos hambrientos. Decidido a hacer que las cosas salgan a mi manera, olvido que *tú* estás a cargo de mi vida. En esos momentos, necesito desesperadamente cambiar mi enfoque del problema a tu presencia. Enséñame a detener mi esfuerzo ansioso y *poner mis ojos en ti, esperando* para ver lo que harás. ¡Tú eres el *Dios de mi salvación!*

En tu nombre redentor, Jesús,
Amén

Isaías 41:10; Romanos 8:31-32;
Juan 10:10; Miqueas 7:7

8 de julio

Mi Señor amado:

¡Tú eres bueno y para siempre es tu misericordia! La mejor respuesta a esta promesa es *darte gracias y alabar tu nombre.* Ayúdame a hacer esto de manera más consistente.

¡Señor, estoy muy agradecido por tu bondad! Si hubiera una pizca de maldad en ti, correría el mayor peligro. Pero tu bondad absoluta garantiza que siempre haces lo mejor. Digo esto como una declaración de fe, porque vivo en un mundo fracturado y caído. Así que es esencial que *camine por fe, no por vista,* mientras voy por el desierto de este mundo.

Darte gracias y alabar tu nombre son formas en las que encuentro fuerzas para mi viaje. La acción de gracias y la adoración quitan mi perspectiva de mis preocupaciones y aflicciones y la elevan a la altura del glorioso tesoro que tengo en ti, Jesús. El agradecimiento me pone en la alineación adecuada contigo, mi Creador y Salvador. La adoración profundiza y enriquece mi intimidad contigo. Me regocijo de que mientras más te alabo, más me acerco a ti. Mientras más tiempo dedico a adorarte, más me deleito en recordar que *tu gran amor perdura para siempre.*

En tu nombre fiel, Jesús,
Amén

Salmos 100:4-5; 2 Corintios 5:7;
Salmos 136:1

9 de julio

Amado Jesús:

Vengo a ti sintiéndome *cansado y cargado.* Por favor, *dame descanso* y reconfórtame en la paz de tu presencia. Estoy agradecido de que *tu paz*, que *sobrepasa todo entendimiento*, esté disponible para mí en todo momento y toda circunstancia.

Enséñame a *esconderme en el lugar secreto de tu presencia* mientras cumplo con mis deberes en el mundo. Debido a que eres ilimitado en tiempo y espacio, puedes caminar a mi lado paso a paso, mientras vas delante de mí para abrirme camino. ¡Nunca podría encontrar otra compañía tan fiel y maravillosa como la tuya!

Ya que eres mi compañero constante, anhelo que mis pasos se aceleren de tal manera que el hecho sea notorio para los demás. Ayúdame a no agobiarme con los problemas y cuestiones sin resolver. En cambio, quiero traerte mis cargas, pidiéndote que te hagas cargo de ellas. Me dices en tu palabra que *en el mundo tendré pruebas y tribulaciones*, pero no tengo que dejar que los problemas me arrastren. *Tú has vencido al mundo y lo has privado del poder para hacerme daño. En ti puedo tener perfecta paz y confianza.*

En tu nombre conquistador,
Amén

MATEO 11:28; FILIPENSES 4:7;
SALMOS 31:20; JUAN 16:33

10 de julio

Señor deleitable:

Tus consuelos deleitan mi alma. Este mundo me presenta una *multitud de ansiedades*, demasiado numerosas para que las pueda contar. Dondequiera que miro, veo problemas y conflictos. En medio de todo este caos, necesito mirarte a ti una y otra vez. Cuando susurro tu nombre, «Jesús», mi conciencia de tu presencia se renueva. Mi perspectiva cambia drásticamente cuando tu presencia ilumina mi mente y mi visión del mundo. Tus consuelos alegran mi alma y apaciguan mi corazón atribulado.

Me doy cuenta de que nunca experimentaría el placer de recibir tu consuelo si el mundo fuera perfecto. Entonces, en lugar de dejar que los problemas me desanimen, puedo elegir verlos como recordatorios para buscarte *a ti*: tu presencia, tu paz, tu amor. Estas realidades invisibles siempre están disponibles para mí y me brindan *un gozo que nadie me quitará*.

Me siento bendecido y animado por tu reconfortante invitación: «*Vengan a Mí, todos los que están cansados y cargados, y Yo los haré descansar*». Señor Jesús, vengo a ti.

En tu nombre maravilloso, Jesús,
Amén

Salmos 94:19; Juan 16:21-22; Mateo 11:28

11 de julio

Poderoso Dios:

Estoy agradecido de que *tú eres capaz de hacer muchísimo más de lo que pido o entiendo.* Me gusta pensar en grande cuando oro, ¡pero sé que tú siempre piensas mucho más en grande que yo! Trabajas continuamente en mi vida, incluso cuando me parece que nada sucede.

Tiendo a sentirme estancado en situaciones que me gustaría cambiar, porque solo puedo ver el momento presente. Sin embargo, *tú* ves el cuadro general, todos los momentos de mi vida, y estás haciendo conmigo mucho más de lo que puedo comprender.

Por favor, ayúdame a mantenerme en comunicación contigo mientras voy caminando por este día. Quiero comenzar el día con gozosa conciencia de tu presencia, llevándote mis alabanzas y oraciones. El momento de enfocar mi atención en ti hace que sea más fácil seguir hablando contigo mientras realizo mis actividades.

He aprendido que mientras más espero para empezar a comunicarme contigo, más esfuerzo me cuesta. Así que me gusta ir a ti temprano, mientras el día es joven y las distracciones son pocas. A veces pienso que no puedo perder el tiempo para esto, pero luego recuerdo que no hago mis tareas solo. ¡Trabajo junto a Aquel *que puede hacer más de lo que pido o entiendo*!

En tu glorioso nombre, Jesús,
Amén

EFESIOS 3:20; MATEO 19:26;
SALMOS 139:16; SALMOS 5:3

12 de julio

Mi Jesús:

Ayúdame a *estar siempre gozoso y orar sin cesar.* He aprendido que la única forma en que puedo seguir regocijándome es encontrando placer momento a momento en mi relación contigo, Aquel que siempre está conmigo. Esta relación está tan llena de consuelo y aliento que es posible para mí *gozar de la esperanza* incluso cuando estoy luchando contra la adversidad.

Tu Palabra me instruye a *dar gracias en toda circunstancia*. Me ha resultado inmensamente beneficioso orar: «Gracias, Jesús». Esta oración de dos palabras es apropiada para todos los tiempos y circunstancias debido a tu supremo sacrificio por mí y por todos los que te conocen como Salvador. Me has estado enseñando a alabarte por todo lo bueno tan pronto como me doy cuenta de ello. Y he visto cómo esta práctica le agrega brillo a mis bendiciones.

Cuando me siento triste o desanimado, todavía es un buen momento para agradecerte. Esto ilumina mi perspectiva y demuestra mi confianza en ti. Agradecerte en cada situación fortalece mi relación contigo y aumenta mi gozo.

En tu nombre gozoso,
Amén

1 Tesalonicenses 5:16-18; Romanos 12:12;
Efesios 1:7-8; Salmos 95:2

13 de julio

Mi guía perfecto:

Tú eres mi pastor que me guía y me protege. Eres el pastor perfecto, y tu cuidado de mí es maravillosamente completo: me amas con *amor infinito* e inagotable. Sabes todo sobre mí: mis debilidades y limitaciones, mis luchas y pecados, mis fortalezas y habilidades. ¡Así que eres capaz de pastorearme como ningún otro!

Ayúdame a ir por este mundo peligroso confiando en ti. Sé que tú vas delante de mí preparando cuidadosamente el camino que seguiré. Cuento contigo para eliminar muchos peligros y obstáculos que encontraré adelante y que me proporciones todo lo que necesito para hacerle frente a las dificultades que quedan.

Incluso cuando vaya por el valle más oscuro, no temeré, porque tú estás cerca de mí. Tu cercanía me consuela y me deleita. Mientras me mantengo en comunicación contigo, confío en que me guíes fielmente a lo largo de este día y todos mis días. *Tú eres mi Dios por los siglos de los siglos; serás mi guía hasta el final.*

En tu nombre consolador, Jesús,
Amén

SALMOS 23:1; ÉXODO 15:13 (NVI);
SALMOS 23:4; SALMOS 48:14

14 de julio

Bendito Jesús:

Te invito a impregnar mis momentos con tu presencia para que pueda ver las cosas desde tu perspectiva. Cuando estoy cerca de alguien que me irrita, soy propenso a concentrarme en los defectos de esa persona. En lugar de este enfoque negativo, necesito *mirarte* a través de los ojos de mi corazón y dejar que esas molestias me inunden sin hundirme. Sé que juzgar a otras personas es una trampa pecaminosa que me aleja de ti. ¡Cuánto mejor es simplemente *regocijarme en ti, mi Salvador*!

El poder y la alegría moran contigo. Mientras más *fijo mis ojos en ti,* más me fortaleces y me llenas de gozo. Por favor, entrena mi mente para estar consciente de ti, incluso cuando otras cosas exijan mi atención. Gracias por crearme con un cerebro increíble que puede ser consciente de varias cosas a la vez. Quiero mantener mis ojos en ti, Señor, disfrutando continuamente de la luz de tu presencia.

En tu poderoso nombre,
Amén

Mateo 7:1; Habacuc 3:18;
1 Crónicas 16:27; Hebreos 12:2

15 de julio

Señor Santo:

Ayúdame a *adorarte en la hermosura de la santidad*. Hay bellezas increíbles en el mundo que me rodea, pero ninguna de ellas es perfectamente santa. Por eso, *la hermosura de la santidad* es algo que conozco solo en parte por ahora. Sin embargo, algún día *la conoceré plenamente, como yo mismo soy conocido.*

Incluso ahora, la conciencia de tu santidad me atrae a la adoración. Reflexionar sobre tus perfecciones, sin la más mínima mancha y ni siquiera una pizca de pecado, me deleita y me llena de asombro. Quiero unirme a los ángeles para proclamar: «*Santo, Santo, Santo es el Señor de los ejércitos; ¡llena está toda la tierra de tu gloria!*».

Me doy cuenta de que adorarte como corresponde es transformador; me convierte cada vez más en la persona que diseñaste que fuera. Sin embargo, para una adoración de veras genuina se requiere que te conozca correctamente. Aunque no puedo comprenderte en toda tu perfección y amplitud, puedo esforzarme para que mi conocimiento de ti sea lo más preciso posible, tal como eres revelado en la Biblia. Al estudiar tu Palabra y profundizar mi comprensión de ti, soy transformado y tú eres glorificado... ¡en una hermosa adoración!

En tu nombre espectacular, Jesús,
Amén

Salmos 29:2 (rvr1960);
1 Corintios 13:12; Isaías 6:3

16 de julio

Queridísimo Jesús:

Ayúdame a descansar en tu presencia, confiando en que *nada podrá separarme de tu amor.* Esta promesa me asegura que lo peor imaginable en mi vida que podrías dejar de amarme ni siquiera está en el ámbito de la posibilidad. Estoy agradecido de no tener que alcanzar un cierto nivel para ganar tu amor o mantenerlo. En cambio, puedo recibir este amor como un regalo puro, que fluye de tu propia justicia perfecta. ¡Esto significa que mi conexión contigo es segura por toda la eternidad!

Como perder tu amor no es posible, puedo relajarme y vivir *más abundantemente.* Cuando las cosas van bien, quiero disfrutar esos buenos momentos con plena libertad, sin preocuparme por lo que me espera. Cuando me enfrento a tiempos difíciles, sé que puedo contar contigo para sentirme fortalecido con tu amor. Vivo en un mundo donde los problemas son inevitables, pero estoy aprendiendo que *en ti puedo tener paz.* Me has estado enseñando *a tener buen ánimo* en medio de las dificultades, encontrando esperanza en tus poderosas palabras que me dan absoluta seguridad: «*Yo he vencido al mundo*».

En tu nombre victorioso,
Amén

Romanos 8:38-39; Juan 10:10; Juan 16:33

17 de julio

Mi Dios grande:

A veces dudo en recibir gozo de ti, aunque sé que tú lo tienes en cantidades ilimitadas. Ayúdame a recibirlo en medida plena, abriendo mis brazos en tu presencia. He descubierto que mientras más descanso contigo, más libremente fluyen hacia mí tus bendiciones. A la luz de tu amor, gradualmente *estoy siendo transformado de un grado de gloria a otro.* Al pasar tiempo contigo, empiezo *a comprender cuán amplio, largo, alto y profundo es tu amor* por mí.

A veces, la relación que me ofreces parece demasiado buena para ser verdad. Tú viertes tu misma vida en mí, y yo todo lo que tengo que hacer es recibirte. En un mundo que se caracteriza por trabajar y adquirir cosas, tu deseo de que descansemos y recibamos parece demasiado fácil. Sin embargo, descubrí que existe una estrecha conexión entre creer y recibir. A medida que confío en ti más plenamente, puedo recibirte a ti y a tus bendiciones en mayor abundancia.

Oh Señor, anhelo *estarme quieto* en tu presencia, *sabiendo que tú eres Dios.*

En tu bendito nombre, Jesús,
Amén

2 Corintios 3:18; Efesios 3:16-18;
Juan 1:12; Salmos 46:10

18 de julio

Mi pastor:

Te ruego que me ayudes a relajarme y a disfrutar este día. Es fácil para mí concentrarme tanto en mis objetivos que me esfuerzo demasiado y descuido mi necesidad de descansar. Tiendo a juzgarme a mí mismo basándome en cuánto estoy haciendo. Sé que es importante usar las oportunidades y habilidades que me brindas, pero quiero aprender a aceptarme a mí mismo tanto cuando estoy tranquilo como cuando estoy activo.

Enséñame a descansar profundamente en la verdad de que soy un hijo amado de Dios, *salvado por gracia a través de la fe* en ti. Sé que *esta* es mi identidad máxima y fundamental. ¡Me alegro de haber sido adoptado en tu familia real para siempre! En lugar de esforzarme y llegar al estrés, necesito ser consciente de quién soy realmente.

He descubierto que soy más eficaz en tu reino cuando me siento lo suficientemente cómodo en mi verdadera identidad como para equilibrar el trabajo y el descanso. Con una mente renovada, puedo pensar de manera más clara y bíblica. Y un *alma restaurada* me permite ser más amoroso con otras personas.

Señor, anhelo pasar tiempo recuperándome en tu presencia hoy, disfrutando de los *verdes y frescos pastos* y las *tranquilas y refrescantes aguas* que tú brindas.

En tu nombre reconfortante, Jesús,
Amén

EFESIOS 2:8-9; SALMOS 62:5;
SALMOS 23:3; SALMOS 23:2

19 de julio

Omnipresente Dios:

Este es un momento de mi vida en el que debo aprender a dejar ir: a los seres queridos, las posesiones, el control. Para desentenderme de estas cosas que son tan preciosas para mí, necesito descansar en tu presencia, donde estoy completo. Mientras tomo tiempo para disfrutar de la luz de tu amor, puedo relajarme más completamente. Entonces mi puño cerrado se abrirá poco a poco, liberando mis preciadas posesiones y dejándolas a tu cuidado.

Me has estado enseñando que es posible sentirse seguro incluso en medio de las circunstancias más difíciles y dolorosas, al estar consciente de tu continua presencia conmigo. Me alegro de que siempre estés conmigo *y* nunca cambies. *¡Tú eres el mismo ayer, hoy y por los siglos!* A medida que entrego más y más cosas a tu cuidado, me siento bendecido por la certidumbre de que nunca has soltado mi mano. Me encanta oírte cuando a través de tu Palabra declaras: «*Yo soy el Señor tu Dios, que te toma de tu mano derecha y te dice: "No temas; Yo te ayudaré"*». Gracias por ser mi base firme y segura que nadie ni ninguna circunstancia me puede quitar.

En tu nombre amoroso e inquebrantable, Jesús,
Amén

Salmos 89:15; Hebreos 13:8; Isaías 41:13

20 de julio

Apacible Jesús:

Vengo a ti con mi enorme vacío, sabiendo que en ti estoy completo. Mientras descanso tranquilamente en tu presencia, tu gloriosa luz brilla dentro de mí. Me has estado enseñando que enfrentar el vacío que tengo es el preludio de ser llenado con tu plenitud. Así puedo regocijarme en los días en que me siento lento e inadecuado al salir de mi cama. Estoy aprendiendo que este tipo de día es una oportunidad perfecta para depender de ti con la confianza de un niño.

Por favor, ayúdame a perseverar en esta postura de dependencia a medida que avanza el día. Si continúo confiando en ti, a la hora de dormir descubriré que el gozo y la paz se han convertido en mis compañeros. Por lo general, no puedo precisar el momento en que estos encantadores amigos se me unieron en el viaje. Aun así, puedo sentir los efectos beneficiosos de su compañía.

El final perfecto para un día como ese es una doxología de gratitud: ¡alabándote por tus abundantes bendiciones! *Que todo lo que respira te alabe, oh Señor.*

En tu exaltado nombre,
Amén

2 Corintios 4:6; Colosenses 2:9-10;
Santiago 1:4; Salmos 150:6

21 de julio

Mi Señor viviente:

¡Ayúdame a no ser tan duro conmigo mismo! Sé que tú puedes sacar el bien de todo, incluso de mis errores. Mi mente finita tiende a mirar hacia atrás, anhelando deshacer las decisiones de las que me arrepiento. ¡Esto es una gran pérdida de tiempo y energía que solo conduce a la frustración! En lugar de tambalearme en el pasado, quiero entregarte mis errores a ti. Mientras te miro con confianza, estoy seguro de que tu creatividad infinita puede entretejer mis buenas *y* malas elecciones en un hermoso diseño.

Sé que seguiré cometiendo errores en esta vida, porque solo soy un ser humano. Me has mostrado que pensar que debería vivir una vida libre de errores es un síntoma de orgullo. De hecho, mis fracasos pueden ser una fuente de bendición, humillándome y haciéndome sentir empatía hacia otras personas en sus debilidades. Además, mis fracasos resaltan vívidamente mi dependencia de ti.

Estoy agradecido de que seas capaz de sacar belleza del pantano de mis errores. Mi parte es confiar en ti y ver lo que harás.

En tu maravilloso nombre, Jesús,
Amén

Romanos 8:28; Proverbios 11:2;
Proverbios 3:5; Miqueas 7:7

22 de julio

Querido Jesús:

Ayúdame a seguir escalando esta empinada montaña contigo. A veces miro hacia atrás con nostalgia a una etapa lejana de mi viaje, añorando ese tiempo más fácil y menos complicado. No obstante, he llegado a reconocerlo por lo que era: un campamento base; un tiempo y un lugar de preparación para la ardua aventura que tenía por delante.

Esta montaña que estoy escalando es extremadamente alta; la parte superior se yergue entre nubes. Por lo tanto, es imposible que sepa cuán alto he llegado ya, y cuánto me falta aún por subir. Sin embargo, mientras más alto voy, mejor vista tengo.

Aunque cada día es un desafío y a menudo me siento cansado, aún puedo disfrutar del magnífico paisaje. Este viaje contigo, Jesús, me está preparando para ver desde una perspectiva celestial que trasciende mis circunstancias. Cuanto más alto subo en esta montaña, más empinado y desafiante se vuelve el sendero, pero también mayor es mi aventura. Te ruego que sigas recordándome que mientras más alto voy contigo, más me acerco a mi *objetivo final*: las alturas del cielo, ¡una eternidad contigo!

En tu impresionante nombre,
Amén

Mateo 17:1-2; Habacuc 3:19;
Filipenses 3:20-21

23 de julio

Mi Rey:

Tus pensamientos no son mis pensamientos; ni tus caminos mis caminos. Como los cielos son más altos que la tierra, así son tus caminos y pensamientos más altos que los míos.

Ayúdame a regocijarme al pensar en lo grande que eres. Me sobrecoge la maravilla de poder estar en comunión contigo, el Rey del universo, en cualquier momento y lugar. Por favor, no me dejes nunca dar por garantizado este asombroso privilegio de oración.

Aunque eres infinitamente más alto y más grande que yo, me estás entrenando para reflexionar en tus pensamientos. Mientras paso tiempo en tu presencia, leyendo tu Palabra y orando, tus pensamientos se forman gradualmente en mi mente. Me doy cuenta de que tu Espíritu es el Guía de este proceso. Él trabaja en mi mente mientras espero en tu presencia, haciendo planes o reflexionando en los problemas. Y a veces me recuerda versículos bíblicos específicos justo cuando los necesito.

Estas comunicaciones me fortalecen y me preparan para lo que sea que se me presente en la senda de la vida. Señor, pasar tiempo contigo me ha bendecido mucho más de lo que me atrevía a pedir, ¡o incluso a imaginar!

En tu majestuoso nombre, Jesús,
Amén

Isaías 55:8-9; Colosenses 4:2; Juan 14:26

24 de julio

Mi Dios guiador:

Gracias por este día de vida; lo recibo como un regalo precioso y único. Y confío en que estás conmigo en todo momento, tanto si puedo sentir tu presencia como si no. Tener una actitud de agradecimiento y confianza me permite ver los acontecimientos de mi vida desde tu perspectiva. Te ruego que aumentes mi agradecimiento y mi confianza en ti.

Ayúdame a ver el día de hoy como una aventura cuidadosamente planeada por ti, mi guiador. En lugar de concentrar mi mirada en este día que tengo ante mí tratando de hacerlo transcurrir según mi voluntad, quiero estar atento a ti y a todo lo que has preparado para mí.

Estoy agradecido de que una vida vivida cerca de ti nunca es aburrida o predecible. Puedo esperar encontrar algunas sorpresas cada día. En lugar de seguir mi tendencia natural —buscar la ruta más fácil durante la jornada diaria— quiero *seguirte* a donde sea que me lleves. No importa cuán empinado o traicionero sea el camino que tengo ante mí, no necesito tener miedo. Tú siempre estás cerca.

En tu nombre protector, Jesús,
Amén

Salmos 118:24; Isaías 41:10;
Salmos 56:3; Salmos 145:18

25 de julio

Eterno Dios:

Vengo a ti, anhelando descansar en *tus brazos eternos*. Estoy tratando de ver mi debilidad como una oportunidad para fortalecerme en la conciencia de tu todopoderosa presencia. Cuando me falla la energía, tiendo a mirar hacia adentro y lamentar la carencia que encuentro allí. En lugar de eso, ayúdame a mirar hacia ti y tu suficiencia, regocijándome en tus radiantes riquezas que están disponibles en abundancia para mí.

Necesito pasar este día suavemente, apoyándome en ti y disfrutando de tu presencia. Estoy aprendiendo a agradecerte por mi necesidad, dándome cuenta de que la aceptación de mi insuficiencia está creando lazos de confianza entre nosotros. Al mirar hacia atrás al viaje de mi vida hasta ahora, me alienta ver que los días de extrema debilidad han sido algunos de mis momentos más preciados. Mis recuerdos de esos días están ricamente entretejidos con hebras doradas de tu íntima presencia.

En tu glorioso nombre, Jesús,
Amén

Deuteronomio 33:27; Romanos 8:26;
Filipenses 4:19; Salmos 27:13-14

26 de julio

Jesús justo:

Tu Palabra me dice que *la senda de los justos es como la luz de la aurora, aumentando en resplandor cada vez más hasta la plena luz del día*. Este hermoso versículo se aplica a *mí,* porque me has vestido con tu perfecta justicia. *Las ropas de salvación* que me has provisto son algo que no podrán quitarse jamás y nunca se desgastarán. Este *manto de justicia* es mío para siempre, ¡así como yo soy *tuyo* para siempre!

Mientras viajo por este sendero, anhelo estar consciente de tu amorosa compañía conmigo. A veces, darme cuenta de eso me resulta difícil debido a mi condición de ser humano débil. Ayúdame a caminar cerca de ti y a mantener mis ojos en la meta: mi hogar celestial. En este momento, mi vislumbre de la gloria es tenue, como el primer destello del amanecer. Sin embargo, al perseverar en este camino contigo, confío en que me estoy acercando cada vez más a la gloriosa meta.

Me regocijo al saber que tu luz irá aumentando gradualmente su brillo durante este arduo viaje. ¡Hasta que en tu tiempo perfecto, experimente *la plena luz del día*!

En tu nombre brillante y resplandeciente,
Amén

Proverbios 4:18; Isaías 61:10;
Salmos 23:3; Filipenses 3:14

27 de julio

Maravilloso Salvador:

¡Cuán agradecido estoy de ser *un hijo de Dios*! Un día *te veré tal como eres*: ¡estaré en la gloria cara a cara contigo! Por ahora, me estoy entrenando, *poniéndome el nuevo yo y renovándome en el espíritu de mi mente.* Aunque mi nuevo yo se está conformando a tu imagen, estoy agradecido de que este proceso no borre la esencia de quien soy. Por el contrario, mientras más *me parezco a ti*, más me convierto en la persona única que tú me creaste para que fuera.

Desde que confié en ti como mi Salvador, he sido un integrante de tu familia real. Además, *soy coheredero contigo,* compartiendo tu magnífica herencia. Sin embargo, tu Palabra me dice que *debo padecer contigo para ser glorificado junto a ti.* Cuando atraviese tiempos difíciles, ayúdame a volverme a ti y encontrarte amorosamente presente conmigo en mis problemas. Permíteme sufrir bien, de una manera digna de un miembro de tu familia real. Soy consciente de que todo lo que soporto puede entrenarme para ser más como tú.

El salmista describe magníficamente mi objetivo final: *veré tu rostro en justicia, ¡y quedaré saciado!*

En tu nombre majestuoso, Jesús,
Amén

1 Juan 3:2; Efesios 4:22-24;
Romanos 8:17; Salmos 17:15

28 de julio

Compasivo Jesús:

Vengo a ti sintiéndome débil y cansado, buscando descansar en tu reconfortante presencia. Sé que siempre estás a mi lado, pero a veces me olvido de tu cercanía. Confieso que me distraen fácilmente las expectativas que otras personas tienen sobre mí. Si sus demandas son demasiadas y pesadas, termino sintiéndome como si estuviera llevando una carga aplastante.

Hoy me encuentro hundido bajo *cargas pesadas*, así que vengo a ti en busca de ayuda. Te pido que levantes el peso de mis hombros y me lo quites. Mientras hablo contigo sobre los asuntos que me conciernen, por favor, haz brillar la luz de tu presencia sobre cada una de estas cargas, mostrándome el camino que tengo por delante. Que esta misma luz que ilumina mi camino penetre en las profundidades de mi ser, fortaleciéndolo y dándome tranquilidad.

Señor, abro mi corazón a tu presencia santa y que trae sanidad. *Alzo mis manos* en gozosa adoración, ansioso de que tu abundancia fluya libremente en mí.

Te deseo por encima de todo, porque *mi alma encuentra descanso solo en ti*. Estoy agradecido de *que le des fuerza a tu pueblo y lo bendigas con paz.*

En tu santo y pacífico nombre,
Amén

Mateo 11:28; Salmos 134:2;
Salmos 62:1; Salmos 29:11

29 de julio

Jesús siempre cercano:

Tu Palabra me asegura que incluso en las circunstancias más desesperadas, no necesito *tener miedo, porque tú estás cerca de mí, protegiéndome, guiándome en el camino.* Sin embargo, confieso que aunque siempre estás conmigo, a menudo no soy consciente de tu presencia.

Siempre que empiece a sentir miedo, ayúdame a usar esta emoción como una llamada de atención a mi corazón, alertándome para que me vuelva a conectar contigo. En lugar de ceder a la creciente ansiedad, puedo volverme a ti y dejar que la luz de tu presencia brille sobre mí y en mi interior. Mientras descanso en la calidez de tu amor-luz, el miedo frío y duro se desvanece gradualmente. Experimentar este maravilloso amor aumenta mi amor por ti y mi confianza en ti.

Estoy agradecido de que me estés *protegiendo y guiando en el camino.* Me resguardas del daño con más frecuencia de lo que puedo imaginar, y cuidas mi alma. Debido a que soy tu seguidor, mi alma está eternamente segura en ti. *¡Nadie me puede arrebatar de tu mano!* Además, mientras voy por el camino hacia el cielo, me regocijo en la seguridad de que *tú serás mi guía hasta la muerte.*

En tu nombre guardián y guía,
Amén

Salmos 23:4; Juan 10:28; Salmos 48:14

30 de julio

Dios Todopoderoso:

Tú eres *la roca que es más alta que yo.* Tú eres *mi* roca en la que *puedo refugiarme*, en cualquier momento y en cualquier lugar. Oh Señor, vengo a ti, buscando descansar en la paz de tu presencia. Anhelo tomar un descanso de tratar de resolverlo todo.

Me doy cuenta de que muchas cosas están completamente fuera de mi comprensión y mi control. Esto no debería sorprenderme, porque tu Palabra enseña que *tus caminos y pensamientos son más altos que los míos, como los cielos son más altos que la tierra.*

Cuando el mundo a mi alrededor se vea confuso y el mal parezca estar ganando la partida, ayúdame a encontrar esperanza en ti, la luz que sigue brillando en todas las situaciones. Como soy tu seguidor, quiero brillar intensamente en este mundo turbulento, contando a los demás las *buenas nuevas de gran gozo*: que tú eres nuestro *Salvador, Cristo el Señor.*

Susurrar tu nombre y cantar canciones de alabanza son formas en las que me gusta acercarme a ti. Mientras sigo mirándote, tu presencia ilumina mi camino.

En tu luminoso nombre, Jesús,
Amén

Salmos 61:2; Salmos 18:2;
Isaías 55:9; Lucas 2:10-11

31 de julio

Dios mi Salvador:

Mi alma se aferra a ti; tu diestra me sostiene. Sé que aprovechas mis momentos difíciles para fortalecerme espiritualmente. Así como el oro se refina con el fuego, *mi fe,* para demostrar que es genuina, se refina con las pruebas. Mientras me aferro a ti en medio de la adversidad, mi fe se fortalece y encuentro consuelo en ti. Cuando soporto las pruebas dependiendo de ti, obtengo la confianza de que puedo hacerles frente a las dificultades futuras. Cada vez más, puedo confiar en que siempre me ayudarás en mis momentos de necesidad.

En medio de la noche o en los tiempos difíciles, recuerdo que tu diestra me sostiene. Esta mano que me sostiene es infinitamente fuerte; no hay límite para la cantidad de apoyo que me puede brindar. Entonces, cuando me sienta abrumado, no me rendiré. En cambio, *te miraré a ti y a tu fortaleza.*

Tu mano no solo es poderosa, sino *justa*. Amo la seguridad que me das en tu Palabra: «*No temas, porque yo estoy contigo; no te desalientes, porque yo soy tu Dios. Yo te fortaleceré y te ayudaré; te sostendré con la diestra de mi justicia*».

En tu poderoso nombre, Jesús,
Amén

Salmos 63:6, 8; 1 Pedro 1:7;
Salmos 105:4; Isaías 41:10

«Me buscarán y me encontrarán, cuando me busquen de todo corazón».

Jeremías 29:13

1 de agosto

Luz del mundo:

Anhelo *caminar en la luz de tu presencia, regocijándome en tu nombre y tu justicia todo el día*. Este mundo está cada vez más oscuro, pero la luz de tu presencia es cada vez más brillante. Contra el oscuro telón de fondo del mal, ¡tu gloria resplandece intensamente! Cuando tu bondad choca con la vileza mundana, esta colisión de opuestos espirituales crea condiciones que son favorables para tus poderosas intervenciones. Así que estaré atento a los milagros y a lo que harás.

Siempre que me encuentro en medio de circunstancias difíciles, es de vital importancia para mí seguir *regocijándome en tu nombre*. La esencia de todo lo que eres se destila en esta hermosa palabra: *Jesús*. Me encanta usar tu nombre como una oración susurrada, una alabanza, una protección que nunca pierde su poder.

Puedo *regocijarme en tu justicia* incluso en las situaciones más terribles. Nada puede empañar tu gloriosa justicia, que has tejido en resplandecientes *ropas de salvación* para que yo las use para siempre. Así es como camino en tu luz: ¡haciendo buen uso de tu santo nombre y vistiendo con gozo *tu manto de justicia*!

En tu nombre justo, Jesús,
Amén

Juan 8:12; Salmos 89:15-16;
Hechos 4:12; Isaías 61:10

2 de agosto

Jesús misericordioso:

¡Gracias por el regalo de este nuevo día! Quiero promover bien mi agradecimiento: es el camino real hacia el gozo. De hecho, he descubierto que ningún placer está realmente completo si no se expresa gratitud por él. Sé que es bueno agradecerles a las personas a través de las cuales recibo bendiciones, pero necesito recordar que tú eres de quien todas las bendiciones fluyen. Por favor, recuérdame alabarte y agradecerte con frecuencia a lo largo del día. Esta deliciosa disciplina nutre mi alma y mejora mi relación contigo, proporcionándome una manera fácil de acercarme a ti.

Me has bendecido con el glorioso don de la gracia: un favor inmerecido y que yo jamás me habría podido ganar. Me alegro de que nadie ni ningún conjunto de circunstancias puedan despojarme de este generoso regalo. ¡Te pertenezco para siempre! *Nada en toda la creación podrá separarme de tu amorosa presencia.*

Mantenme consciente de tu presencia mientras camino contigo en este día. Ayúdame a estar alerta para encontrar las bendiciones y los placeres que tú esparces a lo largo de mi camino. El mayor tesoro eres tú, Jesús, ¡porque tú eres el *Don inefable*!

En tu atesorado nombre,
Amén

Salmos 95:2; Efesios 2:8-9;
Romanos 8:38-39; 2 Corintios 9:15

3 de agosto

Precioso Salvador:

Me has estado ayudando a comprender que el gozo es una elección. No tengo mucho control sobre mis circunstancias, pero aún puedo elegir ser feliz.

Tú me creaste *un poco menor que los ángeles* y me diste una mente asombrosa, con la capacidad de pensar las cosas detenidamente y tomar decisiones. Aprendí que mis pensamientos son extremadamente importantes, porque influyen fuertemente en mis emociones y mi quehacer diario. De modo que vale la pena que me esfuerce por hacer buenas elecciones de pensamiento.

Siempre que me siento triste, necesito hacer una pausa y recordar que *tú estás continuamente con tu mirada sobre mí*. Gracias, Señor, por amarme con un *amor inefable en cursivas*y por darme tu Espíritu, que me ayuda a alinear mi pensamiento con las gloriosas verdades de las Escrituras. Tu presencia continua es una promesa bíblica, y mi anhelo es *encontrarte* siempre en medio de mis circunstancias. Mientras te busco, al principio solo puedo ver mis problemas. No obstante, si sigo mirando, finalmente veré la luz de tu presencia brillando sobre mis dificultades, ¡proyectando sobre mí destellos de gozo!

En tu brillante y gozoso nombre, Jesús,
Amén

Salmos 8:5; Génesis 28:15;
Salmos 107:8 (nvi); Romanos 15:13

4 de agosto

Jesús, mi *buen pastor*:

Quiero que seas mi enfoque principal. Estás a mi alrededor, constantemente consciente de mí, tomando nota de cada pensamiento y oración míos. Muchísimas cosas compiten por tener mi atención, pero no debo dejar que te desplacen. Dirigir mi mente hacia ti requiere muy poca energía, pero me bendice inmensamente. Mientras más me enfoco en ti, más plenamente vives en mí y actúas a través de mí.

Ayúdame a recordar que estás conmigo en cada momento de mi vida, cuidándome con un amor perfecto. Tu Palabra me enseña que *tu misericordia es inagotable y cubre al que en ti confía*. Me has estado entrenando para ser cada vez más consciente de tu amorosa presencia, incluso cuando otras cosas exigen *mi* atención.

Señor, *tú* eres la constante en mi vida que proporciona estabilidad y dirección en un entorno impredecible. *Eres el mismo ayer, hoy y por los siglos*. Así que eres el punto fijo perfecto en el cual enfocarme mientras me abro camino en este mundo en constante cambio. Mientras sigo redirigiendo mis pensamientos hacia ti, por favor, muéstrame el camino a seguir y *dame tu paz*.

En tu nombre inquebrantable,
Amén

Juan 10:11; Salmos 32:10;
Hebreos 13:8; Juan 14:27

5 de agosto

Mi Dios grande y amoroso:

¡Tú eres mi Señor viviente, *mi roca*, mi Dios Salvador! Con tu ayuda quiero pasar mucho tiempo contigo, reflexionando sobre tu grandeza y tu infinito compromiso hacia mí. Vivo en una cultura donde mucha gente desconfía de hacer compromisos. Incluso aquellos que dicen «Sí, quiero» a menudo cambian de opinión más tarde y se van. Sin embargo, tú eres mi amigo para siempre y el eterno amante de mi alma. ¡Estoy completamente seguro en tu amor!

En lugar de centrarme en los problemas de mi vida y el mundo, quiero pensar más en quién eres tú. No solo eres mi Señor viviente y mi roca inmutable; eres también el *Dios de mi salvación*. Tu muerte en la cruz por mis pecados *me salva hasta lo último,* porque tú eres *Dios eterno*. No necesito preocuparme de que dejes de amarme si mi comportamiento no es lo suficientemente bueno; son *tu* bondad y *tu* justicia las que me mantienen seguro en tu amor. Tu interminable compromiso conmigo me fortalece y me consuela mientras viajo a través de este mundo lleno de problemas. ¡Y espero ansiosamente el momento en que viviré contigo en la gloria!

En tu impresionante nombre, Jesús,
Amén

Salmos 18:46; Hebreos 7:25;
Deuteronomio 33:27; 2 Corintios 5:21

6 de agosto

Queridísimo Jesús:

Gracias porque estoy a salvo, seguro y completo en ti. Ayúdame a detener mi ansiedad y simplemente acudir a ti con los asuntos que están en mi corazón. Necesito confiar en ti lo suficiente como para ser franco y honesto mientras te cuento las preocupaciones que me agobian. Yo sé que puedo entregarte *toda mi ansiedad, porque tú te preocupas por mí y me cuidas.* Encuentro descanso *en el refugio de tu presencia.*

Las veces que me alejo y te dejo fuera de mi vida, ya no me siento completo. La inquietud que experimento en estos tiempos es en realidad un regalo tuyo, recordándome que vuelva a *mi primer amor.* Necesito convertirte en el centro de mis pensamientos y sentimientos, de mis planes y acciones. Cuando eres el centro de mi vida, puedo vivir de manera significativa, de acuerdo con tu voluntad.

Has puesto mis pies en un camino hacia el cielo y eres mi compañero permanente. Cuando encuentro problemas mientras viajo contigo, me encanta escuchar tus palabras de consuelo: «*¡Confía! Yo he vencido al mundo*».

¡Oh Señor, en tu presencia estoy verdaderamente a salvo, seguro y completo!

En tu nombre victorioso,
Amén

1 Pedro 5:7; Salmos 31:20;
Apocalipsis 2:4; Juan 16:33

7 de agosto

Glorioso Dios:

Tu Palabra me asegura que *todos los que esperan en ti son bienaventurados*. En cuanto a mí, esperar pacientemente no me resulta fácil, pero sé que vale la pena el esfuerzo. Me gusta planificar con anticipación, tomar decisiones definitivas y hacer que las cosas *sucedan*. Hay un tiempo para eso, pero este parece ser un tiempo de espera, sentado en tu presencia, buscando confiar en ti con todo mi ser. Aunque esta disciplina es ciertamente un desafío para mí, también resulta bastante deleitosa. Además, trae una gran cantidad de bendiciones.

Muchas de las cosas buenas que me ofreces residen en el futuro. Mientras paso tiempo descansando en tu presencia, me estás preparando para esas bendiciones que aún no están disponibles. Debido a que se encuentran veladas por el misterio del futuro, no puedo verlas con claridad. Otras bendiciones son accesibles en el presente. He descubierto que el mismo proceso de esperarte es muy beneficioso. Mantiene mi alma calmada mientras te admiro con esperanza, reconociendo que tienes el control y eres bueno. Cuando me encuentre luchando para entender por qué tengo que esperar tanto, ayúdame a cambiar mi enfoque de *confiar en mi propio entendimiento a confiar en ti con todo mi corazón*.

En tu nombre lleno de esperanza, Jesús,
Amén

Isaías 30:18; Salmos 40:1;
Salmos 143:8; Proverbios 3:5

8 de agosto

Poderoso Señor:

Tú eres mi ayuda y mi escudo. Estoy agradecido por el pronombre posesivo *mi*. Tú no eres solo *una* ayuda y *un* escudo. Eres *mío*, para siempre y por toda la eternidad. Tu compromiso eterno conmigo me fortalece y me anima mientras camino contigo en este día. Has prometido que *nunca me dejarás*. ¡Puedo depender de ti!

Debido a que eres *mi ayuda*, no necesito temer por mi insuficiencia. Cuando la tarea a la que me enfrento parece abrumadora, encuentro esperanza volviéndome a ti, admitiendo francamente mi insuficiencia y confiando en tu infinita suficiencia. *Todo lo puedo en ti, que me fortaleces.*

Definitivamente, te necesito como *mi escudo*. Sé que me proteges de muchos peligros: físicos, emocionales y espirituales. A veces soy consciente de tu labor protectora en mi nombre, pero estoy seguro de que también me proteges de peligros que ni siquiera sospecho. Encuentro un gran consuelo al saber que tu poderosa presencia me está cuidando. *No temeré mal alguno, porque tú estás conmigo.*

En tu nombre protector, Jesús,
Amén

Salmos 33:20; Deuteronomio 31:8;
Filipenses 4:13; Salmos 23:4

9 de agosto

Amoroso Jesús:

¡Me hace sentir contento el hecho de saber que me comprendes y me amas con un amor perfecto e interminable! He luchado contra el miedo de que cualquiera que llegue a conocerme completamente pueda juzgarme y menospreciarme. Entonces, mi tendencia natural ha sido mantener a los demás a una distancia segura, exponiendo solo las partes que creo que van a proyectar una imagen aceptable de mí. Esta forma de interactuar con los demás me hace sentir más seguro, pero en definitiva conduce a la soledad.

Estoy agradecido de que veas directamente a través de mis defensas y pretensiones. ¡No hay forma de esconderse de ti! Sabes absolutamente todo. Por favor, ayúdame a descansar en la maravilla de ser *plenamente conocido*, ¡pero también a saber que soy alguien que te complace!

En lugar de esforzarme por ganar tu amor, puedo relajarme en la verdad de que nada podría impedirte que me ames. Debido a que soy tuyo, comprado con tu sangre preciosa, soy *aceptado* para siempre. Necesito seguir diciéndome esta verdad una y otra vez, hasta que se filtre en mi ser interior y cambie la forma en que me veo. Me has estado mostrando que vivir consciente de tu aceptación es el camino hacia el olvido de mí mismo, ¡que es el camino al gozo pleno!

En tu nombre jubiloso,
Amén

SALMOS 107:1, 43; 1 CORINTIOS 13:12;
SALMOS 149:4-5; EFESIOS 1:5-6

10 de agosto

Querido Jesús:

Este mundo está lleno de cosas negativas en las que pensar. A veces, los problemas, los míos y los de otros, parecen reclamar mi atención a gritos. Las dificultades pueden ocupar cada vez más mi pensamiento, haciendo que me *canse y desanime*. Cuando esto sucede, por favor, recuérdame que puedo *elegir* el tema de mis pensamientos. En lugar de revolcarme en la oscuridad del desánimo, puedo volverme hacia ti y dejar que tu luz brille sobre mí.

Ayúdame a no ser derrotado por decisiones incorrectas que tomé en el pasado. Y no me dejes definir quién soy *ahora* basándome en antiguas decisiones que fueron dolorosas. Cada momento brinda una nueva oportunidad para acercarse a ti y disfrutar de tu presencia. Incluso cuando estoy luchando, puedo elegir *buscarte* en medio de mis problemas en lugar de solo enfocarme en los conflictos.

Me encanta escuchar tus palabras de aliento: *«En mí puedes tener paz. En este mundo tendrás tribulación. ¡Pero confía! Yo he vencido al mundo»*.

En tu nombre triunfante,
Amén

HEBREOS 12:3; SALMOS 34:6-7; JUAN 16:33

11 de agosto

Mi Dios vigilante:

Me deleito con estas tranquilizadoras palabras tuyas: «*Estoy contigo y te guardaré dondequiera que vayas*». Me espera un viaje lleno de aventuras que anticipo con sentimientos encontrados. De alguna manera, estoy ansioso por adentrarme en esta nueva aventura, esperando encontrar abundantes bendiciones en el camino. Sin embargo, una parte de mí teme dejar mi cómoda y predecible rutina. Cuando me asalten pensamientos de miedo, recuérdame que me vigilarás constantemente, dondequiera que esté. ¡Estoy agradecido de que el consuelo de tu presencia sea una promesa para siempre!

Me has estado enseñando que la preparación esencial para el viaje que tenemos por delante es practicar tu presencia todos los días. Necesito seguir recordando que estás conmigo y me estás cuidando. Mientras caminamos juntos a lo largo de la senda de mi vida, me gusta imaginarme tu mano fuerte agarrada a la mía. Ayúdame a confiar en ti, *mi guía*, para que me muestres el camino a seguir paso a paso. Como tu sentido de la orientación es perfecto, no tengo que preocuparme por perderme. Puedo relajarme en tu presencia, ¡regocijándome en la maravilla de compartir toda mi vida contigo!

En tu nombre consolador, Jesús,
Amén

Génesis 28:15; Josué 1:9;
Salmos 32:8; Salmos 48:14

12 de agosto

Rey Jesús:

Cuando comienzo un día o una tarea sintiéndome inadecuado, necesito hacer una pausa y escucharte decir: *«Te basta mi gracia, pues mi poder se perfecciona en la debilidad»*. La forma en que está expresado este dicho resalta la disponibilidad continua de tu maravillosa gracia. No quiero desperdiciar energía lamentándome por lo débil que me siento. En cambio, puedo aceptar mi insuficiencia, regocijándome de que me ayude a darme cuenta de cuánto te necesito. ¡Siempre que vengo a ti en debilidad, me deleito en tu infinita suficiencia!

Cuando realizo una tarea con una alegre dependencia de ti, a menudo me sorprende lo mucho que puedo lograr. Además, la calidad de mi trabajo mejora enormemente al colaborar contigo. Es un privilegio tan asombroso vivir y trabajar junto a ti, el *Rey de reyes y Señor de señores.*

Mientras busco alinearme con tu voluntad, quiero ser *un sacrificio vivo que te agrade.* Tu Palabra dice que esta es una forma de adoración, y hace que mi vida sea significativa y gozosa. ¡Sé que esto es solo un pequeño anticipo del gozo indescriptiblemente glorioso que me espera en el cielo!

En tu nombre jubiloso,
Amén

2 Corintios 12:9; Apocalipsis 19:16;
Romanos 12:1; 1 Pedro 1:8

13 de agosto

Magnífico Jesús:

¡Vivir dependiendo de ti es una aventura gloriosa! Mucha gente corre de un lado a otro, tratando de lograr cosas con su propia fuerza y habilidad. Algunos lo logran; otros fracasan por completo. Pero ambos grupos no saben lo que es vivir la vida contigo: viviendo y trabajando en colaboración contigo. En cuanto a mí, enséñame a depender cada vez más de ti, Señor.

Al depender de ti, toda mi perspectiva cambia. Puedo ver tus obras milagrosas, aunque otros solo ven sucesos naturales y «coincidencias». Empiezo cada día con una expectativa alegre, ansioso por ver lo que harás. Acepto la debilidad como un regalo que me haces, sabiendo que *tu poder se cumple y se completa y se perfecciona en mi debilidad*. Mantengo mis planes en espera, sabiendo que los tuyos son infinitamente superiores a los míos. Conscientemente *vivo, me muevo y existo en ti*, regocijándome de que tú vivas en mí.

¡Qué maravilloso es saber que *yo estoy en ti y tú estás en mí*! Gracias por esta íntima aventura de compartir mi vida contigo.

En tu nombre estimulante,
Amén

2 Corintios 12:9; Hechos 17:28;
Juan 14:20

14 de agosto

Jesús compasivo:

Ayúdame a *recordarte en mi lecho, meditando en ti a través de las vigilias de la noche*. Cuando en las noches estoy despierto, los pensamientos pueden ir en todas direcciones. A menos que me organice para controlarlos, empiezo a sentirme ansioso. He descubierto que mi mejor estrategia durante estas vigilias nocturnas es pensar *en ti*, comunicarme contigo sobre cualquier cosa que esté en mi mente. Tu Palabra me dice que *eche toda mi ansiedad sobre ti, porque tú tienes cuidado de mí*. Saber que me estás cuidando me permite relajarme en tu presencia.

Cuando te recuerdo durante la noche, trato de pensar en quién realmente eres. Reflexiono en tus perfecciones: tu amor, tu gozo y tu paz. Encuentro consuelo en tus nombres: Pastor, Salvador, Emanuel, Príncipe de Paz. Me regocijo en tu majestad, sabiduría, misericordia y gracia. ¡Me deleito en tu poder y gloria, porque tú eres *Rey de reyes y Señor de señores*! Por eso te adoro y disfruto de tu presencia. Estos pensamientos sobre ti estimulan todo mi ser y aclaran mi mente, permitiéndome ver las cosas desde tu perspectiva.

En tu nombre estimulante,
Amén

Salmos 63:6; 1 Pedro 5:7; Apocalipsis 19:16

15 de agosto

Dios soberano:

Ayúdame a *llevar la vida que me has asignado* y a estar contento con ella. Debo tener cuidado de no comparar mi situación con la de otra persona, sintiéndome insatisfecho por la comparación. Me doy cuenta de que también es doloroso comparar mis circunstancias actuales con la forma en que solían ser las cosas o con fantasías que se parecen poco a la realidad. En lugar de eso, debo hacer todo lo posible por aceptar como mi *llamado* la vida que me has asignado. Esta perspectiva elimina la punzada de las circunstancias dolorosas y difíciles. Si me has llamado a una situación dada, sé que me darás todo lo que necesito para soportarla, e incluso para encontrar algún gozo en medio de ella.

Te ruego que entrenes mi mente para confiar en tus caminos soberanos para mí, inclinándome ante tu misteriosa e infinita inteligencia. Necesito buscarte en los detalles de mi día, mientras trato expectante de que salga bien de los problemas. Estoy aprendiendo a aceptar las cosas tal como son, sin perder la esperanza de un futuro mejor. ¡Y me regocijo en la esperanza del cielo, sabiendo que la vida indescriptiblemente gozosa es mi llamado *final*!

En tu nombre supremamente sabio, Jesús,
Amén

1 Corintios 7:17; Romanos 11:33-34;
Filipenses 4:12

16 de agosto

Salvador maravilloso:

Ayúdame a encontrar gozo en ti, porque tú eres *mi fortaleza*. Sé que mantener el gozo vivo es crucial, especialmente cuando estoy en medio de la adversidad. Siempre que estoy luchando con dificultades, necesito manejar mis pensamientos y palabras con mucho cuidado. Si me concentro demasiado en todas las cosas que están mal, me desanimo y mis fuerzas se agotan. Tan pronto como me dé cuenta de que tal o cual cosa me está sucediendo, debo detener este proceso doloroso de inmediato. Me has estado entrenando para que en tales circunstancias me vuelva a ti y te pida que *me enseñes el camino que debo seguir.*

Cuando estoy en medio de esas luchas, necesito tomar tiempo para alabarte, pronunciando o cantando palabras de adoración, leyendo promesas y alabanzas en las Escrituras. *Fortaleza mía, te canto alabanza. ¡Canto la gloria de tu nombre!*

Es esencial recordar que mis problemas son temporales, pero que *tú* eres eterno, al igual que mi relación contigo lo es. Cuando encuentro gozo en ti, deleitándome en tu *misericordia*, mi fuerza aumenta milagrosamente.

En tu glorioso nombre, Jesús,
Amén

Salmos 59:17; Santiago 1:2;
Salmos 143:8; Salmos 66:1-2

17 de agosto

Dulce Jesús:

Cuando me sienta abrumado por mis circunstancias, recuérdame que dedique tiempo a concentrarme en ti y a escucharte. Me encanta oírte decirme: «*¡Ten ánimo! Soy yo. No tengas miedo*».

Escucharte mientras me siento estresado requiere mucha disciplina y confianza. Mis pensamientos acelerados hacen que sea difícil oír tu *suave susurro*. Así que estoy agradecido por la ayuda de tu Espíritu, quien calma mi mente cuando se lo pido.

Me regocijo de que tú, el *Príncipe de Paz*, estés conmigo en todo momento. No solo estás conmigo, sino que también estás presente en mis circunstancias. ¡Tú tienes el control de todo lo que me sucede! Sé que nunca serás el autor de lo malo, pero puedes tomar las cosas malas y usarlas para el bien. Esto no siempre elimina mi sufrimiento, pero *lo* redime, infundiéndole significado. Así que siempre que me encuentre en una tormenta de dificultades, escucharé tu voz que me dice: «*¡Ten ánimo! Soy yo*». Y buscaré en la tormenta señales de tu presencia permanente. Tu Palabra me asegura que te buscaré y *te encontraré cuando te busque con todo mi corazón.*

En tu nombre que tranquiliza,
Amén

Mateo 14:27; 1 Reyes 19:12;
Isaías 9:6; Jeremías 29:13

18 de agosto

Maravilloso Dios:

Ayúdame a *confiar en ti y no tener miedo.* A veces me asustan los acontecimientos mundiales y las noticias. Sin embargo, me doy cuenta de que estos informes están sesgados; se presentan como si tú no existieras. Los clips de noticias muestran pequeños fragmentos de sucesos actuales de los que se ha eliminado cuidadosamente el factor más importante: ¡tu presencia en el mundo! A medida que los medios de prensa examinan cantidades masivas de información, tienden a filtrar todo sobre *ti* y lo que estás logrando en este planeta.

Cuando mi mundo se siente como un lugar aterrador, necesito volverme a ti y encontrar aliento en tu presencia. Me inspira el ejemplo de David, *quien se fortaleció en el Señor* cuando sus hombres amenazaban con apedrearlo. Al igual que David, puedo encontrar valor recordando quién eres: meditando en tu asombroso poder y tu gloria, deleitándome en *tu misericordia inagotable.* ¡Me regocijo al saber que estoy en un viaje lleno de aventuras contigo y que mi destino final es el cielo!

Cuando me mantengo enfocado en ti y disfrutando de la rica relación que me ofreces, mi miedo irá desapareciendo gradualmente. *Confiaré y no temeré, porque tú eres mi fortaleza y mi canción.*

En tu nombre incomparable, Jesús,
Amén

Isaías 12:2; 1 Samuel 30:6; Salmos 33:5

19 de agosto

Jesús, mi Redentor:

Me encanta escucharte pronunciar estas palabras a través de las Escrituras: *«Yo te doy vida eterna y jamás perecerás, y nadie te arrebatará de mi mano»*. ¡Estas son noticias asombrosamente buenas! Tú me has prometido *una herencia celestial que nunca perecerá, se dañará ni marchitará.*

Tu don de la vida eterna proporciona una luz que no deja de brillar, incluso durante mis días más oscuros. Este resplandor me empuja hacia adelante y me protege del desánimo. Así puedo negarme a dejar que las circunstancias difíciles o la maldad del mundo me arrastren. En cambio, miraré hacia adelante a la gloria que me espera, brillando en la distancia, más allá del horizonte.

Sé que tendré que atravesar aguas profundas en mi viaje hacia el cielo. Pero tú me has asegurado: *«Cuando pases por las aguas, Yo estaré contigo; y si por los ríos, no te cubrirán»*. Ayúdame a seguir agarrado de tu mano con confianza en la dependencia, seguro de que me amas y *nada podrá separarme de ti.* En lugar de temer los tiempos desafiantes que se avecinan, quiero disfrutar de la aventura de viajar contigo todos los días de mi vida.

En tu nombre fuerte y confiable,
Amén

Juan 10:27-28; 1 Pedro 1:3-4;
Isaías 43:2; Romanos 8:39

20 de agosto

Amado Jesús:

Ayúdame a concentrarme más y más en tus pensamientos. Cuando las preocupaciones de este mundo me presionan, necesito tomarme un tiempo para pensar las cosas en tu presencia. Mientras me relajo contigo, tus *brazos eternos* me envuelven en paz. Es una bendición tomarme un descanso de la obsesión por mis preocupaciones y disfrutar este momento *mirándote a ti*.

Me gusta intercalar la tranquilidad con la lectura de las Escrituras y hablarte o cantarte alabanzas. Gracias por guiarme a usar los versículos de la Biblia en mis oraciones y peticiones. Cuando mis oraciones están impregnadas de las Escrituras, puedo orar con más confianza.

Anhelo ser transformado mediante la renovación de mi mente. El mundo ejerce una enorme presión sobre mí a través de las siempre presentes comunicaciones electrónicas. En lugar de dejar que el mundo me oprima en su molde, te pido que transformes mi forma de pensar. A medida que gradualmente vas renovando mi mente, anhelo que mis pensamientos y actitudes *te* reflejen en una medida cada vez mayor.

En tu nombre transformador,
Amén

Deuteronomio 33:27; Salmos 34:5;
Hebreos 4:12; Romanos 12:2

21 de agosto

Emmanuel:

La quietud es cada vez más difícil de conseguir en este mundo inquieto y agitado. Realmente tengo que luchar a fin de separar tiempo para ti. Las distracciones me llegan por todos lados cuando trato de apartarme en silencio. Sin embargo, vale la pena luchar por tener una conexión íntima contigo, ¡así que no me rendiré!

Ayúdame, Señor, en mi búsqueda de apartar un tiempo ininterrumpido para pasarlo contigo, enfocándome en ti y tu Palabra. Estoy muy agradecido de que seas *Emmanuel, Dios con nosotros*. Mientras me relajo en tu apacible presencia, dejando que mis preocupaciones se desvanezcan, puedo escucharte susurrarme: «*Quédate quieto y conoce que yo soy Dios*».

Mientras más te miro, más puedo regocijarme en tus majestuosos esplendores y confiar en tu control soberano. *Tú eres mi refugio, aunque la tierra sufra cambios y los montes se deslicen al fondo de los mares.* Hay una estabilidad trascendente en tu presencia, Señor. Mientras reflexiono sobre la inmensidad de tu poder y gloria, mi perspectiva cambia y mis problemas parecen más pequeños. Sé que *tendré tribulación en este mundo*, pero me alienta la seguridad de que *tú has vencido al mundo.*

En tu nombre conquistador, Jesús,
Amén

Mateo 1:23; Salmos 46:10;
Salmos 46:1-2; Juan 16:33

22 de agosto

Precioso Jesús:

Ayúdame a confiar en ti en medio de un día complicado. No quiero que mi calma interior, mi paz en tu presencia, sea sacudida por lo que sucede a mi alrededor. Aunque vivo en un mundo temporal, sé que mi ser más íntimo está arraigado y cimentado en la eternidad. Cuando empiezo a sentirme estresado, necesito separarme de los disturbios que me rodean. Cuando dejo de esforzarme por mantener el control, tú me haces posible relajarme en tu control soberano y recibir *tu paz que sobrepasa todo entendimiento.*

Tu Palabra me instruye a *buscar tu presencia continuamente.* Te ruego que compartas tu mente conmigo y abras mis ojos para ver las cosas cada vez más desde tu perspectiva. Me encanta oírte decirme: *«No dejes que tu corazón se turbe y te haga tener miedo. ¡Confía! Yo he vencido al mundo»*. ¡Señor, me alegro de que la paz que me das sea suficiente para todas mis circunstancias!

En tu todopoderoso nombre,
Amén

FILIPENSES 4:6-7; SALMOS 105:4;
JUAN 14:27; JUAN 16:33

23 de agosto

Jesús misericordioso:

Te pido que desenredes los lugares enmarañados de mi vida, incluidos los de mi mente y mi corazón. Vengo a ti tal como soy, con todos mis problemas complicados y cabos sueltos. Muchas de mis dificultades se complican con los problemas de otras personas. Así que es difícil saber cuánto del lío es mío y cuánto es de ellos. Quiero responsabilizarme por mis errores y pecados sin sentirme responsable por las fallas pecaminosas de los demás. Ayúdame a desenredar mis circunstancias complejas y encontrar el mejor camino a seguir.

Me doy cuenta de que el crecimiento cristiano tiene que ver con la transformación, un proceso que dura toda la vida. Algunos de los nudos de mi pasado son muy difíciles de desatar, especialmente aquellos que involucran a personas que continúan hiriéndome. En lugar de obsesionarme acerca de cómo arreglar las cosas, necesito seguir volviéndome hacia ti, *buscando tu rostro* y tu voluntad. Mientras espero contigo, necesito que me ayudes a relajarme y a confiar en tu tiempo para allanar mis lugares enredados. Muéstrame cómo vivir con los problemas sin resolver sin dejar que me distraigan de ti. Me regocijo de que tu presencia permanente sea *mi porción*, ¡y mi bendición ilimitada!

En tu magnífico nombre,
Amén

2 Corintios 3:18; 1 Crónicas 16:11;
Lamentaciones 3:24

24 de agosto

Dios triunfante:

Si tú estás por mí, ¿quién estará contra mí? Ayúdame a comprender, en lo más profundo de mi ser, que tú realmente *estás* por mí. Cuando las cosas no salen como quiero o alguien en quien confío se vuelve en mi contra, es fácil que me sienta abandonado. Por eso resulta esencial en esos momentos recordarme la verdad que no solo estás *conmigo* siempre, sino que estás *por mí* siempre. Hay una diferencia entre estar *conmigo* y estar *por mí*. Esto es cierto en los días en que todo me sale bien y en los días en que no; en los días cuando la gente me trata bien y cuando me maltrata.

Puedo enfrentar la adversidad con más calma y valentía si confío de todo corazón en que tú estás *por mí*. Saber que nunca te volverás en mi contra me da confianza para perseverar en los tiempos difíciles. Debido a que te pertenezco para siempre, estoy continuamente en tu presencia *aprobatoria*. Estoy agradecido de que, en última instancia, sea *tu* opinión sobre mí lo que importa, y seguirá importando por toda la eternidad. ¡Y me regocijo de que *nada en toda la creación podrá separarme de tu amor*!

En tu nombre invencible, Jesús,
Amén

Romanos 8:31; Mateo 28:20;
Números 6:26; Romanos 8:39

25 de agosto

Jesús encantador:

Gracias por mostrarme que el cielo es tanto algo presente como futuro. Mientras camino por la senda de mi vida agarrado de tu mano, estoy ya en contacto con la esencia del cielo: ¡la cercanía a ti! Al ir contigo, percibo hermosos indicios del cielo. La tierra está radiantemente viva con tu presencia. El resplandor del sol despierta mi corazón, recordándome suavemente tu brillante luz. Los pajarillos y las flores, los árboles y los cielos evocan alabanzas a tu santo nombre. Ayúdame a ser completamente receptivo a los esplendores de tu creación mientras camino en la luz de tu amor.

Me alegro de que al final de mi viaje haya una entrada al cielo. Solo *tú* sabes cuándo llegaré allí, pero confío en que a cada paso del camino me estás preparando para vivir esa experiencia. La seguridad absoluta de mi hogar para siempre *me llena de gozo y paz*. Sé que llegaré a este glorioso refugio en tu tiempo perfecto, ni un momento demasiado pronto ni un momento demasiado tarde. Mientras avanzo contigo por *la senda de la vida*, ¡la esperanza segura del cielo me fortalece y me anima!

En tu nombre celestial,
Amén

1 Corintios 15:20-23; Hebreos 6:19;
Romanos 15:13; Salmos 16:11

26 de agosto

Maravilloso Señor:

Este es un momento de abundancia en mi vida: *mi copa está rebosando* de bendiciones. Después de estar caminando cuesta arriba durante muchas semanas, ahora me siento como si estuviera atravesando exuberantes prados bañados por el sol. Ayúdame, Señor, a disfrutar al máximo de este momento de tranquilidad y refrigerio. ¡Gracias por proporcionármelo!

Admito que a veces dudo en recibir tus buenos dones con las manos abiertas. Los sentimientos de falsa culpa se apoderan de mí, diciéndome que no debería aceptar estos regalos, ya que no merezco ser tan bendecido. Sin embargo, me doy cuenta de que esto es un pensamiento confuso, porque nadie es *digno* de recibir lo bueno de ti. ¡Cómo me regocijo de que tu reino *no* es cosa de ganarlo o merecerlo! Es cosa de creer y recibirlo.

En lugar de negarme a aceptar tus generosos dones, quiero recibir todas tus bendiciones con un corazón agradecido. Así, tu placer de dar y mi placer de recibir pueden fluir juntos con gozo.

En tu generoso nombre, Jesús,
Amén

Salmos 23:5; Juan 3:16; Lucas 11:9-10;
Romanos 8:32

27 de agosto

Fortaleza mía:

Me has estado mostrando que vivir dependiendo de ti es la forma de disfrutar de una vida abundante. Estoy aprendiendo a apreciar los tiempos difíciles, porque amplifican mi conciencia de tu presencia. Las tareas que solía temer se están convirtiendo en oportunidades para disfrutar de tu cercanía. Me encanta recordar que tú eres *mi fortaleza*, especialmente cuando me siento cansado. Apoyarme en ti se está volviendo cada vez más natural y placentero.

Ayúdame a enfocarme en ti de manera más constante. Esto es mucho más fácil para mí cuando estoy solo. Confieso que cuando me encuentro con otras personas, a menudo pierdo de vista tu presencia. Mi tendencia a complacer a la gente me hace esclavo de los demás, y ellos se convierten en mi enfoque principal. Afortunadamente, puedo volverme a ti rápidamente susurrando tu nombre: «Jesús». Este pequeño acto de confianza te trae a los primeros planos de mi mente, donde perteneces. Mientras me relajo en la bendición de tu cercanía, tu vida puede fluir a través de mí para bendecir a otras personas. Viniste al mundo *para que tengamos vida, ¡y la tengamos en abundancia!*

En tu generoso nombre, Jesús,
Amén

Salmos 18:1-2; Proverbios 29:25; Juan 10:10

28 de agosto

Dios fiel:

Mis tiempos están en tus manos, así que mi mejor respuesta a las circunstancias que enfrento es *confiar en ti.* Me estás entrenando para sentirme seguro en medio del cambio y la incertidumbre. He descubierto que en realidad puede ser un gran alivio no olvidarme de que el control de mi vida lo tienes tú. Cuando acepto esta condición humana mientras descanso en tu soberanía, me siento cada vez más libre.

Sé que es importante no ser pasivo o fatalista, sino usar la energía y las habilidades que me has dado, dedicándome más y más a *la oración*. Me has estado enseñando a orar por todo y a buscarte en cada momento. ¡Estoy aprendiendo a buscarte en los lugares inesperados, porque tú eres un Dios de sorpresas!

Ayúdame a *regocijarme en este día que has hecho*; por favor orquesta sus detalles y acontecimientos de acuerdo a tu voluntad. Dado que tú tienes el control de *mis tiempos*, no necesito estar ansioso por intentar que las cosas sucedan más rápido. La prisa y la ansiedad van de la mano, y me has instruido a que *no esté ansioso.* Así que te invito a que marques el paso, bendiciéndome con una *paz que sobrepasa todo entendimiento.*

En tu nombre digno de confianza, Jesús,
Amén

Salmos 31:14-15 (RVR1960);
Salmos 118:24; Filipenses 4:6-7

29 de agosto

Bendito Jesús:

Ayúdame a no tener miedo de ser feliz. A veces, la ansiedad se inmiscuye en mis momentos de despreocupación. Empiezo a preguntarme si hay cosas que debería hacer o planes que debería ejecutar. Mi sentimiento subyacente es que realmente no es seguro bajar la guardia y saborear el momento. Sin embargo, sé que este tipo de pensamiento es incorrecto. Como te pertenezco, puedo esperar experimentar cierta felicidad, incluso en este mundo profundamente dislocado.

La Biblia me enseña a *dejar de esforzarme* —a estar quieto, relajarme— *y saber que tú eres Dios.* Solía pensar que necesitaba tener todo listo y organizado antes de poder relajarme y disfrutar de tu presencia. No obstante, luego consideré el contexto general de este mandato: *aunque la tierra sufra cambios y los montes se deslicen al fondo de los mares.* ¡El salmista que escribió estas palabras estaba describiendo una terrible catástrofe! Así que no tengo que esperar hasta que se resuelvan todos mis problemas para atreverme a ser feliz. Este mismo momento es el instante perfecto para *deleitarme en ti.*

Señor Jesús, elijo disfrutarte aquí y ahora.

En tu nombre jubiloso,
Amén

Salmos 144:15; Salmos 46:10;
Salmos 46:1-2; Salmos 37:4

30 de agosto

Precioso Señor Jesús:

Ayúdame a mirar en la dirección correcta a medida que avanzo en este día. En el mundo que me rodea hay vistas de una belleza exuberante, así como hay páramos oscuros y feos. Cuando siento que voy en el camino correcto — hacia lo que es *verdadero, justo y honorable*— me siento animado y fortalecido. Me creaste con una maravillosa capacidad para disfrutar de la belleza y la bondad. Mi alma resuena con estas bendiciones y saca fuerza de ellas.

Todos los días me encuentro con algunas cosas que me hacen estremecer, que son malas y feas. Ayúdame a lidiar con estas situaciones sin dejar que se conviertan en mi enfoque. Necesito traerte estos asuntos y buscar tu perspectiva. Entonces podré seguir mi camino alegremente. Me siento bendecido al escucharte decir una y otra vez: «Amado, mira el camino *correcto*».

Este mundo en su condición de caído nunca podrá satisfacerme por completo. Anhelo la perfección, y solo *tú* eres el cumplimiento de ese profundo anhelo. Eres perfecto y santo, pero eliges permanecer cerca de mí mientras camino por este mundo manchado de pecado. Cuando miro el camino correcto, te veo a ti y tus bendiciones, entonces *el gozo de tu presencia* brilla intensamente sobre mí.

En tu nombre santo y perfecto,
Amén

Filipenses 4:8; Números 6:24-25;
Hechos 2:28

31 de agosto

Jesús, mi espléndida compañía:

Deseo caminar contigo en estrechos y confiados lazos de amor de alegre dependencia. La compañía que me ofreces brilla con preciosas promesas de la Biblia: me amas con *amor perfecto y eterno.* Siempre estás conmigo, en cada momento de mi vida. Tú sabes todo sobre mí y ya pagaste el castigo por todos mis pecados. Mi herencia, *guardada en el cielo para mí, nunca perecerá, ni se estropeará, ni se marchitará.* ¡Me guías a través de mi vida y *luego me recibirás en la gloria*!

Me has mostrado que la dependencia es una parte ineludible del ser humano; me diseñaste para confiar en ti continuamente. Ayúdame a ver mi constante necesidad de ti como una bendición. Cuando acepto mi condición de dependencia y dejo de esforzarme por ser autosuficiente, mi conciencia de tu amorosa presencia aumenta. Acércame más a ti, Señor, para que pueda disfrutar de tu maravillosa compañía.

Me deleito en tu invitación a caminar contigo en alegre dependencia por el camino de mi vida. Y me encanta escucharte susurrar: «Amado, estoy contigo».

En tu maravilloso nombre,
Amén

JEREMÍAS 31:3; EFESIOS 1:7-8;
1 PEDRO 1:3-4; SALMOS 73:24

Septiembre

«Porque Yo soy el Señor tu Dios,
que sostiene tu diestra, que te dice:
"No temas, Yo te ayudaré"».

Isaías 41:13

1 de septiembre

Salvador glorioso,

¡Lléname con tu amor, tu alegría y tu paz en una medida cada vez mayor! Esos son dones de gloria que fluyen de tu presencia viviente. Sé que soy solo un *vaso de barro*, pero me regocijo de que me hayas diseñado para rebosar de tu contenido celestial. He aprendido que mi debilidad no es un impedimento para ser lleno de tu Espíritu. Por el contrario, mi insuficiencia proporciona el escenario perfecto para que tu poder brille más.

Mientras camino contigo en este día, ayúdame a seguir confiando en que me irás brindando la fuerza que necesito momento a momento. No quiero desperdiciar mi preciosa energía preguntándome si tengo suficiente resistencia para el viaje de hoy. En cambio, puedo descansar sabiendo que tu Espíritu dentro de mí es más que suficiente para manejar todo lo que se me presente.

Señor, tú me brindas todo lo que necesito. *En la quietud* (pasando tiempo a solas contigo) y *en la confianza* (dependiendo de tu idoneidad) *está mi poder.*

En tu poderoso nombre, Jesús,
Amén

2 Corintios 4:7; Efesios 3:16; Isaías 30:15

2 de septiembre

Querido Jesús:

Mi inclinación natural es lamentarme o huir de las dificultades de mi vida. Sin embargo, tú me has estado mostrando que estos problemas no son errores aleatorios; son bendiciones hechas a mano diseñadas para mi beneficio y crecimiento. Ayúdame a aceptar todas las circunstancias que permites en mi vida, confiando en que sacarás lo mejor de ellas. En lugar de temerles a los problemas, quiero ser capaz de verlos como oportunidades para confiar más plenamente en ti.

Cada vez que empiezo a sentirme estresado, puedo dejar que esos sentimientos me recuerden mi necesidad de ti. De esta manera, mis luchas se convierten en puertas a una dependencia más profunda de ti, aumentando mi intimidad contigo. Aunque la autosuficiencia es aclamada en el mundo, me doy cuenta de que en realidad es una forma de idolatría. En lugar de intentar ser autosuficiente, deseo volverme cada vez más dependiente de ti.

Señor, te agradezco por las dificultades que encuentro en este mundo caído. ¡Y espero pasar la eternidad contigo, disfrutando de una vida infinita y libre de problemas en tu gloriosa presencia!

En tu nombre santo y temible,
Amén

Juan 15:5; 2 Corintios 4:7-8; Efesios 5:20

3 de septiembre

Mi amoroso Dios:

¡Tú eres *mi fortaleza*! Esta promesa es una cuerda salvavidas llena de aliento y esperanza, y siempre está disponible para mí. En los días en que me siento fuerte, aprecio esta verdad, pero en tales circunstancias no me habla con tanta fuerza. Es cuando me siento débil cuando me aferro a este seguro salvavidas con gratitud. Sé que en cualquier momento puedo clamar a ti: «*¡Señor, sálvame!*».

Estoy agradecido de que *me salves en tu misericordia*. Si siento que me estoy hundiendo en mis luchas, es crucial aferrarme a algo que no me fallará, algo a lo que pueda confiarle mi propia vida. Tu poderosa presencia no solo me fortalece, sino que me mantiene cerca y no me abandona. ¡Ayúdame a recordar que me tienes agarrado firmemente en todo momento!

Debido a que siempre estás cerca, no necesito temer ser débil. De hecho, tu Palabra me dice que *tu poder se perfecciona en mi debilidad:* ambas cosas encajan como una mano en un guante. Permíteme estar agradecido por mis debilidades, confiando en tu fuerza siempre presente.

En tu nombre fuerte, Jesús,
Amén

SALMOS 59:17; MATEO 14:30;
SALMOS 31:16; 2 CORINTIOS 12:9

4 de septiembre

Dios todopoderoso:

Mi mundo se ve sombrío y amenazador, así que me acerco más a ti. *Derramo mi corazón delante de ti*, confiando en que estás escuchando y te preocupas por mí. Encuentro mucho consuelo en tu soberanía, sabiendo que tienes el control incluso cuando las cosas en este mundo caído parecen terriblemente fuera de control.

Cuando estoy luchando con el quebrantamiento de este mundo, encuentro fuerza y aliento en las Escrituras. Me reconfortan especialmente las palabras que escribió el profeta Habacuc mientras esperaba la brutal invasión babilónica de Judá. Después de describir circunstancias absolutamente desesperadas, concluyó: «*Con todo, yo me alegraré en el Señor, me regocijaré en el Dios de mi salvación*».

Gracias, Señor, por permitirme luchar contigo con respecto a mis profundas preocupaciones. Llévame a un lugar de confianza segura y gozo trascendente, tal como lo hiciste con Habacuc. No puedo comprender tus caminos misteriosos, pero puedo *esperar en ti* y *alabarte por la ayuda de tu presencia. ¡Tú eres mi fortaleza!*

En tu nombre lleno de esperanza, Jesús,
Amén

Salmos 62:8; Habacuc 3:17-19; Salmos 42:5

5 de septiembre

Queridísimo Jesús:

Mi vida es un regalo precioso que me has dado. Así que abro las manos y el corazón para recibir con gratitud este nuevo día. Me encanta relacionarme contigo como mi Amigo y Salvador, pero necesito recordar que tú también eres mi Dios Creador. La Biblia proclama que *todas las cosas fueron creadas por medio de ti y para ti.* A medida que las horas pasan, te pido que me ayudes a encontrar señales de tu presencia permanente en el camino. Y a sintonizar mi corazón para escucharte susurrar: *«Estoy contigo y te guardaré dondequiera que vayas».*

En los días brillantes y alegres, puedo hablarte sobre los placeres que brindas. ¡Agradecerte por ellos hace que mi alegría se expanda exponencialmente! En los días oscuros y difíciles, puedo tomar tu mano con confianza y dependencia, aferrándome a tu promesa de que *me cuidarás.*

Mi vida física es un regalo asombroso, pero mi vida espiritual es un tesoro de valor *infinito.* Debido a que te pertenezco, viviré contigo para siempre, disfrutando de un cuerpo glorificado que nunca se enfermará ni se cansará. ¡Gracias por el regalo invaluable de la salvación *por gracia a través de la fe*!

En tu nombre salvador,
Amén

COLOSENSES 1:16; GÉNESIS 28:15;
ISAÍAS 41:13; EFESIOS 2:8

6 de septiembre

Confiable Jesús:

¡Ayúdame a vencer mi incredulidad! Estoy tratando de aprender un nuevo hábito, diciendo en respuesta a cualquier cosa que me suceda: «Confío en ti, Jesús». Este no es un hábito que me sea fácil de formar, pero estoy descubriendo que vale la pena el esfuerzo. La práctica de afirmar mi fe en ti me ayuda a verte en cada situación.

Me gusta dedicar tiempo a pensar en lo verdaderamente digno de confianza que eres, deleitándome en *tu gran amor* y meditando en *tu poder y tu gloria*. Cuando reconozco tu control soberano sobre todo, puedo ver los acontecimientos a través de la luz de tu presencia permanente. Entonces el miedo pierde su control sobre mí. Las adversidades se convierten en oportunidades de crecimiento cuando afirmo mi confianza en ti sin importar las circunstancias. Y soy más agradecido por las bendiciones al darme cuenta de que todas fluyen de tu mano llena de gracia.

Esta práctica me mantiene cerca de ti y fortalece nuestra relación. Confío en ti, Jesús. ¡Ayúdame a confiar en ti cada vez más!

En tu nombre inquebrantable,
Amén

Marcos 9:24; Salmos 143:8 (nvi);
Salmos 63:2; Isaías 40:10-11

7 de septiembre

Oh Señor:

Tú eres mi lámpara; tú conviertes mis tinieblas en luz. Estás conmigo y dentro de mí. *Tú eres la luz del mundo.* Todos los días encuentro oscuridad en el mundo y en mi propio corazón, pero *confío, porque sé* que *tú has vencido al mundo.* Entonces, en lugar de enfocarme en las cosas hirientes e incorrectas, elijo enfocarme *en ti*, el resplandeciente vencedor.

Me has llamado a caminar contigo por *caminos de paz.* Sin embargo, muchas distracciones tiran de mi conciencia y tengo responsabilidades muy reales en mi vida. Por favor, ayúdame a dirigir mis pensamientos hacia ti cada vez más, disfrutando de la paz de tu presencia tanto en los momentos difíciles como en los apacibles. Ciertamente no puedo hacer esto a la perfección, pero *puedo* ir progresando poco a poco. Cuando dirijo mi atención a ti, Jesús, ¡las tinieblas retroceden ante tu invencible luz! Así es como tú *alumbras mi oscuridad.*

En tu esplendoroso nombre, Jesús,
Amén

2 Samuel 22:29; Juan 8:12;
Juan 16:33; Lucas 1:76, 79

8 de septiembre

Amado Jesús:

Tú les enseñaste a tus discípulos que *cada día tiene bastantes problemas propios*. Así que puedo esperar encontrarme con *algunos* problemas todos los días. Ayúdame a manejar con calma y confianza las dificultades que se me presenten. Es reconfortante recordar que los acontecimientos que encuentro en mi camino *no* te sorprenden. Tú eres *el Principio y el Fin*; ¡tú lo sabes todo! Además, estás continuamente conmigo, para guiarme y consolarme mientras atravieso tiempos turbulentos.

Tener *suficientes* problemas cada día puede incluso ser una bendición: manteniéndome enfocado en el presente. Mi mente activa busca desafíos que considerar. Si no tengo suficiente para ocupar mi mente hoy, es más probable que me preocupe por el futuro.

He aprendido que las dificultades pueden acercarme más a ti cuando colaboro contigo en su manejo. A medida que tú y yo lidiamos con mis problemas *juntos*, gano confianza en mi capacidad para enfrentarlos y disfrutar de tu cercanía. ¡El placer de tu compañía me bendice inmensamente!

En tu nombre fascinante,
Amén

Mateo 6:34; Apocalipsis 21:6; Romanos 12:12

9 de septiembre

Dios, compasivo:

Qué reconfortante es saber que *me has despejado el camino, así que mis tobillos no flaquean*. Debido a que sé que tienes el control, no necesito preocuparme por lo que sucederá ni preguntarme si podré arreglármelas cuando alguna dificultad me ocurra. Me doy cuenta de que solo *tú* sabes lo que realmente me depara el futuro, y eres el único que comprende por completo de lo que soy capaz. Además, puedes modificar mis circunstancias en cualquier momento, de forma gradual o en un segundo. De hecho, incluso puedes despejar el camino que estoy transitando en este momento.

Deseo que me ayudes a comprender lo intrincadamente involucrado que estás en cada aspecto de mi vida. Siempre me estás cuidando, modificando mis circunstancias para protegerme de dificultades innecesarias. Tu Palabra dice que *eres un escudo para todos los que se refugian en ti*. Estoy aprendiendo que mi papel en nuestro viaje aventurero es confiar en ti, mantenerme en comunicación contigo y caminar a tu lado en pasos de gozosa dependencia.

Sé que no se trata de eliminar toda la adversidad de mi vida, pero estoy agradecido de que vayas delante de mí y despejes mi camino. Esta es una de las muchas formas en que *me bendices y me guardas*.

En tu bendito nombre, Jesús,
Amén

Salmos 18:36 (nvi); Salmos 18:30 (nvi);
Números 6:24-26

10 de septiembre

Jesús precioso:

Ayúdame a mantener mis ojos en ti y a dedicarte mis más grandes pensamientos. Me desanimo fácilmente cuando me concentro en cosas menos importantes: las malas noticias, la crisis económica, las enfermedades entre mis seres queridos, mis propias angustias y demás. Este mundo está lleno de problemas, pero no quiero que las dificultades sean mi enfoque principal. Te ruego que me sigas recordando que estás conmigo y que *tú has vencido al mundo*. Aunque eres un Dios infinito, estás más cerca que el aire que respiro. *Rey de reyes y Señor de señores*. También eres mi Salvador amoroso y mi Amigo fiel. ¡En ti tengo todo lo que necesito!

Una de mis formas favoritas de aumentar mi conciencia de tu grandeza es alabándote. ¡Esto me conecta de una manera gloriosa contigo: Padre, Hijo y Espíritu Santo! Mi adoración hace retroceder la oscuridad y expande tu reino de luz en el mundo. Soy bendecido cuando te alabo leyendo o cantando salmos. Llenar mi mente con la verdad bíblica me fortalece y me prepara para resistir el desánimo. A medida que surgen problemas, es crucial para mí acercarme a ti y pasar tiempo pensando en quién eres: ¡mi Salvador y Amigo, *Dios todopoderoso*!

En tu exaltado nombre,
Amén

Juan 16:33; Apocalipsis 19:16;
Apocalipsis 1:8

11 de septiembre

Mi Dios Salvador:

A medida que el mundo aumenta en inseguridad, necesito volver mi atención hacia ti cada vez más. Ayúdame a recordar que estás conmigo en *todo* momento y que ya obtuviste la victoria final. Como *yo estoy en ti y tú estás en mí*, tengo una eternidad de vida libre de estrés esperándome en el cielo, donde no habrá ni rastro de miedo o preocupación. En cambio, experimentaré una paz perfecta y un amor ilimitado en tu presencia. ¡Incluso ahora, pensar en este glorioso futuro contigo, *el Rey de la gloria*, me inunda de alegría!

Reflexionar sobre esta *esperanza futura* me fortalece y me anima mientras sigo viviendo en este mundo profundamente caído. Siempre que empiece a sentirme ansioso por algo que he visto, escuchado o pensado, por favor, pídeme que te transmita esta preocupación directamente a ti. Sé que eres *tú* quien me da seguridad, pase lo que pase. Cuando mi mente se vuelva hacia una forma idólatra para tratar de sentirme seguro, recuérdame que me diga la verdad a mí mismo: «*Eso* no es lo que me hace seguro». Esto me libera para volverme hacia ti y pensar en quién eres: el Salvador victorioso que también es mi Amigo para siempre. ¡En ti estoy absolutamente seguro!

En tu nombre triunfante, Jesús,
Amén

JUAN 14:20; SALMOS 24:7;
PROVERBIOS 23:18; JUAN 15:13

12 de septiembre

Mi Señor viviente:

Mientras enfoco mi atención en ti, anhelo que el rocío de tu presencia refresque mi mente y mi corazón. Muchas cosas compiten por mi atención en estos tiempos complejos de comunicación instantánea. El mundo ha cambiado enormemente desde que dijiste por primera vez: «*Estén quietos y sepan que yo soy Dios*». No obstante, me doy cuenta de que esta verdad eterna es esencial para el bienestar de mi alma. Así como el rocío refresca la hierba y las flores durante la quietud de la noche, tu presencia me revitaliza mientras paso tiempo en silencio contigo.

Cuando mi mente se refresca y revitaliza, puedo distinguir qué es importante y qué no lo es. En su estado natural, mi mente se atasca fácilmente en los asuntos triviales. Como las ruedas de un automóvil hundidas en el barro giran en vano, así los engranajes de mi cerebro giran con impotencia cuando me concentro en algo insignificante. Sin embargo, tan pronto como empiezo a comunicarme contigo sobre el asunto, mis pensamientos cobran fuerza y puedo pasar a preocupaciones más importantes.

Te ruego que pongas tus pensamientos en mi mente cada vez más. Ayúdame a no interrumpir mi comunicación contigo.

En tu nombre reconfortante, Jesús,
Amén

HEBREOS 3:1; SALMOS 46:10; LUCAS 10:39-42

13 de septiembre

Jesús, mi refugio:

Tu Palabra dice que *tú eres un escudo para todos los que en ti se refugian*. Ayúdame a recordar esta preciosa promesa cuando mi mundo se sienta amenazador e inseguro. ¡Qué reconfortante es saber que tú personalmente proteges a *todos* los que hacen de ti un refugio! Eres un lugar seguro en medio de los problemas.

Refugiarme en ti implica *confiar en ti* y *derramarte mi corazón*. Estoy aprendiendo que no importa lo que esté sucediendo en mi vida, siempre es el momento adecuado para expresar mi confianza en ti. Por supuesto, a veces tengo que atender las demandas de mis circunstancias antes de hacer una pausa para abrirte mi corazón. Sin embargo, puedo susurrar mi confianza y esperar hasta encontrar el momento y el lugar adecuados para expresarte mis emociones. Entonces, cuando las circunstancias lo permitan, podré hablar libremente en la seguridad de tu presencia. Esta rica comunicación contigo me brinda un verdadero alivio. También fortalece nuestra relación y me ayuda a encontrar el camino que debo seguir.

Me alegra el hecho de que tu presencia protectora esté permanentemente disponible para mí. Siempre que siento miedo, me gusta volverme a ti y decirte: «Jesús, mi refugio eres tú».

En tu nombre protector,
Amén

2 Samuel 22:31 (nvi); Salmos 46:1;
Salmos 62:8

14 de septiembre

Queridísimo Jesús:

¡Tú eres digno de toda mi confianza y mi seguridad! Por eso, en lugar de dejar que los acontecimientos mundiales me asusten, voy a poner toda mi energía en confiar en ti y en buscar evidencias de tu presencia en el mundo. Me encanta susurrar tu nombre, conectar mi corazón y mi mente contigo. *Tú estás cerca de todos los que te invocan.* Envuélveme en tu presencia permanente y consuélame con tu paz.

Ayúdame a recordar que eres amor y fidelidad al mismo tiempo. *Tu amor llega al cielo y tu fidelidad alcanza las nubes.* Esto significa que nunca podré alcanzar los límites de tu amor; ¡Este es ilimitado y eterno! Además, puedo permanecer sobre la roca de tu fidelidad, sin importar las circunstancias a las que me enfrente.

Me doy cuenta de que poner mi confianza en mis habilidades, educación o éxito es inútil y te provoca pena. Enséñame a depositar toda mi confianza en *ti*, ¡el Salvador cuya muerte en sacrificio y resurrección milagrosa me abrió el camino a la *gloria eterna*!

En tu impresionante nombre,
Amén

Salmos 145:18; Salmos 36:5 (nvi);
2 Corintios 4:17

15 de septiembre

Dios fiel:

Necesito dejar de intentar arreglar las cosas antes de que llegue su momento. Ayúdame a aceptar las limitaciones de vivir un día a la vez. Cuando algo me llama la atención, puedo hacer una pausa y preguntarte si es parte de la agenda de hoy para mí. Si no es así, puedo dejarlo bajo tu cuidado y custodia, pasando a las responsabilidades del momento presente. Descubrí que cuando sigo esta práctica, hay una hermosa simplicidad en mi vida: *un tiempo para todo* y todo a su tiempo.

Has prometido muchas bendiciones a *quienes esperan en ti: fuerzas renovadas*, resurgimiento de la esperanza, conciencia de tu presencia continua. Esperar en ti me permite glorificarte viviendo en profunda dependencia de ti, listo para hacer tu voluntad.

He descubierto que vivir cerca de ti hace que mi vida sea menos complicada y no tan desordenada. Aunque el mundo que me rodea parece dislocado y confuso, me alegro de que *hayas vencido al mundo.* Gracias por *decirme estas cosas, para que en ti tenga paz.*

En tu maravilloso nombre, Jesús,
Amén

Eclesiastés 3:1-2; Isaías 40:30-31;
Juan 16:33

16 de septiembre

Misericordioso Jesús:

Cuando estoy pasando por momentos oscuros, especialmente difíciles para mí, tiendo a proyectar esa oscuridad al futuro. Y al hacerlo, me doy cuenta de que mientras más lucho con las circunstancias adversas, más oscuro veo el camino por delante, y más difícil es imaginarme caminando de nuevo por senderos iluminados. Me siento tentado a rendirme y dejar que la tristeza se apodere de mí; sin embargo, sé que tú, Jesús, eres mi compañero constante. Así que ayúdame a aferrarme a ti, confiando en que eres capaz de *alumbrar mis tinieblas.*

En lugar de concentrarme en las circunstancias que me agobian, necesito mirarte, recordando que *estás continuamente conmigo. Me tomas de la mano derecha* y me animas a *andar por fe* en las tinieblas. A través de los ojos de la fe, puedo anticipar tiempos más brillantes que se avecinan y alabarte por ellos. Mientras avanzo en adoración contigo a través de la oscuridad, me permites ver *la luz de la aurora* en el camino que tengo ante mí. Ayúdame a perseverar en este camino, confiando en que *la tenue luz irá aumentando su resplandor, hasta que sea pleno día.*

En tu nombre espectacular,
Amén

Salmos 18:28; Salmos 73:23;
2 Corintios 5:7; Proverbios 4:18

Septiembre 17

Dios misericordioso:

Tu Palabra dice que puedo *echar mis cargas sobre ti y tú me sustentarás*. ¡He estado llevando mis propias cargas y eso ha terminado por agotarme! Mis hombros no son lo suficientemente fuertes para soportar cargas tan pesadas, así que ayúdame a depositarlas sobre ti.

Cuando me doy cuenta de que algo me agobia, necesito examinar el problema para averiguar si es mío o de otra persona. Si no es mío, simplemente puedo soltarlo y desentenderme de él. Si es mío, lo hablaré contigo y te pediré que me muestres cómo debo enfrentarlo.

Mi tendencia habitual es dejar que las preocupaciones me agobien, convirtiéndose en mi centro de atención. Te ruego que me sigas recordando que te lleve mis preocupaciones y las deje contigo. Sé que puedes llevarlas sobre tus fuertes hombros con facilidad. Entregarte mis cargas aligera mis hombros y me libera para vivir en gozosa dependencia de ti.

Señor, tu compromiso de *sustentarme* y proporcionarme lo que necesito me alienta y fortalece. ¡Me regocijo en tu promesa de *proveer a todas mis necesidades de acuerdo con tus riquezas en gloria*!

En tu magnífico nombre, Jesús,
Amén

SALMOS 55:22; ISAÍAS 9:6; FILIPENSES 4:19

18 de septiembre

Poderoso Señor:

Ayúdame a *confiar en ti y no tener miedo*, sin olvidar que *tú eres mi fortaleza y mi canción*. El solo pensar en lo que significa que tú eres mi fortaleza me bendice. Con tu palabra hiciste que el universo existiera: ¡tu poder es absolutamente ilimitado! Cuando confronto mi debilidad y te la confío, tu poder puede fluir libremente dentro de mí. Sin embargo, he descubierto que mis miedos pueden obstaculizar el flujo de tu fuerza. He aprendido que tratar de luchar contra mis miedos es contraproducente, porque me mantiene enfocado en el miedo en lugar de en ti. En cambio, necesito concentrarme en *tu gran fidelidad*. Cuando me relaciono contigo con confianza, no hay límite en cuanto a lo que puedes fortalecerme.

Estoy agradecido de que seas *mi canción* y de que compartas tu alegría conmigo. Anhelo ser cada vez más consciente de tu presencia, porque en ella *hay plenitud de gozo*. Oh Señor, me regocijo mientras viajo contigo hacia mi hogar celestial, ¡y me uno a ti para cantar tu canción!

En tu gozoso nombre, Jesús,
Amén

Isaías 12:2-3; Salmos 56:3;
Lamentaciones 3:22-23; Salmos 16:11

19 de septiembre

Soberano Dios:

Tu Palabra me dice que *por el camino de la sabiduría me has conducido y por sendas de rectitud me has guiado.* Sin embargo, a veces me siento muy confundido, luchando por encontrar el camino correcto. He intentado muchas cosas, y en ocasiones he tenido muchas esperanzas. No obstante, por muchas esperanzas que llenen mis caminos, han terminado decepcionándome. Estoy agradecido de que comprendas lo difícil que ha sido mi viaje. Aunque deseo que las circunstancias sean más fáciles, creo que puedes sacar algo bueno de cada parte de mis conflictos.

Ayúdame a caminar por *el camino de la sabiduría*, confiando en ti sin importar lo que suceda en mi vida. Sé que una confianza inquebrantable en ti es esencial para encontrar y seguir el camino correcto. A medida que avanzo en mi viaje, me encuentro con muchas cosas que parecen accidentales o incorrectas. Sin embargo, creo que tú estás reuniendo todo eso en un *plan para bien*: tu plan maestro.

Me doy cuenta de que solo puedo ver una pequeña parte de un cuadro enormemente grande. Desde mi limitado punto de vista, mi viaje parece confuso, con giros y vueltas desconcertantes. Pero estoy aprendiendo a *andar por fe, no por vista*, confiando en que tú me estás *guiando por sendas de rectitud.*

En tu grande y sabio nombre, Jesús,
Amén

Proverbios 4:11; Romanos 8:28;
Proverbios 20:24; 2 Corintios 5:7

20 de septiembre

Magnífico salvador:

Entro a tu presencia buscando descanso. Mi mente necesita un descanso de sus juicios habituales. Emito juicios sobre esta situación, aquella situación, esta persona, aquella persona, incluso sobre el clima, como si juzgar fuera la descripción de mi trabajo. Sin embargo, la Biblia me dice que tú me creaste ante todo para *conocerte* y vivir en rica comunión contigo. Cuando me preocupo por enjuiciar a algo o a alguien, estoy usurpando tu papel. Ayúdame a apartarme de esta actitud pecaminosa y seguir volviéndome a ti, viviendo con gozosa conciencia de tu amorosa presencia.

Enséñame a relacionarme contigo como la criatura con el Creador, la oveja con el pastor, el súbdito con el rey y la arcilla con el alfarero. Quiero que sigas marcándome tu camino para mi vida cada vez más. En lugar de evaluar los caminos que tienes para mí, necesito aceptarlos con confianza y agradecimiento. Me doy cuenta de que la intimidad que me ofreces no es una invitación a actuar como si fuera tu igual. El deseo de mi corazón es adorarte como *Rey de reyes* mientras camino de la mano contigo en el camino de mi vida.

En tu glorioso nombre, Jesús,
Amén

Mateo 7:1; Juan 17:3; Romanos 9:20-21; Apocalipsis 19:16

21 de septiembre

Precioso Señor Jesús:

Tú eres *Emmanuel, Dios con nosotros*, ¡y eres suficiente! Cuando las cosas en mi vida fluyen sin problemas, es fácil para mí confiar en tu suficiencia. Sin embargo, cuando encuentro situaciones difíciles —una tras otra tras otra— a veces siento que tu provisión es inadecuada. En momentos como esos, mi mente tiende a ir a toda velocidad, obsesionada con las formas de mejorar las cosas. Me he dado cuenta de que la resolución de problemas puede convertirse en una adicción. Hay momentos en que mi mente da vueltas con tantos planes y posibilidades que me siento confundido y exhausto.

En lugar de concentrarme demasiado en los problemas, necesito recordar que *tú siempre estás conmigo*, cuidándome. Ayúdame a *regocijarme en ti* y a proclamar tu suficiencia incluso en mis momentos más difíciles. Esta es una respuesta sobrenatural, y debo confiar en tu Espíritu a fin de que me dé el poder para hacerlo. También tengo que disciplinarme para tomar decisiones acertadas, día a día y momento a momento. Señor, elijo *gozarme en ti, mi Salvador*, ¡porque en verdad eres suficiente!

En tu nombre todo suficiente,
Amén

MATEO 1:21-23; MATEO 28:20; HABACUC 3:17-18

22 de septiembre

Mi apasionado Señor:

¡Tu misericordia me seguirá todos los días de mi vida! Así que buscaré señales de tu amorosa presencia a medida que atravieso este día. Te revelas a mí de diversas formas: con palabras de las Escrituras justo cuando las necesito, palabras útiles dichas a través de otras personas, «coincidencias» orquestadas por tu Espíritu, la belleza de la naturaleza, y cosas por el estilo. Tu amor por mí no es pasivo. ¡Me persigue activamente y salta a mi vida! Señor, abre los ojos de mi corazón para que pueda «ver» que tú me bendices de muchas maneras, tanto pequeñas como grandes.

No solo deseo recibir tus abundantes bendiciones, sino también tomar nota de ellas, atesorarlas y *meditarlas en mi corazón*. Estoy agradecido por las innumerables formas en que te muestras en mi vida. Me gusta escribir algunas de estas bendiciones para poder disfrutarlas una y otra vez. Estas señales de tu presencia me fortalecen y me preparan para cualquier dificultad que encuentre en el camino que tengo por delante. ¡Ayúdame a recordar que *nada en toda la creación puede separarme de tu amor*!

En tu nombre conquistador, Jesús,
Amén

SALMOS 23:6; SALMOS 119:11;
LUCAS 2:19; ROMANOS 8:39

23 de septiembre

Mi gran Dios:

Estoy agradecido de que *tus misericordias jamás terminan; son nuevas cada mañana.* ¡Por eso, puedo comenzar cada día con confianza, sabiendo que tu vasto depósito de bendiciones está lleno hasta el borde! Este conocimiento me ayuda a esperar en ti, confiando mis oraciones tanto tiempo aun sin respuesta a tu cuidado y custodia. Confío en que ni una sola de mis peticiones te haya pasado desapercibida. Mientras espero en tu presencia, ayúdame a beber profundamente de tu fuente de amor ilimitado y tu compasión inagotable. Estas provisiones divinas están disponibles gratuitamente para mí y son esenciales para mi salud espiritual.

Aunque muchas de mis oraciones aún no han sido respondidas, encuentro esperanza en *tu gran fidelidad.* Tú guardas *todas* tus promesas, a tu manera perfecta y en tu momento perfecto. Me has prometido darme una paz que pueda desplazar la angustia y el miedo que se anidan en mi corazón. Si me canso de esperar, recuérdame que tú también esperas, *para que así puedas ser compasivo conmigo y tener piedad de mí.* Te contienes hasta que yo esté listo para recibir las cosas que con amor has preparado para mí. Al pasar tiempo en tu presencia, me alegro en la promesa de *que todos los que esperan en ti serán bendecidos.*

En tu nombre amable, Jesús,
Amén

LAMENTACIONES 3:22-24;
JUAN 14:27; ISAÍAS 30:18

24 de septiembre

Amado Señor Jesús:

Por favor, infunde tu paz en lo más íntimo de mi ser. Mientras permanezco en silencio en la luz de tu presencia, anhelo sentir tu paz fluyendo dentro de mí. Esto no es algo que pueda lograr a través de la autodisciplina y la fuerza de voluntad; es una cuestión de disponerme a recibir tu bendición.

En esta era de independencia, resulta contracultural y contradictorio que yo reconozca mi necesidad. No obstante, me has llevado por un camino donde se ha resaltado mi necesidad de ti, colocándome en situaciones en las que mis fortalezas han sido irrelevantes y mis debilidades claramente evidentes. A través de la aridez de esas marchas desérticas, me acercaste más y más a ti. Además, me proporcionaste hermosas sorpresas en esos *lugares áridos.* ¡En ellos descubrí plantas de paz floreciendo en los sitios más desolados!

Me has estado enseñando a agradecerte por los tiempos duros y los viajes difíciles, confiando en que a través de ellos lograrás tu mejor obra. ¡Y estoy aprendiendo que necesitarte es la clave para conocerte íntimamente, lo cual es el regalo que está por sobre todos los regalos!

En tu nombre incomparable,
Amén

Juan 14:27; Isaías 58:11; Efesios 5:20

25 de septiembre

Dulce Jesús:

Cuando abrumado por los fracasos de ayer acudo a tu presencia hoy, ya estoy cansado. Ojalá pudiera deshacer las decisiones de las que ahora me arrepiento. Sin embargo, sé que el pasado está más allá del ámbito del cambio y no se puede deshacer. Incluso *tú*, aunque vivas en la intemporalidad, respetas los límites del tiempo que existen en este mundo. Así que no quiero desperdiciar energía lamentándome por las malas decisiones que he tomado. En cambio, te pido que me perdones y me ayudes a aprender de mis errores.

Abrumado por las cosas de las que me arrepiento, me siento como si estuviera arrastrando mis fallas como pesadas cadenas puestas en mis tobillos. En esos momentos, encuentro beneficioso imaginarte viniendo a mi rescate y rompiendo esas cadenas. ¡Viniste a liberar a tus seguidores, y quiero caminar en la verdad de que *soy realmente libre*!

Señor, me regocijo de que me redimas de mis fracasos, perdonándome y guiándome por caminos nuevos. Mientras hablo contigo sobre mis errores, necesito *aprender de ti*. Por favor, muéstrame los cambios que quieres que haga y *guíame por senderos de justicia.*

En tu nombre redentor,
Amén

Mateo 11:28-29; Juan 8:36; Salmos 23:3

26 de septiembre

Jesús victorioso:

Ayúdame a aceptar los problemas como elevadores de mi perspectiva. Cuando las cosas van bien en mi vida, ando como sonámbulo a través de los días, siguiendo simplemente mis rutinas. No obstante, si tropiezo con un obstáculo que bloquea mi camino, de repente me despierto y me vuelvo más atento.

He descubierto que cuando encuentro un problema sin solución inmediata, mi respuesta a ese tropiezo me lleva hacia arriba o hacia abajo. Puedo arremeter contra la dificultad, lamentándolo y compadeciéndome de mí mismo. Pero la experiencia me ha enseñado que esta actitud negativa me puede conducir fácilmente al pozo de la autocompasión. En lugar de esta respuesta hiriente, puedo ver el problema como una escalera, que me permite subir y observar mi vida desde tu perspectiva. Mirando el problema desde esa elevación, puedo ver que el obstáculo que me bloqueó es solo *un problema leve y temporal.*

Una vez que mi perspectiva se ha elevado, soy libre para apartar la mirada de la dificultad y volverme hacia ti de todo corazón. Al enfocar mi atención en ti, *la luz de tu presencia* brilla sobre mí, bendiciéndome y reconfortándome.

En tu nombre radiante y reconfortante,
Amén

2 Corintios 4:17-18;
Salmos 89:15; Números 6:24-25

27 de septiembre

Amoroso Salvador:

Ayúdame a dejar de pensar demasiado en las cosas, obsesionándome con asuntos sin importancia. Cuando mi mente está inactiva, tiendo a entrar en modo de planificación, tratando de resolver las cosas y tomar decisiones antes de que realmente lo necesite. Me doy cuenta de que esta es una forma ineficaz de intentar tener el control; también es una pérdida de un tiempo precioso. A menudo termino cambiando de opinión de todos modos, o incluso olvidándome de lo que había decidido. Sé que hay un momento para planificar, pero definitivamente no es *todo* el tiempo, ni siquiera la mayor parte.

Quiero vivir en el día de hoy, donde tu hermosa presencia me espera continuamente. Mientras me reconforto en tu cercanía, tu amor penetra hasta lo más íntimo de mi ser. Me deleito en relajarme contigo, dejando a un lado los problemas para poder estar atento a ti y ser receptivo a tu amor. *Mi alma tiene sed de ti*, pero muchas veces no me doy cuenta de que lo que realmente anhelo es ser consciente de tu presencia conmigo.

Llévame junto a aguas de reposo y restaura mi alma. Así como los enamorados pueden comunicarse profundamente con muy pocas palabras, igual sucede en mi relación contigo, el enamorado de mi alma.

En tu tierno nombre, Jesús,
Amén

EFESIOS 3:16-18; SALMOS 63:1; SALMOS 23:2-3

28 de septiembre

Poderoso Dios:

Tu mano soberana —tu control sobre mi vida— me ha colocado en circunstancias que me hacen humillarme. Me siento reprimido, retenido e impotente para cambiar las cosas. Debido a que esto me hace sentir muy incómodo, una parte de mí anhela liberarse y recuperar algo de control. Sin embargo, sé que esta posición humilde es en realidad un buen lugar para mí. Mi malestar me despierta del letargo de la rutina y me recuerda que quien está a cargo de mi vida eres *tú*.

Las dificultades que confronto me presentan una elección crucial. Puedo quejarme de mis problemas y resentirme contigo, o puedo acercarme más a ti. Cuando estoy sufriendo, mi necesidad de cercanía contigo es mayor que nunca. Mientras más elijo acercarme a ti, afirmando mi confianza en ti, más esperanza puedo encontrar *en tu gran amor*. Me estás enseñando a *gozarme en la esperanza* mientras espero en tu presencia, ¡que es donde abunda el gozo!

Ayúdame a perseverar en ti, Señor, sin olvidar que tú *me exaltarás a su debido tiempo*. Mientras tanto, seguiré *echando toda mi ansiedad sobre ti*, sabiendo que *te preocupas por mí* con afecto y *me estás cuidando continuamente*.

En tu poderoso nombre, Jesús,
Amén

Salmos 33:22 (nvi); Romanos 12:12;
Salmos 16:11; 1 Pedro 5:6-7

Generoso Señor Jesús:

Vengo a ti con un corazón agradecido, consciente de que mi copa está rebosando de bendiciones. La gratitud me permite percibirte más claramente y regocijarme en nuestra relación de amor. ¡Estoy tan agradecido de que *nada pueda separarme de tu amorosa presencia*! Esta certeza de tu continua presencia conmigo es la base de mi seguridad. Siempre que empiece a sentirme ansioso, por favor, recuérdame que mi seguridad descansa solo en ti y que tú eres digno de total confianza.

Me doy cuenta de que nunca tendré el control de las circunstancias de mi vida, pero estoy aprendiendo a relajarme y a confiar en *tu* control. Me estás enseñando a buscarte y a conocerte con mayor profundidad y amplitud, en lugar de tratar de procurarme un estilo de vida seguro y predecible. Ayúdame, Señor, a aferrarme a *ti* en vez de aferrarme a mis viejos modos. Quiero vivir mi vida como una gloriosa aventura compartida contigo, mi Amigo para siempre y Compañero constante. Siempre estás haciendo algo nuevo en mí y estás obrando en todas mis circunstancias. Así que necesito estar alerta y atento a todo lo que has preparado para mí.

En tu nombre maravilloso,
Amén

Romanos 8:38-39; Salmos 56:3-4;
Isaías 43:19

30 de septiembre

Refugio mío:

¡Tú eres digno de toda mi confianza, de toda mi seguridad! Hay personas y cosas que merecen *algo* de mi confianza y seguridad, pero solo tú lo mereces *todo*. En un mundo que parece cada vez más inseguro e impredecible, tú eres la roca que me ofrece una base firme para mi vida, *mi roca en la que me refugio.*

Debido a que tú eres *mi refugio*, mi sentido de seguridad no descansa en mis circunstancias. Mi inclinación natural es esforzarme por tener el control de mi vida, pero me estás entrenando para relajarme en *tu* control soberano. Eres *un pronto auxilio en las tribulaciones* y siempre estás presente conmigo. Ayúdame a afrontar sin miedo los cambios no deseados y las circunstancias desconcertantes.

En lugar de dejar que los pensamientos ansiosos deambulen libremente por mi mente, necesito atraparlos, expresando mi confianza en ti. Cuando traigo esos pensamientos cautivos a tu presencia, tú los sometes y me das tu paz. Como tu Palabra me asegura, *el que confía en el Señor estará seguro.*

En tu nombre fuerte, Jesús,
Amén

Salmos 18:2; Salmos 46:1-2;
2 Corintios 10:5; Proverbios 29:25

Y el Dios de la esperanza los llene de todo gozo y paz en el creer, para que abunden en esperanza por el poder del Espíritu Santo.

Romanos 15:13

1 de octubre

Querido Jesús:

¡Tú eres mi gozo! Estas cuatro palabras iluminan mi vida cuando las pienso, las susurro o las digo en voz alta. Dado que siempre estás conmigo, *la alegría de tu presencia* se encuentra continuamente disponible para mí. Puedo abrirle mi corazón a tu presencia afirmando mi confianza en ti, mi amor por ti. Tu luz brilla sobre mí y en mi interior mientras me *regocijo en ti*, mi Salvador. Me deleito pensando en todo lo que eres para mí y todo lo que has hecho a mi favor.

Cuando me convertí en tu seguidor, me diste el poder de superar las circunstancias de mi vida. Me llenaste de tu Espíritu, y este Santo Ayudador tiene un poder ilimitado. Además, prometiste que *regresarás y me llevarás contigo para que pueda estar donde tú estás...* ¡para siempre!

Cada vez que mi mundo se pone oscuro, enfocarme en ti, *la Luz del mundo*, ilumina mi perspectiva. Mientras me relajo en tu presencia, casi puedo escucharte susurrar: «Amado, yo soy tu gozo».

En tu hermoso nombre,
Amén

Salmos 21:6; Filipenses 4:4;
Juan 14:3; Juan 8:12

2 de octubre

Dios glorioso:

¡Me deleito con la asombrosa verdad de que *serás mi guía hasta la muerte*! Qué reconfortante es saber que Aquel que me guía cada día nunca me abandonará. Tú eres la constante con la que siempre puedo contar; el que va delante de mí, abriendo el camino, pero que al mismo tiempo permanece junto a mí. *Me sostienes de la mano derecha, me guías con tu consejo y después me recibirás en gloria.*

Me cuesta mucho tomar decisiones, por lo que a veces me siento tentado a depender demasiado de otras personas. Sin embargo, tú me has estado mostrando un camino mucho mejor. Gracias a que eres mi Señor y Salvador, tengo un líder completamente confiable e infinitamente sabio que *siempre está conmigo. Tú me guías en tu verdad y me enseñas*, capacitándome para tomar buenas decisiones.

Mientras viajo contigo, estoy agradecido por el magnífico mapa que me has proporcionado: la Biblia. *Lámpara es a mis pies tu Palabra, y luz para mi camino.* Ayúdame a seguir esta luz y a seguirte a ti, porque tú eres el que sabe cuál es el mejor camino para mí.

En tu nombre confiable, Jesús,
Amén

Salmos 48:14; Salmos 73:23-24;
Salmos 25:5; Salmos 119:105

3 de octubre

Querido Jesús:

Ayúdame a recordar que *no* estoy siendo juzgado. Tu Palabra me asegura que *no hay condenación para los que están en Cristo Jesús,* los que te conocen como Salvador. Gracias a tu obra terminada en la cruz ya he sido declarado en las cortes del cielo: «¡No culpable!». Tu muerte sacrificial y tu resurrección milagrosa me han liberado de la esclavitud del pecado. Quiero vivir gozosamente en esta libertad, aprender a relajarme y saborear mi posición libre de culpa en tu reino. No obstante, lucho por vivir en esta asombrosa libertad que tú ganaste para mí.

Estoy muy agradecido por la gracia que *me has prodigado.* Por favor, obra en mi corazón para que la gratitud por tu gracia alimente mi deseo de vivir de acuerdo a tu voluntad. Mientras más cerca vivo de ti, mejor puedo discernir tu voluntad y más plenamente puedo experimentar tu gozo y paz. Conocerte íntimamente me ayuda a confiar en ti lo suficiente como para recibir tu paz incluso en medio de los problemas. ¡Y *rebosar de gratitud* tiene el delicioso «efecto adicional» de aumentar mi gozo!

En tu nombre lleno de gracia,
Amén

Romanos 8:1; Juan 8:36; Efesios 1:7-8;
Colosenses 2:6-7

4 de octubre

Señor Jesús invencible:

Tú eres el fundamento y el foco de mi vida. Estoy agradecido de que seas una base tan firme: *mi roca* que no es sacudida ni siquiera por las tormentas más feroces. ¡Te alabo, poderoso Señor!

Antes de conocerte como mi Dios Salvador, no tenía nada sobre qué construir mi vida. Cada vez que intentaba hacer algo significativo, finalmente colapsaba como un castillo de naipes. Sin ti, en última instancia, todo era *«vanidad de vanidades»*. Sin embargo, desde que te convertiste en mi Salvador, he estado construyendo sobre la roca sólida de tu presencia. Algunas de las cosas en las que he trabajado han prosperado y otras no, pero yo siempre tengo *un lugar firme en el que asentar mis pies*, el cimiento que has provisto para mí.

He descubierto que la clave para la estabilidad en mi vida es *ponerte siempre delante de mí*. Cuando te convierto en mi enfoque, puedo caminar con más firmeza a lo largo del camino de mi vida. Muchas distracciones aún compiten por mi atención, pero *tú* eres el guía que siempre va adelante. Mientras sigo mirándote, puedo ver que me vas llamando —paso a paso, paso a paso— ¡todo el camino al cielo!

En tu nombre majestuoso,
Amén

2 Samuel 22:47; Eclesiastés 1:2;
Salmos 40:2; Salmos 16:8

5 de octubre

Salvador compasivo:

Tu Palabra enseña que *te preocupas por mí*, ¡que me estás cuidando! Sin embargo, cuando las condiciones que me causan problemas empeoran en lugar de mejorar, tiendo a sentir que me estás decepcionando, como si realmente no te importara todo lo que estoy pasando. Sé que fácilmente podrías cambiar mis circunstancias, pero no lo haces.

Quiero calmarme y dejar de esforzarme por controlar las cosas. Quiero renunciar a mis inútiles esfuerzos por pensar en mis problemas. Anhelo *estar quieto* en tu presencia y simplemente dejarme caer en tus fuertes brazos con un gran suspiro de confianza. Aunque hay muchas cosas que no entiendo, puedo disfrutar de tu presencia y descansar en tu amor inagotable.

Señor, tus caminos son misteriosos e insondables; tu amor es maravilloso e interminable. *Te miraré y esperaré en ti,* porque tú eres el *Dios de mi salvación*, el Dios que *me oye.*

En tu nombre salvador, Jesús,
Amén

1 Pedro 5:6-7; Salmos 46:10;
Éxodo 33:14; Miqueas 7:7 (RVR1960)

6 de octubre

Precioso Jesús:

Ayúdame a *gozarme en la esperanza*. A veces, las circunstancias de mi vida y la condición de este mundo me dificultan la alegría. Tú me has estado mostrando que la *esperanza* es uno de los mejores lugares para encontrar el verdadero gozo. Quiero conocer cada vez más *la esperanza a la que me has llamado* y *las riquezas de tu gloriosa herencia*. ¡Qué asombroso es que hayas compartido tu herencia conmigo, haciéndome coheredero contigo!

Cuando las circunstancias me agobian, ¡debo aferrarme a la esperanza de la vida querida! Esto me da poder no solo para sobrevivir, sino también para prosperar, viviendo gozosamente.

He descubierto que la esperanza es como un globo aerostático. Debido a que es por naturaleza muy optimista, puede llevarme por encima de mis problemas. Esto me permite remontarme a los cielos contigo, pudiendo ver las cosas desde una perspectiva amplia y elevada. Sin embargo, para embarcarme en este viaje celestial, debo subir a la canasta debajo del globo, confiando plenamente en que mi esperanza en ti no me defraudará.

Confío en ti, Jesús; *¡ayúdame en mi incredulidad!*

En tu exaltado nombre,
Amén

Romanos 12:12; Efesios 1:18;
Proverbios 23:18; Marcos 9:24

7 de octubre

Jesús omnipresente:

¡Anhelo entregarme de lleno a la aventura de hoy! Quiero caminar con valentía por la senda de la vida, confiando en ti, mi compañero omnipresente. Tengo todas las razones para estar confiado, porque tu presencia me acompaña todos los días de mi vida y hacia la eternidad.

Ayúdame a no ceder al miedo o la preocupación, ese par de ladrones de la vida en abundancia. Enséñame a confiar en ti lo suficiente como para enfrentar los problemas a medida que surgen. Mi tendencia natural es anticiparme y prepararme para las dificultades en un vano intento por mantener el control. Sin embargo, me has estado mostrando que si *fijo mis ojos en ti, el autor y consumador de mi fe*, muchos obstáculos en el camino por delante desaparecerán antes de que llegue a ellos.

Siempre que empiece a sentir miedo, *toma mi mano derecha* y recuérdame que estás continuamente conmigo. Tu Palabra me asegura que *ni la altura ni la profundidad, ni ninguna otra cosa en toda la creación, podrán separarme de tu amorosa presencia.*

En tu nombre triunfante,
Amén

Salmos 48:14; Hebreos 12:2;
Isaías 41:13; Romanos 8:38-39

8 de octubre

Señor encantador:

Ayúdame a no pensar en la oración como una tarea. En lugar de eso, que la vea como una comunicación con Aquel a quien adoro: ¡tú! *Deleitarme en ti* me lleva a una dulce comunión contigo. Me gusta pasar tiempo pensando en todo lo que eres para mí y todo lo que haces por mí. La Biblia me da garantías asombrosas: *tú te gozas en mí con alegría* y me amas con un amor perfecto y eterno. Mientras descanso en tu presencia, que tu ternura me abrace, convenciéndome de que en verdad soy tu amado. ¡Me gozo pensando en que nunca me abandonarás!

Una manera fácil para mí de comenzar a hablar contigo es agradeciéndote por ser mi Dios Salvador y mi Amigo del alma. También puedo darte gracias por las cosas que están sucediendo en mi vida, mi familia y más allá. Estas oraciones de acción de gracias me conectan contigo y me facilitan el camino hacia otros tipos de oraciones.

Puedo hablarte libre y confiadamente, porque tú entiendes todo sobre mí y mis circunstancias. Ya que pagaste la pena completa por todos mis pecados, sé que nunca me rechazarás. Así que soy libre de *derramar mi corazón delante de ti, confiando en que eres mi refugio.*

En tu nombre redentor, Jesús,
Amén

SALMOS 37:4 (NVI); SOFONÍAS 3:17;
SALMOS 118:28; SALMOS 62:8

9 de octubre

Admirable Consejero:

Sé que me entiendes muchísimo mejor de lo que me entiendo a mí mismo. Por eso vengo a ti con mis problemas e inseguridades, buscando tu consejo. En la luz de tu amorosa presencia, puedo verme a mí mismo como realmente soy: bellamente vestido con tu impecable rectitud. Aunque tu justicia es perfecta, me doy cuenta de que mientras viva en este mundo seguiré luchando con las imperfecciones, las mías y las de los demás. Sin embargo, tu Palabra me asegura que mi posición contigo es segura. *¡Nada en toda la creación podrá separarme de tu amor!*

Debido a que eres un gran consejero, me ayudas a reconocer la verdad y a vivir de acuerdo con ella. De modo que puedo ser honesto y franco cuando te traigo mis inquietudes. La Biblia me dice que *conocer la verdad me hará libre*, y tu maravilloso consejo me está liberando del pecado y la vergüenza.

Señor Jesús, me estás enseñando a *deleitarme en ti* por encima de todo. Me regocijo de que realmente *seas* el deseo más profundo de mi corazón. Por favor, mantenme cerca de ti, felizmente consciente de tu amorosa presencia.

En tu nombre jubiloso,
Amén

Isaías 9:6; Romanos 8:39;
Juan 8:32; Salmos 37:4

10 de octubre

Mi Jesús:

Tú conoces cada uno de mis problemas; *has recogido todas mis lágrimas y las has guardado en tu redoma*. Así que, por favor, ayúdame a no tener miedo de las lágrimas o las dificultades que las causan. Sé que mis problemas no son fortuitos ni sin sentido. Me has estado enseñando a confiar en ti y a encontrar consuelo en tu soberanía. ¡Estoy seguro de que sabes lo que estás haciendo!

Debido a que tu perspectiva es infinita —no limitada por el tiempo o el espacio— tus formas de obrar en el mundo están mucho más allá de mi comprensión. Si fuera posible para mí ver las cosas desde tu perspectiva como Dios, me maravillaría de la perfección de tu voluntad y me deleitaría con tu gloria. Sin embargo, *ahora solo veo por un espejo, veladamente,* así que debo vivir con el misterio.

Tu seguridad de que guardas mis lágrimas en tu redoma me muestra lo precioso que soy para ti. Y la Biblia promete que algún día *enjugarás toda lágrima de mis ojos. No habrá más muerte, ni duelo, ni clamor, ni dolor.* ¡Cuánto me regocijo en ese futuro glorioso y celestial que me espera!

En tu nombre victorioso,
Amén

Salmos 56:8 (rvr1960);
1 Corintios 13:12; Apocalipsis 21:4

11 de octubre

Amado Jesús:

Cuando la tarea que tengo ante mí parezca abrumadora, ayúdame a ver el desafío como un privilegio y no como un deber oneroso. Me has estado entrenando para reemplazar mi mentalidad de «tengo que hacerlo» con un enfoque de «puedo hacerlo». He descubierto que esto marca la diferencia en mi perspectiva, transformando la monotonía en placer. Me doy cuenta de que no se trata de un truco de magia; el trabajo aún está por llevarse a cabo. Sin embargo, este cambio de perspectiva me permite enfrentar la desafiante tarea con alegría y confianza.

Estoy aprendiendo que la perseverancia es esencial en mi trabajo. Si empiezo a cansarme o desanimarme, necesito recordarme a mí mismo: «¡*Puedo* hacerlo!». Señor, tengo que agradecerte por darme la fuerza y la capacidad para hacer lo que hay que hacer. El agradecimiento aclara mi mente y me acerca a ti.

Guía mi mente mientras pienso las cosas en tu presencia, reflexionando sobre los problemas y buscando soluciones. *Haga lo que haga*, quiero *trabajar en ello con todo mi corazón, como si estuviera trabajando para ti.*

En tu nombre transformador,
Amén

Colosenses 4:2; Filipenses 4:13;
Colosenses 3:23 (rvr1960)

12 de octubre

Jesús, mi tesoro:

Enséñame a vivir más plenamente en el presente, rehusándome a *preocuparme por el día de mañana*. En realidad, quiero vivir en tiempo presente en tu presencia, haciendo de *ti* el objetivo principal de mi vida. Debo reconocer que hacer esto es una gran lucha, porque mi tendencia natural es planificar y preocuparme.

Ayúdame a combatir esta tendencia. Reconozco que vivo en un mundo caído, lleno de pecado y luchas. Continuamente me enfrento a cosas que pueden ponerme ansioso si las dejo, pero tu Palabra me dice que *cada día tiene ya sus propios problemas*. Tú calibras cuidadosamente la cantidad de dificultad que encontraré en un día determinado y sabes exactamente cuánto puedo manejar. Además, siempre estás cerca, listo para fortalecerme, animarme y consolarme.

He descubierto que caminar cerca de ti es la forma más eficaz de vivir en abundancia. Necesito seguir trayendo mis pensamientos de regreso a ti cada vez que divagan. Puedo volver a ti con júbilo, sabiendo de *tu gran deleite en mí y de que te regocijas con mis cánticos*.

En tu nombre encantador,
Amén

Mateo 6:34; Isaías 41:10; Juan 10:10;
Sofonías 3:17 (rvr1960)

13 de octubre

Mi Dios viviente:

Vengo a tu amable presencia y te pido que me guíes paso a paso a lo largo de este día. Sé que proporcionas luz un día a la vez. Siempre que trato de mirar al futuro, lo que veo es oscuridad. ¡*Tu rostro resplandece sobre mí* solo en el presente! *En el presente* es donde encuentro tu amor inagotable e insaciable, más fuerte que el vínculo de una madre con su bebé lactante. *Aunque ella se llegara a olvidar del bebé que tiene en su pecho, ¡tú nunca te olvidarás de mí!* Tu Palabra me asegura que *me tienes grabado en las palmas de tus manos.*

Realmente quiero *llegar a conocer —de forma práctica, a través de la experiencia— tu amor que sobrepasa con creces el mero conocimiento.* Este es un noble objetivo, Señor. Tu Espíritu que mora en mí me ayuda y me da poder para experimentar tu amor ilimitado. ¡Anhelo *estar lleno con tu plenitud,* la medida más rica de tu divina presencia, convirtiéndome en un cuerpo completamente inundado de ti!

En tu sagrado nombre, Jesús,
Amén

Números 6:25 (rvr1960);
Isaías 49:15-16; Efesios 3:19

14 de octubre

Señor Jesús:

Se está librando una gran batalla por el control de mi mente. El cielo y la tierra se cruzan en mi cerebro; puedo sentir la influencia de ambos reinos luchando por mis pensamientos. Gracias, Señor, por crearme con la capacidad de experimentar pequeños anticipos del cielo. Cuando excluyo las distracciones y me concentro en tu presencia, puedo disfrutar tranquilo contigo *en los lugares celestiales*. Este es un privilegio increíble reservado para aquellos que te pertenecen y que buscan tu rostro. Me has inculcado un fuerte deseo de pasar tiempo en comunión contigo. Mientras me concentro en ti y en tu Palabra, tu Espíritu llena mi mente con *vida y paz*.

El mundo ejerce una influencia que deteriora mis pensamientos. Los medios me bombardean con cinismo, mentiras, codicia y lujuria. Por favor, dame discernimiento y protección cuando enfrente estas cosas. Necesito estar en comunicación contigo cada vez que camino por los páramos de este mundo. Ayúdame a resistir la tentación de preocuparme, una forma de mundanalidad que me agobia y bloquea la conciencia de tu presencia. Y mantenme alerta a la batalla que continuamente se libra contra mi mente.

¡Oh Señor, cómo espero una eternidad de vida libre de conflictos en el cielo!

En tu poderoso nombre,
Amén

Efesios 2:6; Romanos 8:6; 1 Pedro 5:8

15 de octubre

Majestuoso Jesús:

Entro a tu presencia buscando descanso y refrigerio. Pasar tiempo enfocado en ti me fortalece y me anima. Señor, me maravillo de lo excelso de tener comunión contigo, el Creador del universo, mientras permanezco tranquilo en la comodidad de mi hogar.

Los reyes que reinan en la tierra tienden a volverse inaccesibles. La gente común casi nunca obtiene una audiencia con ellos. Incluso los dignatarios deben superar la burocracia y el protocolo para hablar con la realeza. Me regocijo de que *tú* seas totalmente accesible para mí, aunque eres el Rey de este vasto y asombroso universo.

Ayúdame a recordar que estás conmigo en todo momento y en toda circunstancia. ¡*Nada* puede separarme de tu amorosa presencia! Cuando exclamaste desde la cruz: «*¡Consumado es!», el velo del templo se rasgó en dos de arriba abajo*. Esto me abrió el camino para encontrarme contigo cara a cara, sin necesidad de protocolo ni sacerdotes. ¡Qué asombroso es que tú, *el Rey de reyes*, seas mi constante compañero!

En tu nombre majestuoso,
Amén

Colosenses 1:16; Juan 19:30;
Mateo 27:50-51; 1 Timoteo 6:15

16 de octubre

Creador mío:

A medida que me vuelvo cada vez más consciente de tu presencia, me resulta más fácil discernir el camino que debo seguir. Este es uno de los beneficios prácticos de vivir cerca de ti, Señor. En lugar de preguntarme qué hay en el camino por delante o preocuparme por qué debería hacer o cuándo, puedo concentrarme en mantenerme en comunicación contigo. Una vez que llego a un punto de elección, puedo confiar en ti para que me muestres la dirección que debo tomar.

Confieso que a veces me preocupo tanto por los planes y decisiones futuros que no veo las opciones que debo tomar en el momento presente. Sin pensarlo mucho, simplemente me paso el día en piloto automático. Cuando vivo de esta manera por un tiempo, la monotonía comienza a infiltrarse en mi vida. Camino como un sonámbulo a lo largo de mis días, siguiendo sendas de rutina ya demasiado trilladas.

¡*Tú*, el Creador del universo, eres el ser más creativo que podría imaginar! Estoy agradecido de que no me dejes dando vueltas por caminos llenos de baches y que no conducen a ninguna parte. En cambio, me guías por nuevos senderos de aventuras, revelándome cosas que no sabía.

Ayúdame a mantenerme en comunicación contigo, siguiendo tu presencia que me guía.

En tu impresionante nombre, Jesús,
Amén

Salmos 32:8; Génesis 1:1; Isaías 58:11

17 de octubre

Amoroso Salvador:

Tiendo a buscar seguridad en el lugar equivocado: en este mundo hecho pedazos. Hago listas mentales y escritas de las cosas que necesito hacer para tener el control de mi vida. Mi objetivo es ir tachando una por una las anotaciones que he hecho para finalmente poder relajarme y estar en paz. Sin embargo, he descubierto que mientras más me esfuerzo por lograr este objetivo, más cosas aparecen en mis listas. ¡A mayor intento, mayor frustración!

Tú me has estado mostrando una forma mucho mejor de encontrar seguridad en esta vida. En lugar de ir repasando mis listas, necesito *fijar mis pensamientos en ti*, alegrándome en tu presencia. La Biblia me dice que *me guardarás en perfecta paz* mientras me mantengo conectado contigo. Además, esta comunicación me ayuda a distinguir qué es importante y qué no lo es, qué debo hacer y qué no.

Señor, por favor enséñame a *fijar mis ojos no en lo que se ve*, en mis circunstancias, *sino en lo que no se ve*, en tu amorosa presencia.

En tu nombre incomparable, Jesús,
Amén

Hebreos 3:1; Isaías 26:3; 2 Corintios 4:18

18 de octubre

Magnífico Salvador:

El gozo que tengo en ti es independiente de mis circunstancias. ¡Nunca me separo de ti, porque *en tu presencia hay plenitud de gozo*! A medida que avance por mi camino hoy, buscaré señales de tu presencia invisible, pero siempre tan real. A veces te comunicas conmigo de manera grandiosa e inconfundible: «coincidencias» que son claramente obra de tus manos. En otras ocasiones, obtengo vislumbres más sutiles. A menudo son tan personales e íntimos que otras personas ni siquiera los notan. Sin embargo, a mí me producen una profunda alegría.

Mientras más atento estoy, más te puedo encontrar en los detalles de mi día. Así que, por favor, ayúdame a mantenerme alerta a las deleitables demostraciones de tu presencia.

Quiero llenar mi mente y mi corazón con las Escrituras, que es donde tú te revelas más claramente. A medida que tus promesas impregnan mi pensamiento, me mantienen cerca de ti. Me encanta escucharte diciéndome a través de tu Palabra: *«Escucha mi voz. Yo te conozco y tú me sigues. Te doy vida eterna, y nadie podrá arrebatarte de mi mano»*.

En tu invencible nombre, Jesús,
Amén

Salmos 16:11; Jeremías 29:13; Juan 10:27-28

19 de octubre

Señor Dios:

¡Tú eres mi fortaleza! Me capacitas para alcanzar las alturas, para deambular contigo en la gloria de tu presencia. No obstante, admito que a veces siento que apenas puedo dar el siguiente paso en este largo viaje hacia arriba. Al mirar adelante, veo montañas empinadas que parecen insuperables. *Sin embargo, siempre estoy contigo; me has tomado de la mano derecha. Me guías con tu consejo*, ayudándome a encontrar la mejor manera de escalar esas alturas.

Aunque mi viaje contigo es desafiante, incluso a veces extenuante, es mucho más que una competencia de resistencia. ¡El hecho de que estés conmigo me puede infundir gozo en la escalada más ardua! Así que estaré atento a todos los placeres que me has preparado. Sin embargo, no importa los placeres que descubra, el mayor tesoro eres tú, mi amado compañero.

Solía pensar que «las alturas» se refería a la cima de la montaña que estoy escalando. Pero cuando me detengo y miro hacia atrás para ver dónde comenzó mi viaje, puedo ver qué tan lejos he llegado. Mientras tomo tiempo para relajarme y mirarte amorosamente, ¡siento la gloria de tu presencia a mi alrededor!

En tu glorioso nombre, Jesús,
Amén

Habacuc 3:19; Salmos 73:23-24; Hebreos 1:3

20 de octubre

Jesús misericordioso:

Quiero hacer de *ti* el punto focal de mi búsqueda de seguridad. En mis pensamientos privados, he estado tratando de ordenar mi mundo para que sea predecible y lo sienta seguro. Sin embargo, me doy cuenta de que este es un objetivo imposible de alcanzar, e incluso es contraproducente para mi crecimiento espiritual.

Ayúdame a aprender a confiar cada vez más en ti, especialmente cuando mi mundo privado se siente inestable. En lugar de esforzarme por recuperar el control, necesito agarrarme de tu mano viviendo en una dependencia consciente de ti.

He estado anhelando una vida libre de problemas, pero me has estado mostrando que las dificultades pueden activar mi conciencia en cuanto a tu presencia. En la oscuridad de la adversidad, el resplandor de tu rostro brilla intensamente, irradiando ánimo y consuelo.

Permíteme ver las pruebas de mi vida como beneficiosas, *considerándolas motivo de gozo cada vez que las enfrento.* No importa lo que esté sucediendo, siempre puedo regocijarme de tener una eternidad de vida libre de problemas esperándome en el cielo.

En tu asombroso nombre,
Amén

SALMOS 139:9-10; SANTIAGO 1:2;
FILIPENSES 4:4

21 de octubre

Mi Dios fiel:

Te busco en este día porque necesito tu ayuda, consuelo y compañía. Sé que siempre estás a mi lado, por lo que incluso una mirada puede conectarme contigo. Cuando busco ayuda en ti, esta fluye libremente desde tu presencia. Me estás enseñando a reconocer mi constante necesidad de ti, tanto en los asuntos pequeños como en los grandes.

Cuando necesito consuelo, me tomas amorosamente en tus brazos. Eso no solo me hace sentir reconfortado, sino también me permite ser un canal a través del cual consuelas a los demás. Como resultado, estoy doblemente bendecido. Mientras tu consuelo fluye a través de mí hacia otros, algo de esa bendición se queda en mí.

¡Tu continuo compañerismo es un regalo increíble! Cuando te miro, te encuentro fiel, verdadero y amorosamente presente. No importa las pérdidas que pueda experimentar en mi vida, ¡sé que *nada puede separarme de tu amorosa presencia*!

En tu nombre consolador, Jesús,
Amén

Salmos 105:4; Salmos 34:5;
2 Corintios 1:3-4; Romanos 8:38-39

22 de octubre

Glorioso Jesús:

¡Tú eres el firme fundamento sobre el que puedo danzar, cantar y celebrar tu gloriosa presencia! Recibo este precioso don como tu elevado y santo llamamiento para mí. Me has enseñado que glorificarte y disfrutarte es mucho más importante que mantener una vida ordenada y estructurada. Aun así, mi tendencia natural es dedicar mi energía a tratar de tener todo bajo control. Ayúdame a renunciar a este esfuerzo, reconociendo que querer controlarlo todo es una tarea imposible y una afrenta a *tu fidelidad*.

Tú guías a cada uno de tus hijos individualmente. Es por eso que escucharte, a través de las Escrituras y la oración, resulta esencial para encontrar el camino que quieres que yo siga. Prepárame para el día que me espera y señálame la dirección correcta. Debido a que estás conmigo continuamente, no tengo que dejarme intimidar por el miedo. Aunque me acecha, sé que no puede dañarme mientras me aferre a tu mano. En lugar de tener miedo, quiero caminar con confianza contigo a lo largo de mi camino, disfrutando de la paz en tu presencia.

En tu alto y santo nombre,
Amén

Salmos 5:11; Lamentaciones 3:22-23;
Judas 24-25

23 de octubre

Misericordioso Jesús:

De tu plenitud he recibido gracia sobre gracia. Te adoro mientras reflexiono sobre tu asombroso regalo de la salvación *por gracia mediante la fe* en ti. Debido a que es completamente un regalo, *no el resultado de obras*, ¡mi salvación está absolutamente asegurada! Mi parte fue simplemente recibir este precioso regalo, creyendo con la fe que tú me diste. Me regocijo en este tesoro infinitamente costoso, comprado con el precio de tu sangre.

De tu maravillosa gracia fluyen múltiples bendiciones. Mis sentimientos de culpa se desvanecen en la cálida luz de tu perdón. Mi identidad como *hijo de Dios* le da sentido y propósito a mi vida. Mis relaciones con otras personas mejoran a medida que me relaciono con ellas con el amor y el perdón que tú me has dado.

Oh Señor, llena mi corazón con una gratitud desbordante mientras medito en tu gloriosa gracia. Por favor, recuérdame que dedique tiempo a pensar y agradecerte por las abundantes bendiciones de mi vida. Esto protege mi corazón de las malas hierbas de la ingratitud que brotan tan fácilmente. ¡Enséñame a *ser agradecido*!

En tu misericordioso nombre,
Amén

Juan 1:16; Efesios 2:8-9;
Juan 1:12; Hebreos 12:28

24 de octubre

Salvador fuerte:

Tu Palabra me asegura que estás conmigo y *por mí.* Cuando decido un curso de acción que se ajusta a tu voluntad, nada puede detenerme. Así que no me rendiré, incluso si encuentro múltiples obstáculos a medida que avanzo hacia mi objetivo. Sé que habrá muchos altibajos mientras viaje contigo, pero *con tu ayuda* puedo superar cualquier obstáculo. ¡Me alienta la gloriosa verdad de que tú, mi *ayudador omnipresente*, eres también omnipotente!

Me he dado cuenta de que gran parte del estrés de mi vida resulta de intentar hacer que las cosas sucedan antes de que llegue su momento. Tú afirmas tu soberanía de varias maneras, incluyendo el momento preciso de los acontecimientos. Aunque a veces me impaciento, realmente quiero estar cerca de ti en el camino de mi vida y hacer las cosas a tu manera. Por eso, te pido que me guíes a cada instante del camino por el que quieres que vaya. En lugar de apresurarme hacia mi meta, te invito a que marques el paso. A medida que disminuya la velocidad, podré disfrutar del viaje en tu compañía.

En tu espléndido nombre, Jesús,
Amén

ROMANOS 8:31; SALMOS 18:29;
SALMOS 46:1; LUCAS 1:37

25 de octubre

Inquebrantable Señor:

Anhelo caminar con más firmeza por senderos de confianza manteniéndome en comunicación contigo. Me has mostrado que la ruta más directa entre el punto A y el punto B en el viaje de mi vida es el camino de la confianza inquebrantable en ti. Cuando mi fe flaquea, tiendo a buscar un sendero serpenteante que termina sacándome del camino correcto. Gracias a que eres soberano, finalmente llego al punto B, pero pierdo un tiempo y una energía preciosos como resultado de mi incredulidad. Así que tan pronto como me doy cuenta de que me he alejado de mi camino de confianza, necesito susurrar: «Confío en ti, Jesús». Esta simple afirmación me ayuda a retomar el rumbo.

He descubierto que mientras más vago por los senderos de la incredulidad, más difícil me resulta recordar que estás conmigo. Los pensamientos ansiosos se ramifican en todas direcciones, alejándome cada vez más de la conciencia de tu presencia.

Para mantener el rumbo, ¡necesito expresar mi confianza en ti con frecuencia! Este pequeño acto de fe me mantiene caminando contigo. Ayúdame a *confiar en ti con todo mi corazón*; por favor *endereza mis caminos.*

En tu nombre confiable, Jesús,
Amén

Isaías 26:4; Salmos 9:10;
Salmos 25:4; Proverbios 3:5-6

26 de octubre

Amable Jesús:

Cuando las cosas no van como yo quiero, mi tendencia natural es ponerme nervioso. Ayúdame, cuando tal cosa ocurra, a dejar lo que estoy haciendo y *buscar tu rostro*, dedicando unos momentos a disfrutar de tu presencia. Mientras hablo contigo sobre los asuntos que me frustran, me permites ver las cosas desde tu perspectiva y aclarar lo que es realmente importante. De esta manera, abres el camino ante mí a medida que avanzo en dependencia confiada, manteniéndome en comunicación contigo.

Confieso que el culpable de mi frustración es mi fuerte deseo de tener el control. Planeo mi día y espero que las personas con las que alterno se comporten de manera que no interfieran con esos planes. Sin embargo, necesito recordar que *tú* tienes el control y que *tus caminos son más altos que los míos, como los cielos son más altos que la tierra*. En lugar de dejar que los contratiempos y las interrupciones me perturben, quiero que me recuerden que tú eres el Dios soberano y que yo soy tu amado seguidor. Ayúdame a *confiar en tu amor inagotable*, subordinando gustosamente mis planes a tu plan maestro infinitamente sabio.

En tu nombre maravilloso,
Amén

Salmos 27:8; Isaías 55:9;
2 Samuel 22:31; Salmos 13:5

27 de octubre

Mi gran Dios:

Enséñame a abordar los problemas con un enfoque ligero. Cuando mi mente se mueve hacia un área problemática, tiendo a concentrarme en esa situación tan intensamente que te pierdo de vista. Me enfrento a la dificultad como si tuviera que superarla de inmediato. Mi mente se prepara para la batalla y mi cuerpo se pone tenso y ansioso. A menos que logre la victoria total, me siento derrotado.

¡Sé que hay una manera mejor! Cuando un problema empiece a eclipsar mis pensamientos, anímame a traerte el asunto, hablarlo contigo y examinarlo *a la luz de tu rostro*. Esto pone un espacio muy necesario entre mi preocupación y yo, lo que me permite verlo más desde tu perspectiva. A veces incluso termino riéndome de mí mismo por ser tan porfiado sobre algo que es insignificante.

Sé que *en este mundo siempre enfrentaré tribulaciones*. Sin embargo, lo que es más importante, siempre te tendré conmigo, preparándome para manejar cualquier cosa que encuentre. Ayúdame a abordar los problemas con un toque ligero al verlos bajo tu luz reveladora.

En tu esplendoroso nombre, Jesús,
Amén

LUCAS 12:25-26; SALMOS 89:15; JUAN 16:33

28 de octubre

Señor cumplidor de promesas:

Es asombroso que tengas un dominio eterno sobre mí, ¡tu amor nunca me dejará! Vivo en un mundo impredecible e inseguro en muchos sentidos. Cuando miro a mi alrededor, veo promesas rotas afeando el paisaje.

Afortunadamente, tu amor responde a una promesa que nunca se romperá. *Aunque las montañas cambien de lugar y se tambaleen las colinas, tu fiel amor por mí permanecerá.* Este versículo pinta un cuadro de circunstancias espantosas: montañas que desaparecen y colinas temblorosas. Sin embargo, no importa *lo* que esté sucediendo, tu amor permanece inquebrantable. ¡Puedo construir mi vida sobre eso!

Admito que es difícil para mí recibir tu amor en toda su extensión. Por eso, te pido que me *fortalezcas con poder a través de tu Espíritu*, ayudándome a *comprender realmente cuán amplio, largo, alto y profundo es tu amor* por mí. ¡Señor, *anhelo conocer este amor que sobrepasa todo conocimiento*!

Te pido que me liberes de las imágenes defectuosas de mí para que pueda verme a mí mismo como tú me ves: radiante en *tu manto de justicia*, envuelto en amor luminoso.

En tu nombre justo, Jesús,
Amén

Isaías 54:10 (nvi); Efesios 3:16-19;
Isaías 61:10

29 de octubre

Digno Jesús:

Ayúdame a estar atento a ti mientras avanzo paso a paso por este día. Tu presencia conmigo es una promesa preciosa y una protección reconfortante. Después de tu resurrección, tranquilizaste a tus seguidores diciéndoles: «*Les aseguro que estaré con ustedes todos los días, hasta el fin del mundo*». Esa promesa fue para todos tus seguidores, ¡incluyéndome a mí!

Mientras viajo contigo, he visto que tu presencia es una protección poderosa y esencial. A medida que camino por el camino de la vida, me encuentro con numerosas trampas. A solo unos pasos de mi verdadero camino hay pozos de autocompasión y desesperación, mesetas de orgullo y voluntad propia. Varias voces compiten por mi atención, tratando de atraerme para que siga su camino. Si aparto los ojos de ti y sigo el camino que otra persona me indica, estoy en peligro real. Me doy cuenta de que incluso los buenos amigos pueden desviarme si dejo que usurpen tu lugar en mi vida.

Gracias por mostrarme que la manera de permanecer en *la senda de la vida* es manteniendo mi enfoque en ti. ¡La conciencia de tu amorosa presencia me protege y me deleita!

En tu nombre reconfortante y protector,
Amén

MATEO 28:20; HEBREOS 12:1; SALMOS 16:11

30 de octubre

Jesús compasivo:

Tú eres quien me mantiene a salvo. Mi tendencia natural es depender en gran medida de mi pensamiento y planificación, como si ahí fuera donde radica mi seguridad. Cuando empiezo a sentirme ansioso por algo, mi mente se acelera, buscando soluciones, buscando sentirme seguro. Todo el tiempo *tú estás conmigo, sosteniéndome de mi mano derecha*. Ayúdame a no olvidar y confiar en tu presencia continua conmigo.

En lugar de *confiar en mí mismo*, lo cual es una necedad, quiero *caminar con sabiduría* y depender de ti para mantenerme a salvo. Me estás enseñando que la sabiduría bíblica implica confiar en ti más que en mí mismo o en otras personas. Siempre estás listo para *guiarme con tu consejo*, para que pueda traerte todas mis preocupaciones. A veces, escribir mis oraciones aclara mi pensamiento, especialmente cuando me siento confundido.

Muéstrame el camino a seguir mientras espero en tu presencia, pidiéndote que guíes mi mente mientras me enfoco en ti y en tu Palabra. Susurrar «Jesús» es una de las formas en que me mantengo enfocado en ti. *Tu nombre es una torre fuerte*; cuando me *encuentro en ella, estoy a salvo.*

En tu fuerte nombre,
Amén

Salmos 73:23 (nvi); Proverbios 28:26;
Proverbios 18:10

31 de octubre

Dios eterno:

En tu presencia hay plenitud de gozo, paz perfecta y *gran amor.* Me deleito en caminar contigo por *la senda de la vida*, disfrutando de tu compañía en cada paso del camino. Debido a que estás continuamente a mi lado, ¡el gozo de tu presencia siempre está disponible para mí!

Tú me has prometido *guardarme en perfecta paz* mientras *fijo mis pensamientos en ti.* Ayúdame a mantenerme en comunicación contigo a través de mis palabras, pensamientos y alabanzas. Cuando dedico tiempo a absorber tu Palabra, dejándola que penetre en mi mente, cambia la forma en que pienso y vivo. Mientras reflexiono sobre quién eres realmente, tu luz brilla cálidamente en mi corazón y *me bendices con paz.*

Señor, quiero florecer en tu presencia, *como un olivo que florece en la casa de Dios.* Cuando la luz del sol de tu presencia brilla sobre mí, me nutre para que pueda producir frutos en tu reino. ¡Y mientras más *confío en tu gran amor*, más me doy cuenta de lo absolutamente seguro que estoy en ti!

En tu brillante y amoroso nombre, Jesús,
Amén

Salmos 16:11; Isaías 26:3;
Salmos 29:11; Salmos 52:8 (nvi)

Noviembre

Vengamos ante Su presencia con acción de gracias; aclamemos a Él con salmos.

Salmos 95:2

1 de noviembre

Bendito Salvador:

¡Gracias por el glorioso don de la gracia! Tu Palabra me enseña que *por gracia he sido salvo, por la fe. Y que esto no es obra mía ni el resultado de mis trabajos.* Incluso la fe que necesité para creer en ti, para recibir la salvación, fue un don tuyo. A través de tu obra llevada a cabo en la cruz se me ha dado la asombrosa bendición de la *vida eterna*. Ayúdame, Señor, a responder a tu asombrosa generosidad con un corazón agradecido. Nunca podré agradecerte con todo mi fervor ni con la máxima frecuencia por ese don de la gracia.

Durante este Día de Acción de Gracias quiero tomarme un tiempo para reflexionar sobre lo que significa tener todos mis pecados perdonados. Ya no estoy en el camino al infierno; mi destino final es *un cielo nuevo y una tierra nueva*. Esta herencia celestial garantizada me da una gran razón para regocijarme todos los días de mi vida.

Mientras camino contigo hoy, intentaré agradecerte a menudo por el incomparable don de la gracia. Oro para que mi gratitud me haga más consciente de las muchas *otras* bendiciones que tú me brindas, haciéndome aún *más* agradecido.

En tu nombre lleno de gracia, Jesús,
Amén

Efesios 2:8-9 (rvr1960); Juan 3:16;
Mateo 10:28; Apocalipsis 21:1

2 de noviembre

Precioso Salvador:

¡Me regocijo en la esperanza! Tengo buenas razones para estar feliz, porque me encuentro camino al cielo. Gracias, Señor, por pagar el castigo por todos mis pecados y vestirme con tu propia justicia. *Esta* es la base de mi esperanza, una esperanza segura, independientemente de mis circunstancias. *Nada ni nadie me puede arrebatar de tu mano.* ¡En ti tengo absoluta y eterna seguridad!

Tu Palabra me instruye a *dedicarme a la oración*. Necesito esta comunicación contigo en todo momento, pero especialmente cuando estoy luchando. Sin embargo, durante las pruebas, mi capacidad para concentrarme en ti puede verse obstaculizada por el estrés y la fatiga. Así que estoy agradecido por la increíble fuente de fortaleza que tengo dentro de mí: tu Espíritu Santo. Cuando le pido a tu Espíritu que *controle mi mente*, él me fortalece y me permite orar. Me alegro de que mis oraciones no tengan que ser elocuentes o editadas; puedo dejarlas fluir libremente a partir de mis circunstancias.

Señor, ayúdame a mantenerme en comunicación contigo, especialmente en tiempos de adversidad, para que pueda *estar firme y perseverar en el sufrimiento*.

En tu nombre lleno de esperanza, Jesús,
Amén

ROMANOS 12:12; JUAN 10:28; ROMANOS 8:6

3 de noviembre

Mi gran Dios:

Por favor, enséñame a estar firme. Confieso que demasiadas cosas interrumpen mi conciencia de ti. Vivo en un mundo donde imperan lo visual y lo ruidoso, pero me resisto a ser esclavo de los estímulos que me rodean. Sé que es posible estar consciente de tu presencia en todas las circunstancias, sin importar lo que esté sucediendo. Esta es la firmeza que deseo profundamente practicar en mi vida.

Ayúdame a no dejar que los acontecimientos inesperados me desvíen del rumbo. En lugar de enojarme o sentirme ansioso, quiero responder con calma y confianza, recordando que *tú estás conmigo.* Tan pronto como algo quiera tomar control de mi atención, puedo hablar contigo al respecto. De este modo, te comparto mis alegrías y mis tristezas, al tiempo que tú me capacitas para afrontar lo que se me presente.

Señor, te invito a vivir más plenamente en mí y a obrar tus caminos tanto en mí como a través de mí. Quiero ser un canal para que tu paz fluya hacia este mundo atribulado.

En tu nombre reconfortante, Jesús,
Amén

Salmos 112:7; Isaías 41:10; Salmos 46:1-2;
1 Tesalonicenses 5:16-17

4 de noviembre

Mi fuerte libertador:

Al enfrentar las circunstancias de este día, necesito *apoyarme en ti*. Todo el mundo se apoya en *algo:* la fuerza física, la inteligencia, la belleza, la riqueza, los logros, la familia, los amigos. Todos estos son regalos tuyos, y quiero disfrutar tus bendiciones con gratitud. Sin embargo, he aprendido que depender de cualquiera de estas cosas es arriesgado, pues todas y cualesquiera de ellas pueden decepcionarme en algún momento.

Cuando me enfrento a circunstancias desafiantes y me siento débil, tiendo a obsesionarme con cómo voy a pasar el día. Esto me lleva a desperdiciar mucho tiempo y energía; peor aún, me distrae de mi relación contigo. Te pido que siempre que tal cosa me ocurra, abras mis ojos para que pueda encontrarte en medio de mis circunstancias. Permíteme «verte» de pie cerca, con tus fuertes brazos extendidos hacia mí, ofreciéndome tu ayuda. En lugar de fingir que lo tengo todo bajo control o que soy más fuerte de lo que realmente soy, puedo apoyarme cada vez más en ti. Mientras lo hago, tú *llevas mis cargas* y me muestras cómo lidiar con mis dificultades.

Me regocijo en ti, *fortaleza mía*. Y *te canto alabanzas, mi Dios amoroso.*

En tu espléndido nombre, Jesús,
Amén

Proverbios 3:5; Salmos 68:19; Salmos 59:17

5 de noviembre

Dios Todopoderoso:

Ayúdame a *no dejarme vencer por el mal, sino a vencer el mal con el bien*. A veces me siento bombardeado por todas las cosas malas que suceden en el mundo. Los noticieros son alarmantes y la gente está *llamando al mal bien y al bien mal*. Todo esto puede ser abrumador a menos que me mantenga en comunicación contigo. Es muy reconfortante saber que a ti no te afectan los horrores de este mundo que a mí me atemorizan. Tú tienes una comprensión perfecta de la condición *engañosa y desesperadamente perversa* de los corazones humanos. ¡Nada te toma por sorpresa!

En lugar de desanimarme por la condición de este mundo, anhelo ser una luz que brille en la oscuridad. Cuando el mal parece estar ganando, ¡necesito estar más decidido que nunca a lograr *algo* bueno! A veces esto implica trabajar directamente contra las cosas malas que me preocupan. En otras ocasiones, trato de hacer todo lo posible para promover la verdadera bondad, de acuerdo con mis recursos y habilidades. De cualquier manera, quiero lamentarme menos por las malas circunstancias y esforzarme más *en hacer las buenas obras que preparaste de antemano para que anduviéramos en ellas*.

En tu nombre soberano, Jesús,
Amén

Romanos 12:21; Isaías 5:20;
Jeremías 17:9 (rvr1960); Efesios 2:10

6 de noviembre

Querido Jesús:

Ayúdame a llevar una vida victoriosa viviendo en profunda dependencia de ti. Yo solía asociar la victoria con el éxito: no caer ni tropezar, no cometer errores. Sin embargo, tener éxito con mis propias fuerzas me hizo vulnerable a seguir mi propio camino, olvidándome de ti. Es a través de los problemas y el fracaso, la debilidad y la necesidad, que estoy aprendiendo a confiar en ti.

Me doy cuenta de que la verdadera dependencia no es simplemente pedirte que bendigas lo que he decidido hacer. Esta implica venir a ti con la mente y el corazón abiertos, invitándote a poner tus deseos dentro de mí.

A veces infundes en mí un sueño que parece estar más allá de mi alcance. Sé que mis propios recursos son inadecuados para lograr ese objetivo. Al darme cuenta de mis limitaciones, comienza mi camino de profunda dependencia de ti. Es una caminata de fe que se da paso a paso, apoyándome en ti para recibir fortaleza y orientación. Este no es un camino de éxito continuo, sino un camino de múltiples fracasos. Sin embargo, a cada fracaso le sigue un crecimiento acelerado, alimentado por una creciente confianza en ti. Quiero disfrutar de la bendición de una vida victoriosa profundizando mi dependencia de ti.

En tu nombre victorioso,
Amén

Salmos 34:17-18; 2 Corintios 5:7;
Filipenses 4:13

7 de noviembre

Omnipresente Jesús:

Cuando me aparto en silencio para estar contigo, mis miedos y preocupaciones emergen a la superficie de mi mente. Aquí, en la luz de tu presencia, explotan como pompas de jabón y desaparecen. Sin embargo, algunos de mis miedos afloran una y otra vez, especialmente los que tienen que ver con el futuro. Lo hacen al siguiente día, semana, mes, año o década, y me imagino a mí mismo afrontándolos mal durante los tiempos difíciles que anticipo. No obstante, en tales circunstancias me doy cuenta de que mis pensamientos de preocupación no tienen sentido, porque no te incluyen *a ti*. Esos tiempos temidos de caminar solo a través de la adversidad *no* se materializarán, ya que tu presencia estará conmigo en *todo* momento. ¡Tú has prometido que *nunca me dejarás ni me desampararás*!

Cuando me ataque una preocupación orientada al futuro, ayúdame a capturarla y traerla a tu presencia. Al recordar que estarás conmigo entonces y siempre, obtendré la confianza de que *puedo* hacerle frente, incluso durante mis momentos más difíciles.

Señor, por favor, sigue trayéndome al momento presente, donde hay paz en tu presencia.

En tu nombre tranquilizador,
Amén

Lucas 12:22-23; Deuteronomio 31:6;
2 Corintios 10:5

8 de noviembre

Señor fidedigno:

En tus manos están mis tiempos. Tus manos santas son absolutamente capaces de cuidarme y satisfacer mis necesidades. Ayúdame a relajarme en tu soberana vigilancia, confiando en que tú harás lo mejor. Sé que es seguro que ponga en tus manos tanto los «qué» como los «cuándo» de mi vida, porque eres absolutamente digno de confianza.

Sé que tengo que someterme a la realidad del tiempo mientras permanezca de este lado del cielo. De la misma manera que espero con expectativa un suceso futuro, así anhelo avanzar rápido hasta llegar a ese día encantador. Sin embargo, mi anhelo no cambia el paso del tiempo; tengo que esperar. Cuando estoy sufriendo, anhelo el alivio —y lo deseo lo antes posible— pero debo esperarlo también.

Señor, tú vives por sobre la tiranía del tiempo. De hecho, eres su Amo. Siempre que estoy luchando por tener que esperar por algo, necesito recurrir a ti con confianza en la aceptación, en lugar de luchar contra lo que no puedo cambiar. Me regocijo en saber que tú, el Amo del Tiempo, comprendes perfectamente mis luchas y *me amas con amor eterno.*

En tu nombre misericordioso, Jesús,
Amén

Salmos 31:14-15 (rvr1960);
Salmos 62:8; Jeremías 31:3

9 de noviembre

Señor soberano:

Ayúdame a confiar en ti *aquí* y *ahora*. Me siento como si estuviera en un entrenamiento riguroso, siguiendo un camino incierto que me resulta arduo y desafiante. Este camino no es de mi elección, pero lo acepto como lo que tú tienes para mí. Me doy cuenta de que llevas a cabo cosas que están mucho más allá de mi comprensión; sin embargo, a medida que vuelvo mi atención más completamente hacia ti, te puedo oír susurrar en mi mente: «Confía en mí, amado».

Me siento como si estuviera en una jungla espesa, donde no puedo ver con claridad lo que está delante, detrás o junto a mí. Me aferro firmemente a tu mano mientras sigo este sendero a través de la oscuridad. Aunque es difícil para mí saber hacia dónde me llevas, sé que tu presencia conmigo es una realidad sólida como una roca. Así que espero en ti, Jesús, confiando en que tienes el control total de esta situación.

Necesito concentrarme en disfrutarte y en todo lo que eres para mí, aunque mis circunstancias clamen por una solución. Me niego a obsesionarme con mis problemas y cómo voy a solucionarlos. En cambio, elijo afirmar mi confianza en ti y mantenerme expectante en tu presencia; *pondré mis ojos en ti* y *esperaré* para ver lo que harás.

En tu nombre todo suficiente, Jesús,
Amén

ISAÍAS 50:10; SALMOS 33:20-21; MIQUEAS 7:7

10 de noviembre

Dios, mi Salvador:

Me has estado mostrando que una actitud de agradecimiento abre las ventanas del cielo, a través de las cuales descienden libremente las bendiciones espirituales. Cuando alzo la mirada con un corazón agradecido, vislumbro tu gloria. Aunque todavía no puedo vivir en el cielo, puedo experimentar el anticipo de mi hogar definitivo. Estas muestras de alimento celestial reviven mi esperanza y me llenan de gozo. El agradecimiento me dispone para estas experiencias, dándome más razones para estar agradecido. Así, mi camino se convierte en una espiral ascendente, cada vez más regocijante.

Me doy cuenta de que el agradecimiento no es una fórmula mágica; es el lenguaje del amor, que me permite comunicarme íntimamente contigo. Me has estado entrenando para mantener una mentalidad agradecida, sin negar la realidad con todos sus problemas. Ayúdame a *gozarme en ti, mi Salvador,* incluso en medio de las pruebas y los problemas. Estoy agradecido de *que seas mi refugio y mi fortaleza, un pronto auxilio en las tribulaciones.*

En tu nombre fuerte, Jesús,
Amén

Efesios 1:3; Habacuc 3:17-18; Salmos 46:1

11 de noviembre

Amado Jesús:

Tu Palabra me dice que *me llamas por mi nombre y me guías. Tú me conoces.* ¡Conoces cada detalle sobre mí! Para ti nunca seré un número o una estadística. Tu participación en mi vida es maravillosamente personal e íntima. Me encanta escucharte susurrar en mi corazón: «Amado, *sígueme*».

Después de tu resurrección, cuando María Magdalena te confundió con el jardinero, le dijiste una sola palabra: «*María*». Al oírte pronunciar su nombre, te reconoció de inmediato y *dijo en hebreo: «¡Raboní!» (que quiere decir Maestro).*

Debido a que soy tu seguidor, en lo profundo de mi espíritu siento que pronuncias *mi* nombre. Cuando me tomo el tiempo para escucharte hablándome personalmente en las Escrituras, asegurándome tu amor, me considero muy bendecido. Me deleito en estas hermosas palabras de bendición: *Te llamé de las tinieblas a mi luz admirable, y te he amado con amor eterno.* El conocimiento inquebrantable de que me amas para siempre proporciona una base firme para mi vida. Ayúdame a seguirte fiel y gozosamente, *proclamando tus obras maravillosas* mientras viajo por mi vida.

En tu magnífico nombre,
Amén

Juan 10:3, 27; Juan 20:16;
1 Pedro 2:9; Jeremías 31:3 (nvi)

12 de noviembre

Dios encantador:

Me has estado mostrando que puedo encontrar *gozo en tu presencia* sin importar cuáles sean mis circunstancias. Algunos días, el gozo está generosamente esparcido a lo largo de mi camino, brillando bajo la luz del sol. Durante esos días, estar contento es tan fácil como respirar. Sin embargo, en otros días, nublados y sombríos, siento la tensión del viaje, que parece interminable. Rocas grises y opacas salen a mi encuentro y me provocan dolor en los pies. En los días grises, debo buscar la alegría *como si fuera un tesoro escondido.*

Ayúdame a recordar que este día lo has creado tú; que *no* es un hecho fortuito. Por favor, recuérdame que tú estarás siempre conmigo, ya sea que sienta tu presencia o no.

Estoy agradecido de poder hablar contigo sobre cualquier cosa que esté en mi mente. Me regocijo en la verdad de que me entiendes perfectamente y sabes lo que estoy experimentando. He descubierto que si me mantengo en comunicación contigo, mi estado de ánimo se irá aclarando gradualmente. ¡La conciencia de tu maravillosa compañía puede infundir alegría en el día más gris!

En tu dichoso nombre, Jesús,
Amén

Salmos 21:6; Proverbios 2:4;
Colosenses 1:16

13 de noviembre

Jesús, mi Redentor:

Anhelo experimentar más plenamente las riquezas de mi salvación: el gozo de ser amado constante y perfectamente. Sin embargo, confieso que tiendo a juzgarme a mí mismo de manera superficial: en función de cómo me veo, cómo me comporto o cómo me siento. Si me miro en el espejo y me gusta lo que veo, me siento un poco más digno de tu amor. Cuando las cosas en mi vida van bien y creo que mi desempeño es el adecuado, me resulta más fácil creer que soy tu hijo amado; pero cuando me siento desanimado, tiendo a mirar hacia adentro para poder descubrir qué es lo que está mal y corregirlo.

En lugar de intentar arreglarme a mí mismo, ayúdame a *fijar mis pensamientos en ti*, el amante de mi alma. En lugar de usar mi energía para juzgarme a mí mismo, necesito redirigirla a comunicarme contigo, confiando y alabándote. Estoy muy agradecido de que me veas envuelto en *tu justicia*, radiante en tu amor perfecto.

En tu santo nombre,
Amén

Efesios 2:8-9; Hebreos 3:1;
Salmos 89:16; Salmos 34:5

14 de noviembre

Poderoso Salvador:

Tu plan para mi vida se está desarrollando ante mí. A veces, el camino por el que voy parece bloqueado o se abre con tanta lentitud que debo reducir considerablemente el paso. Luego, cuando es el momento adecuado, el camino que tengo ante mí se abre de repente sin ningún esfuerzo por mi cuenta. Me presentas gratuitamente, como un auténtico regalo, lo que he estado anhelando y por lo que he estado trabajando. Me asombra la facilidad con la que operas en el mundo, y puedo apreciar *tu poder y tu gloria.*

A la vez que me asombro de tu majestuosa grandeza, me doy cuenta vívidamente de lo débil que soy. ¡Pero en lugar de desanimarme por mi debilidad, quiero verla como el escenario en el que tu poder y tu gloria se manifiestan más brillantemente!

Mientras persevero en el camino que me has preparado, dependeré de tu fuerza para sostenerme. Por eso necesito tu ayuda a fin de estar alerta y atento a los milagros. Aunque los milagros no siempre son visibles a simple vista, aquellos que *viven por fe* pueden verlos con mayor claridad. *Vivir por fe, no por vista*, me mantiene cerca de ti y atento a tus maravillosas obras.

En tu glorioso nombre, Jesús,
Amén

SALMOS 63:2; 2 CORINTIOS 12:9;
2 CORINTIOS 5:7; JUAN 11:40

Jesús compasivo:

Me alegra escucharte susurrándome aquellas reconfortantes palabras: *«Nada puede separarte de mi amor»*. Mientras descanso en tu presencia, esta declaración divina fluye a través de mi mente, mi corazón y mi alma. Siempre que empiece a sentir miedo o ansiedad, por favor recuérdame decirte: «Nada puede separarme de tu amor, Jesús. ¡Nada!».

Gran parte de la desdicha de la humanidad, incluida la mía, proviene de no sentirnos amados. En cuanto a mí, en medio de las circunstancias adversas tiendo a sentir como si tu amor se hubiera retirado y me hubieses abandonado. Este sentimiento de abandono puede ser peor que la propia adversidad. De modo que estoy agradecido por tu seguridad de que nunca me abandonarás, ni a ninguno de tus hijos, ni siquiera momentáneamente. Estoy animado por estas promesas en tu Palabra: *No te dejaré ni te desampararé. Te he grabado en las palmas de mis manos.*

Señor, me regocijo al saber que tu presencia *me guarda* continuamente.

En tu nombre cariñoso,
Amén

Romanos 8:38-39; Deuteronomio 31:6;
Isaías 49:15-16; Salmos 121:3

16 de noviembre

Mi pastor y rey:

Tu Palabra me dice que *tú eres un escudo para todos los que se refugian en ti*. Así que me acerco a ti, Señor, y encuentro refugio bajo el paraguas de tu presencia que me protege.

A veces me siento desprotegido y expuesto al peligro. Esto sucede cuando me salgo de debajo de tu presencia protectora y trato de enfrentar el mundo por mi cuenta. Hago esto inconscientemente, olvidando la verdad esencial de que te necesito en todo momento. Por favor, usa el miedo que siento en tales circunstancias para alertarme de que me he alejado de ti. E indícame que el remedio es refugiarme en ti.

¡Estoy muy agradecido de que *seas mi pastor*! Siempre estás atento y sabes exactamente lo que hay en el camino que tengo por delante. Anticipas situaciones peligrosas y me preparas para ellas. Debido a que eres un pastor magistral, puedes protegerme del peligro con tanta habilidad que permanezco felizmente inconsciente de él. Además, eres totalmente digno de confianza, el único absolutamente *buen pastor*. Mientras busco seguirte a ti y a tus caminos, te agradezco por protegerme del peligro *y* del miedo.

En tu nombre protector, Jesús,
Amén

2 SAMUEL 22:31 (NVI); SALMOS 23:1, 4;
JUAN 10:11, 14

17 de noviembre

Jesús:

Por favor, enséñame a confiar en ti día a día. Esta práctica me mantendrá cerca de ti, sensible a tu voluntad. Confieso que confiar no me resulta nada fácil; lo encuentro extremadamente desafiante. Sin embargo, sé que eres absolutamente digno de confianza, independientemente de cómo manejo mis sentimientos. Estoy muy agradecido por tu Espíritu dentro de mí, mi Tutor residente que me ayuda a aprender lecciones difíciles. Anhelo volverme cada vez más sensible a las impresiones del Espíritu y darle espacio a su toque suave.

Señor, enséñame a confiar en ti en *todas* las circunstancias y a no dejar que mi deseo de comprender me distraiga de tu amorosa presencia. Quiero pasar este día victoriosamente viviendo en gozosa dependencia de ti.

El mañana se cuidará de sí mismo. En lugar de enredarme en las redes de las preocupaciones futuras, busco confiar en ti hoy, ¡un momento a la vez!

En tu nombre fuerte y confiable,
Amén

Salmos 84:12; 1 Corintios 6:19;
Jeremías 17:7; Mateo 6:34

18 de noviembre

Dios exaltado:

¡Tus caminos son inescrutables! Ayúdame a acercarme a ti con un corazón humilde, renunciando a mi exigencia de entenderlo todo y aceptando el hecho de que muchas cosas simplemente están más allá de mi comprensión. Tú eres infinitamente inteligente y yo muy limitado. Debido a mis limitaciones mentales, mucho de lo que sucede en mi vida y en el mundo no tiene sentido para mí. Así que necesito dejar espacio para el *misterio* en mis reflexiones.

Me doy cuenta de que tengo el privilegio de saber muchas cosas que antes eran misterios, cosas que *se mantuvieron ocultas durante siglos y generaciones.* El Nuevo Testamento está lleno de revelaciones que llegaron a través de tu encarnación, vida, muerte y resurrección. ¡Estoy inmensamente bendecido por tener este conocimiento invaluable!

Aun así, la forma en que trabajas en mi mundo a menudo me resulta misteriosa, lo que choca con mi deseo de comprenderlo todo. Esto me presenta una opción: desafiar tus procedimientos o postrarme ante ti en asombrosa adoración. Elijo acercarme a ti con adoración y asombro, maravillándome *de la profundidad de las riquezas de tu sabiduría y conocimiento.*

En tu maravilloso nombre, Jesús,
Amén

Romanos 11:33; Proverbios 3:5;
Colosenses 1:26

19 de noviembre

Mi Señor viviente:

Me regocijo de que *eres el Viviente que me ve*. Tú estás mucho más plena y gloriosamente vivo de lo que me puedo imaginar. Cuando te vea *cara a cara* en toda tu gloria, sé que me asombraré. Sin embargo, ahora *veo veladamente como en un espejo*. Mi visión de ti está empañada por mi condición caída.

No obstante, resulta maravilloso y bastante abrumador que *me* veas con una claridad perfecta. Tú sabes todo sobre mí, incluidos mis pensamientos y sentimientos más secretos. Comprendes lo quebrantado y débil que soy: tú *recuerdas que soy polvo*. Pero a pesar de todos mis defectos y fracasos, decidiste amarme con amor eterno.

Ayúdame a recordar que el regalo de tu amor fue inmensamente costoso. Soportaste una agonía indescriptible para salvarme de mis pecados. Te *hiciste pecado por mí para que yo pudiera ser justificado en ti*. Me emociona reflexionar en esta maravillosa verdad: ¡tu justicia perfecta me ha sido acreditada para siempre! Este regalo de valor infinito ha sido mío desde que confié en ti como mi Salvador. ¡Estoy tan agradecido de que *el Viviente que me ve* siempre es el mismo que me ama eternamente!

En tu nombre salvador, Jesús,
Amén

Génesis 16:14 (nvi); 1 Corintios 13:12;
Salmos 103:14; 2 Corintios 5:21

20 de noviembre

Precioso Jesús:

He descubierto que agradecerte con frecuencia no solo despierta mi corazón a tu presencia, sino que aguza mi mente. Por eso, cuando me sienta desenfocado o fuera de contacto contigo, necesito hacer todo lo posible para agradecerte por *cada cosa*. Siempre hay una gran cantidad de motivos por los cuales darte gracias: dones eternos —como la salvación, la gracia y la fe— así como bendiciones ordinarias y cotidianas.

Me has estado entrenando para que revise las últimas veinticuatro horas y tome nota de todas las cosas buenas que me has proporcionado, anotando algunas de ellas en un diario. Esta disciplina me levanta el ánimo y me da energía, lo que me permite pensar con mayor claridad.

La Biblia enseña que *mi enemigo el diablo ronda como un león rugiente buscando a quien devorar*. Por eso, es muy importante que *tenga dominio propio y me mantenga alerta*. Cuando pierdo la concentración y dejo que mis pensamientos se desvíen, soy mucho más vulnerable a los ataques del maligno. Avísame, Señor, cada vez que me encuentre en esta condición vulnerable y ayúdame a alejar al enemigo agradeciéndote y alabándote. ¡Esto es adoración de guerra!

En tu nombre digno de alabanza,
Amén

Efesios 2:8-9; 1 Pedro 5:8 (nvi);
2 Corintios 9:15

21 de noviembre

Glorioso Dios:

Te ofrezco sacrificio de acción de gracias. No quiero dar por sentado ninguno de los buenos regalos que me das, ni siquiera la salida del sol cada mañana. Debo reconocer que el agradecimiento no es algo natural en mí, pero me has estado entrenando para responder de modo *sobrenatural.*

Tu Palabra me enseña lo importante que es tener una actitud agradecida. Antes de que la serpiente tentara a Eva en el Huerto del Edén, el agradecimiento era una respuesta natural. Sin embargo, la tentación del maligno la llevó a prestarle atención a lo único que estaba prohibido. Aunque el huerto se encontraba lleno de deliciosas frutas que estaban disponibles gratuitamente, Eva se centró en la única fruta que le había sido vetada. Este enfoque negativo oscureció su mente y la hizo sucumbir a la tentación.

Cuando *me* concentro en cosas que quiero pero no puedo tener, o en situaciones que me desagradan, mi mente también se oscurece. Doy por garantizados la vida, la salvación, la luz del sol, los seres queridos y otros innumerables regalos que proceden de ti. Busco lo que está mal y me niego a disfrutar de la vida hasta que se arregle esa situación. Sin embargo, cuando me acerco a ti con acción de gracias, la luz de tu presencia se derrama en mí, transformándome en lo más profundo de mi ser. Señor, ayúdame a *caminar en la luz* contigo, *deleitándome en ti* y practicando la disciplina de la acción de gracias.

En el nombre maravilloso de Jesús,
Amén

Salmos 116:17; Génesis 3:6;
1 Juan 1:7; Salmos 37:4

22 de noviembre

Dios fiel:

He aprendido que el agradecimiento y la confianza son como amigos cercanos que siempre están listos para ayudarme. Necesito confiar en ellos en todo momento, pero especialmente cuando mis días parecen sombríos o el mundo se me presenta aterrador. Señor, me estás enseñando a detenerme durante estos momentos y mirar a mi alrededor, buscando belleza y bendiciones. Cuando te agradezco por lo que encuentro, me conecto contigo de una manera maravillosa. Es una bendición para mí hablarte en términos entusiastas acerca de los muchos buenos regalos que me brindas, haciendo el esfuerzo de agradecerte con entusiasmo, sin importar cómo me sienta. Si persisto en expresarte mi gratitud, mi estado de ánimo se vuelve más luminoso y ligero.

¡Tú eres absolutamente digno de confianza! Al expresarte mi confianza, recuerdo que estás conmigo, cuidándome. Sé que hay áreas de mi vida en las que necesito confiar más en ti. Cuando vienen tiempos difíciles, ayúdame a verlos como oportunidades para expandir el alcance de mi confianza, *viviendo por fe* en estas situaciones desafiantes. En lugar de desperdiciar estas oportunidades, quiero usarlas para *acercarme a ti*. Me regocijo de que me recibas cálidamente, ¡con los brazos abiertos!

En tu nombre compasivo, Jesús,
Amén

Salmos 92:1-2; Salmos 118:28;
2 Corintios 5:7; Santiago 4:8

23 de noviembre

Dios misericordioso:

¡Gracias por derramar tantas bendiciones sobre mí! Todo lo que tengo es un regalo tuyo, incluido cada aliento que respiro. Rara vez pienso en la maravilla de inhalar tu vida continuamente. Sin embargo, fue solo cuando le diste *el aliento de vida* a Adán que *se convirtió en un ser viviente.*

A veces me gusta apartarme en silencio para estar en tu presencia, agradeciéndote en quietud cada vez que inhalo y afirmando mi confianza en ti mientras exhalo. Descubrí que mientras más hago esto, más relajado me siento.

Señor, ayúdame a apreciarte y agradecerte por las bendiciones que a menudo paso por alto: pájaros y árboles, luz y colores, seres queridos y comodidades diarias. ¡La lista es interminable! Mientras más busco cosas buenas en mi vida, más clara se vuelve mi visión.

Por supuesto, mi mayor gratitud es por la *vida eterna*, que es mía porque *creo en ti*. ¡Este invaluable regalo para siempre me llena de *plenitud de gozo en tu presencia*!

En tu generoso nombre, Jesús,
Amén

GÉNESIS 2:7; JUAN 3:16; SALMOS 16:11

24 de noviembre

Mi amado Señor:

Te pido que aumentes mi sentido de gratitud hacia ti. Me has enseñado que estar agradecido no solo ilumina mi día, sino que dispone mi corazón hacia ti de una forma más plena. Anhelo *encontrarte* en medio de mis circunstancias. Así que buscaré señales de tu presencia mientras voy caminando por *la senda de la vida*. Una actitud de agradecimiento abre tanto mi corazón como mis ojos, permitiéndome verte en una miríada de pequeños detalles, así como en el cuadro general de mi vida. Necesito reducir la velocidad y tomarme un tiempo para percibir todas tus bendiciones, agradecerte por ellas y disfrutar de los muchos dones que tienes para mí.

Enséñame también a confiar en ti de manera más constante. Una confianza sólida y bien desarrollada me permite caminar por terrenos traicioneros sin tropezar. Mientras más desafiante sea mi viaje, con más frecuencia necesito expresar mi confianza en ti: «Señor, *confío en tu gran amor*». ¡Esta breve oración me recuerda que estás conmigo, me estás cuidando y me amas para siempre!

¡Tengo buenas razones para *estar gozoso*, porque eres absolutamente digno de mi agradecimiento y confianza!

En tu sublime nombre, Jesús,
Amén

1 Tesalonicenses 5:16-18; Colosenses 4:2;
Salmos 16:11; Salmos 52:8

25 de noviembre

Dios de misericordia:

Ayúdame a mantener hacia ti una actitud constante de gratitud. Este es un lugar sumamente delicioso, donde el gozo de tu presencia brilla cálidamente sobre mí.

A menudo oro fervientemente por algo y espero con ansias la respuesta. Si me concedes lo que te he pedido, te respondo prontamente con alegría y agradecimiento. Sin embargo, mi tendencia es avanzar bastante rápido para encontrarme con lo siguiente. En lugar de experimentar solo un breve estallido de gratitud, quiero permanecer en una actitud de alegría agradecida, dejando que mi gratitud fluya libremente hacia el futuro. Necesito entrenarme para recordar tu amable respuesta a mi solicitud. Una forma es contándoles a los demás acerca de la bendición que he recibido de ti. Otra forma es escribiendo la respuesta a la oración en algún lugar donde la vea una y otra vez.

Señor, enséñame a *recordar las maravillas que has hecho* con gratitud. Me has estado mostrando que el agradecimiento me bendice doblemente: ¡por un lado, con felices recuerdos de la oración contestada y por el otro, con el placer de compartir mi alegría contigo!

En tu nombre gozoso, Jesús,
Amén

Salmos 95:2; 1 Corintios 15:57;
1 Crónicas 16:12

26 de noviembre

Bondadoso Jesús:

Quiero vivir cerca de ti y abierto a ti: consciente, atento, confiado y agradecido. Sé que tú siempre estás cerca de mí. De modo que me abro completamente —corazón, mente y espíritu— a tu presencia viviente.

Te pido que me ayudes a estar consciente de ti mientras sigo mi camino a lo largo de este día. Me reconforta saber que no hay un momento en el que no seas plenamente consciente de mí. Quiero estar alerta y escuchando con atención, no solo a ti, sino a las personas que traes a mi vida. He descubierto que escuchar a los demás con una atención plena y en oración nos bendice tanto a ellos como a mí.

La Biblia está llena de instrucciones para confiar en ti y agradecerte. Debido a que eres absolutamente digno de confianza, creer en ti y en tus promesas proporciona un cimiento firme para mi vida. Además, comprendes mi debilidad y *me ayudas a superar mi incredulidad.*

Me has estado enseñando la importancia de agradecerte a lo largo del día. Esta deliciosa disciplina me bendice grandemente, ¡me mantiene cerca de ti y aumenta mi gozo!

En tu nombre fidedigno,
Amén

Apocalipsis 1:18; Santiago 1:19;
Marcos 9:24 (ntv); Salmos 28:7

27 de noviembre

Generoso Jesús:

Te doy gracias porque eres bueno; tu fiel amor perdura para siempre. Quiero tomarme un tiempo para pensar en las muchas bendiciones que me brindas. Gracias, Señor, por el don de la vida, por cada aliento que me das. También estoy agradecido por las provisiones diarias: comida y agua, casa, ropa, familia y amigos. ¡Sin embargo, el mayor regalo que he recibido de ti, mi Salvador, es la vida eterna!

Al considerar todo lo que has hecho por mí, me deleito en quién eres: ¡el gran *Yo soy*! Eres cien por ciento bueno. ¡No hay ni una pizca de oscuridad en ti, *la Luz del mundo*! Además, tu amor es interminable; sigue y sigue por toda la eternidad.

Debido a que te pertenezco, nunca me separaré de tu amorosa presencia. Sé que siempre estás cerca, así que no necesito preocuparme por si siento o no tu presencia. En lugar de concentrarme en mis sentimientos, ayúdame a simplemente confiar en que tú estás conmigo y a darte las *gracias por tu gran amor.*

En tu bendito nombre,
Amén

SALMOS 107:1 (NTV); JUAN 8:58;
JUAN 8:12; SALMOS 107:8 (NVI)

28 de noviembre

Querido Jesús:

Me has estado mostrando que el agradecimiento elimina el aguijón de la adversidad. Además, la Biblia me instruye a *dar gracias por todo.* Veo un elemento de misterio en esta transacción: te doy gracias, independientemente de mis sentimientos, y tú me das alegría, independientemente de mis circunstancias. Este es un acto espiritual de obediencia, a veces de obediencia ciega. Agradecerte por las penurias desgarradoras puede parecer irracional o incluso imposible. Sin embargo, he aprendido que cuando te obedezco de esta manera, soy bendecido, aunque las dificultades persistan.

El agradecimiento abre mi corazón a tu presencia y mi mente a tus pensamientos. Es posible que todavía esté en el mismo lugar, enfrentando el mismo conjunto de circunstancias, pero es como si se hubiera encendido una luz, lo que me permite ver desde tu perspectiva con mayor claridad. Es esta *luz de tu* presencia la que quita el aguijón de la adversidad. ¡Ayúdame, Señor, a *andar en la luz* contigo cada vez más!

En tu nombre luminoso,
Amén

Efesios 5:20; Salmos 118:1; Salmos 89:15-16

29 de noviembre

Eterno Dios:

Ayúdame a adorarte solo a ti, considerándote el primero y el más importante en mi vida. La Biblia enseña que eres un *Dios celoso* y que la idolatría siempre ha sido la ruina de tu pueblo. Los ídolos actuales son más sutiles que los antiguos, porque los dioses falsos de hoy son a menudo seculares. Las personas, las posesiones, el estatus y la riqueza son algunos de los ídolos más populares en estos días. Para evitar la trampa de postrarme ante estas cosas, debo *tener dominio propio y estar alerta.*

He llegado a entender que los dioses falsos nunca satisfacen; en cambio, despiertan la lujuria por más y más. Cuando te busco a ti en lugar de a los ídolos del mundo, experimento *tu gozo y tu paz.* Estas cosas intangibles invaluables sacian la sed de mi alma, proporcionándome una profunda satisfacción. El brillo del mundo es pequeño y temporal. La luz de tu presencia es brillante y eterna. Quiero *andar en la luz* contigo, convertirme en un faro a través del cual otros se sientan atraídos hacia ti.

En tu nombre invaluable, Jesús,
Amén

Éxodo 34:14; 1 Pedro 5:8 (nvi);
Romanos 15:13; 1 Juan 1:7

30 de noviembre

Señor glorioso:

Recibo este día como un regalo precioso tuyo. Quiero tratarlo como el tesoro que es, *buscando tu rostro* y priorizando en oración. Mientras miro el día que se extiende ante mí, te pido que me ayudes a discernir qué es lo más importante. Enséñame cómo establecer prioridades de acuerdo con tu voluntad, utilizándolas para guiarme en mi camino. Esto me permitirá tomar buenas decisiones sobre el uso de mi tiempo y mi energía. Luego, cuando llegue al final del día, puedo sentirme en paz por las cosas que he hecho y también por las cosas que *no* he hecho.

Me has estado enseñando a incluirte en todo lo que hago. He visto que incluso la oración más breve es suficiente para invitarte a mis actividades. Al orar por todo, reconozco mi continua necesidad de ti. Incluso estoy aprendiendo a regocijarme en mi necesidad, considerándola como un vínculo fuerte con *tu gloriosa presencia.*

Aunque vivir de una manera dependiente es contracultural, he descubierto que es una forma bendita de vivir, exultante en tu suficiencia ilimitada y *tu amor inagotable.*

En tu nombre deleitoso, Jesús,
Amén

Salmos 118:24; 1 Crónicas 16:10-11;
Judas 24; Salmos 33:22 (ntv)

Diciembre

Pero el ángel les dijo: «No teman, porque les traigo buenas nuevas de gran gozo que serán para todo el pueblo...».

Lucas 2:10

1 de diciembre

Misericordioso Señor Jesús:

Vengo a ti pidiéndote que prepares mi corazón para la celebración de tu nacimiento. La Navidad es el momento de regocijarse en tu encarnación milagrosa, cuando tú, *el Verbo, te hiciste carne y habitaste entre nosotros.* Te identificaste absolutamente con la humanidad, te convertiste en hombre y te estableciste en nuestro mundo. No quiero permitir que la familiaridad de este asombroso milagro disminuya su efecto en mí. ¡Tú eres el don sobre todos los dones, y yo me *regocijo en ti*!

Una forma deliciosa de abrirte mi corazón es dedicando tiempo a reflexionar sobre las maravillas de tu entrada en la historia de la humanidad. Quiero ver estos acontecimientos desde la perspectiva de *los pastores que en los campos* cerca de Belén *cuidaban sus rebaños por la noche.* Ellos fueron los testigos, primero de un ángel y luego de *una gran multitud de los ejércitos celestiales* que iluminaban el cielo, proclamando: *«Gloria a Dios en las alturas, y en la tierra paz entre los hombres en quienes Él se complace».*

Ayúdame a contemplar la gloria de tu nacimiento, tal como lo hicieron los pastores, y a responder con un asombro infantil como lo hicieron ellos.

En tu nombre maravilloso,
Amén

Marcos 1:3; Juan 1:14; Filipenses 4:4;
Lucas 2: 8, 13-14

2 de diciembre

Salvador vigilante:

¡Estoy tratando desesperadamente de mantener mis ojos en ti! Me invaden olas de adversidad y me siento tentado a rendirme. A medida que mis circunstancias consumen cada vez más mi atención, temo perderte de vista. Sin embargo, tu Palabra me asegura que *siempre estás conmigo, tomándome de mi mano derecha.* Además, sé que eres plenamente consciente de mi situación y que *no permitirás que sea tentado más allá de lo que puedo soportar.*

Me has estado mostrando que preocuparme por el mañana no solo te desagrada, sino que también agota mi energía. Admito que hoy he intentado llevar las cargas de mañana y me tambaleo bajo ese tremendo peso. Me doy cuenta de que si sigo así, terminaré cayéndome de bruces. Estoy agradecido de que seas *el Dios que es mi salvación, que cada día llevas mis cargas.*

Ayúdame a vivir dentro de los límites del *hoy*, manteniendo mi enfoque en tu presencia en el presente. Por favor, sigue recordándome que *el presente* es donde puedo caminar cerca de ti, apoyándome en ti para recibir fortaleza y guía.

En tu nombre fuerte y guiador, Jesús,
Amén

Salmos 73:23; 1 Corintios 10:13;
Salmos 68:19; Hebreos 3:13

3 de diciembre

Salvador supremo:

No quiero sentirme abrumado por el desorden en mi vida. Muchas pequeñas tareas, sin ningún orden en particular, esperan ser ejecutadas en *algún momento*. Cuando me concentro demasiado en estas pequeñas tareas, tratando de salir de ellas de una vez por todas, descubro que son infinitas. ¡Tantas, que pueden consumir todo el tiempo de que dispongo para ellas!

Gracias por mostrarme que el remedio es dejar de intentar hacer todas mis tareas a la vez y concentrarme en las que necesito hacer hoy. Ayúdame a seleccionar las tareas que quieres que realice este día, pasando las demás a un segundo plano en mi mente. Esto me permitirá mantenerte *a ti* al frente de mi conciencia.

Mi objetivo superior es vivir cerca de ti, listo para responder a tus iniciativas. Puedo comunicarme contigo más libremente cuando mi mente está despejada y se vuelve a ti. Mientras *busco tu rostro* a lo largo de este día, pido tu presencia para poner orden en mis pensamientos y paz en todo mi ser.

En tu nombre redentor, Jesús,
Amén

Proverbios 16:3; Salmos 25:5;
Salmos 27:8; Isaías 26:3

4 de diciembre

Mi amado Señor:

Me produce un profundo gozo cuando me dices: «*Con amor eterno te he amado*». Confieso que no puedo comprender tu constancia, porque mi mente es muy humana. Mis emociones parpadean y vacilan ante las diferentes circunstancias, y es fácil para mí proyectar mis volubles sentimientos en ti. Esto me impide beneficiarme plenamente de *tu gran amor.*

Enséñame a ver más allá del flujo de las circunstancias y encontrarte mirándome con amor. Tal conciencia de tu presencia me fortalece, ayudándome a ser más receptivo y a reaccionar mejor a tu amor. ¡Siento un genuino agradecimiento de que *eres el mismo ayer y hoy y por los siglos*! Quiero entregarme a ti, dejando que tu amor fluya generosa e ininterrumpidamente en mi ser. Mi necesidad de ti es tan constante como el infinito fluir de tu amor.

En tu nombre inquebrantable, Jesús,
Amén

JEREMÍAS 31:3; ÉXODO 15:13 (NVI);
HEBREOS 13:8

5 de diciembre

Querido Jesús:

Tú eres *el gozo que nadie me puede quitar*. Mientras descanso en tu presencia, disfruto de las maravillas de este glorioso regalo. Me regocijo de que esta bendición sea mía para siempre. ¡*Tú* eres mío por toda la eternidad!

Muchas cosas en este mundo pueden brindarme placer por un tiempo, pero todas se acaban con la muerte y el deterioro. En *ti*, en cambio, tengo un tesoro incomparable: gozo en Aquel que *es el mismo ayer y hoy y por los siglos*. Nadie puede robarme este placer, porque tú eres fiel e inmutable.

Me doy cuenta de que siempre que me siento triste, el problema no está en la fuente de la alegría (tú), sino en el receptor (yo). A veces me concentro tanto en otras cosas —las dificultades y distracciones en mi vida— que descuido mi relación contigo. Ayúdame a recordar ponerte a ti primero en mi vida, relacionándome contigo continuamente como mi *primer amor*. Aumenta mi receptividad a tu presencia momento a momento. ¡Mientras dedico tiempo a *deleitarme en ti*, recibo gozo en medida plena!

En tu nombre jubiloso,
Amén

Juan 16:22; Hebreos 13:8;
Apocalipsis 2:4; Salmos 37:4

6 de diciembre

Exaltado Jesús:

Tú eres *la Aurora que nos visitará desde lo alto, para dar luz a los que viven en tinieblas.* Sin embargo, debo confesarte que a veces mis circunstancias son tan difíciles y confusas que siento como si estuviera rodeado de oscuridad. Mi mente me ofrece diversas soluciones para mis problemas, pero ya las he intentado sin éxito. De modo que me aflijo y me pregunto qué voy a hacer, sintiéndome impotente y frustrado. En momentos así, necesito mirar hacia arriba y ver tu luz brillando sobre mí. Mientras te miro con la confianza de un niño, encuentro esperanza y descanso en tu presencia.

Tu Palabra me dice que debo *estar quieto y recordar que tú eres Dios.* Necesito dejar a un lado mis esfuerzos para resolver los problemas y relajarme contigo, recordando que eres el *Príncipe de Paz.* Encuentro reconfortante respirar tu apacible presencia con cada aliento que tomo. Mientras más de ti absorbo, más tranquilo me vuelvo. Después de descansar contigo por un tiempo, estoy listo para *derramar mi corazón* sobre mis problemas, confiando en que tú me mostrarás el camino que debo seguir.

Señor, por favor *guía mis pies por el camino de paz.*

En tu digno nombre,
Amén

Lucas 1:78-79; Salmos 46:10;
Isaías 9:6; Salmos 62:8

7 de diciembre

Amado Jesús:

Cuando mi mente y mi corazón están quietos, puedo escuchar cómo me invitas a *acercarme*. Me deleito en tu gloriosa invitación, proclamada en santos susurros: «*Ven a mí. Ven a mí. Ven a mí*». Acercarse a ti no requiere gran esfuerzo de mi parte; es más como entregarse a ti y dejarse llevar por la atracción magnética de tu amor.

Ayúdame, *a través de tu Espíritu*, a abrirme más plenamente a tu amorosa presencia *para que puedas llenarme hasta la medida de toda tu plenitud*. Anhelo *tener poder para comprender cuán amplio, largo, alto y profundo es tu amor por mí; y conocer este amor que sobrepasa el conocimiento*. Este vasto océano de amor no se puede medir ni explicar, pero se puede experimentar.

En tu asombroso nombre,
Amén

Santiago 4:8; Mateo 11:28;
Juan 6:37; Efesios 3:16-19

8 de diciembre

Radiante Jesús:

¡Tú eres la Luz del mundo! Una forma en la que me gusta celebrar el Adviento es iluminando mi casa y un árbol con velas y luces. Esta es una forma de simbolizar tu venida a nuestro mundo: la luz eterna atravesando las tinieblas y abriendo el camino al cielo. Estoy agradecido de que nada pueda revertir tu glorioso plan de salvación. ¡Tú has prometido que todos los que confíen en ti como Salvador serán adoptados en tu familia real, para vivir contigo para siempre!

Tu Luz resplandece en las tinieblas, porque las tinieblas no prevalecieron contra ella. No importa cuánta maldad e incredulidad vea yo en este mundo entenebrecido, tú continúas brillando intensamente. Por eso es crucial para mí mirar hacia la luz tanto como me sea posible, *fijando mis ojos en ti.* Al hacer buenas elecciones mentales, puedo «verte» mientras viajo a través de mis días. Ayúdame a perseverar en esta deliciosa disciplina de mantener mis ojos en ti. Hay esperanza en estas maravillosas palabras que dijiste: *«El que me sigue, no andará en tinieblas, sino que tendrá la Luz de la vida».*

En tu nombre brillante y radiante,
Amén

Juan 8:12; Efesios 1:5; Juan 1:5 (rvr1960);
Hebreos 12:2

9 de diciembre

Jesús, mi Creador:

Tu Palabra me dice que *he sido asombrosa y maravillosamente hecho*. Has diseñado mi cerebro con la asombrosa capacidad de observar mis propios pensamientos. Eso me permite monitorear mis pensamientos y tomar decisiones con respecto a ellos. Me doy cuenta de que la preocupación suele ser el resultado de pensar en algo en el momento equivocado. Si pienso en las cosas que me preocupan mientras estoy acostado, es muy fácil que empiece a preocuparme. Sin embargo, cuando controlo mi mente, puedo interrumpir esos pensamientos con rapidez, antes de que me encuentre profundamente preocupado.

Enséñame a disciplinar mi mente para que pueda minimizar la preocupación y maximizar la adoración. Adviérteme a través de tu Espíritu cuando en el momento equivocado un pensamiento preocupante sobre el cual no pueda hacer nada quiera dominarme. Ayúdame a dirigir mi pensamiento *hacia* ti, Jesús, en lugar de hacia esa tendencia hiriente. Que me deleite diciéndote versos de los Salmos, acercándome a ti en adoración al expresar mi amor por ti y mi confianza en ti. *Te amo, Señor, fortaleza mía. En ti confío y digo: «Tú eres mi Dios»*.

En tu poderoso nombre,
Amén

Salmos 139:14; Lucas 12:22, 25-26;
Salmos 18:1; Salmos 31:14

10 de diciembre

Precioso Jesús:

¡Tú eres mi tesoro! Eres inmensamente más valioso que cualquier cosa que pueda ver, oír o tocar. *Conocerte a ti es el premio* por encima de cualquier otro premio.

Los tesoros terrenales a menudo se nos acumulan, son causa de preocupación o es necesario esconderlos. Sin embargo, las riquezas que tengo en ti nunca se perderán, nadie las robará ni les causará daños. De hecho, he descubierto que si te comparto libremente con los demás, obtengo *más* de ti. Dado que eres infinito, siempre habrá más de ti para que lo descubra y lo aprecie.

Mi mundo a menudo se siente fragmentado con innumerables cosas, tanto pequeñas como grandes, que compiten por ganar mi atención y se interponen en el camino de mi deseo de pasar tiempo disfrutando de tu presencia. Admito que estar *preocupado y molesto por tantas cosas* me resulta natural. No obstante, tu Palabra me asegura que *una sola cosa es necesaria*. Cuando hago de ti esa *sola cosa*, he elegido *lo que no me será quitado.*

Quiero regocijarme en tu continua cercanía y que mi conciencia de tu presencia ponga todo lo demás en perspectiva. ¡Tú eres el tesoro que puede alegrar todos mis momentos!

En tu nombre inestimable,
Amén

Filipenses 3:14; Mateo 6:19; Lucas 10:41-42

11 de diciembre

Poderoso Dios:

Todo lo puedo en ti. Tú me capacitas, *infundiéndome fuerza interior* para que *esté listo para cualquier cosa y a la altura de cualquier cosa*. Ayúdame a recordar que esta fuerza interior viene *de ti*, Jesús, a través de mi conexión contigo. Me llega cuando la necesito, mientras doy pasos confiables de dependencia, sin apartar la vista de ti. Esta promesa es un poderoso antídoto contra el miedo, especialmente el temor de sentirme abrumado por las circunstancias que veo que se avecinan. No importa cuán desalentadoras puedan parecer, puedo confiar en que estoy realmente listo para cualquier cosa que traigas a mi vida.

Estoy agradecido de que controles cuidadosamente todo lo que me sucede. Además, me estás protegiendo constantemente de peligros conocidos y desconocidos. Y me das fortaleza, justo cuando la necesito, para afrontar circunstancias desafiantes.

Me has estado enseñando que muchas de las cosas futuras que anticipo con ansiedad no llegarán a concretarse. Tu promesa es para las cosas que enfrento en el presente, y eso es suficiente. Por eso, cuando sienta la tensión de un viaje cuesta arriba, necesito detenerme y decirme: «*¡Todo lo puedo en Cristo que me fortalece!*».

En tu nombre fuerte, Jesús,
Amén

Filipenses 4:13; Juan 15:4; Mateo 6:34

12 de diciembre

Mi Jesús:

Tú me diseñaste para vivir en unión contigo. Estoy agradecido de que esta unión no niegue quién soy. Al contrario, me hace más plenamente yo mismo. He descubierto que cuando trato de vivir independientemente de ti, incluso por períodos cortos de tiempo, experimento vacío e insatisfacción. Sin embargo, cuando *camino en la luz de tu presencia*, me bendices con un gozo profundo y satisfactorio. Me deleito en alabarte, *regocijándome en tu justicia*.

Ayúdame a encontrar satisfacción en vivir cerca de ti, dando lugar a tus propósitos para mí. A veces me conduces por caminos que me resultan ajenos. En esos momentos necesito aferrarme a ti, confiando en que sabes lo que estás haciendo. Cuando te sigo de todo corazón, puedo descubrir facetas de mí mismo que antes estaban ocultas.

Tú me conoces íntimamente, mucho mejor de lo que me conozco a mí mismo. En unión contigo, estoy completo. Mi cercanía a ti me transforma cada vez más en el que tú planeaste que fuera cuando me creaste.

En tu hermoso y justo nombre,
Amén

Salmos 89:15-16 (nvi); Salmos 139:15-16;
2 Corintios 3:18

13 de diciembre

Jesús omnipresente:

Me encanta escucharte cuando me susurras: «*Yo estoy contigo. Yo estoy contigo. Yo estoy contigo*». Es como si las campanas del cielo repicaran continuamente con esa promesa de tu presencia. Lamentablemente, algunas personas nunca escuchan esas gloriosas campanadas, porque sus mentes están ligadas a la tierra y sus corazones están cerrados para ti. Otros pueden escucharlas solo una o dos veces en sus vidas, en los raros momentos en que te buscan por encima de todo. En cuanto a mí, tú eres mi Pastor omnipresente y yo quiero ser una oveja que esté atenta a ti, *escuchando tu voz*.

La quietud es el aula donde me estás enseñando a escuchar tu voz. Necesito un lugar tranquilo para calmar mi mente. Me temo que soy un aprendiz lento, por eso te pido que me ayudes a avanzar en esta deliciosa disciplina. Con el tiempo, espero poder llevar la calma conmigo a donde quiera que vaya. Aunque todavía soy un novato, a veces puedo escuchar esas campanadas melodiosas cuando retrocedo al bullicio de la vida: «*Yo estoy contigo. Yo estoy contigo. Yo estoy contigo*».

En tu nombre delicioso y tranquilizante,
Amén

Isaías 41:10; Jeremías 29:12-13;
Juan 10:14, 27-28

14 de diciembre

Oh Altísimo:

Es bueno anunciar por la mañana tu bondad y tu fidelidad por las noches.

Al proclamar las maravillas de tu amorosa presencia, encuentro fuerza y aliento en ti. Esta gloriosa bendición fluye dentro de mí aún más plenamente cuando digo las palabras en voz alta. Mientras proclamo tu amor, ¡ayúdame a *regocijarme grandemente con un gozo inefable y lleno de gloria*!

Tu asombroso amor es sacrificial, infalible, invaluable e ilimitado, *llegando hasta los cielos.* Brilla tan intensamente que puede llevarme a través de todos mis días, incluso los más oscuros.

Cuando llego al final de cada día, es el momento de declarar tu fidelidad que *llega a los cielos.* Cuando miro hacia atrás en el día, puedo ver cuán hábilmente me guiaste y abriste camino ante mí. Mientras más dificultades encontré, más me capacitaste, me facultaste y me equipaste para superar los obstáculos.

Es bueno proclamar tu gran fidelidad, especialmente de noche, para que pueda *acostarme y dormir en paz.*

En tu nombre pacificador, Jesús,
Amén

Salmos 92:1-2; 1 Pedro 1:8;
Salmos 36:5 (nvi); Salmos 4:8

15 de diciembre

Dios eterno:

En el principio era el Verbo, y el Verbo era con Dios, y el Verbo era Dios. Y aquel Verbo fue hecho carne, y habitó entre nosotros. Siempre has sido y siempre serás. No quiero perder de vista tu divinidad mientras celebro tu nacimiento.

¡Estoy tan agradecido de que hayas crecido hasta llegar a ser el Hombre-Salvador, Dios todopoderoso! Si no fueras Dios, tu vida y tu muerte sacrificial no habrían sido suficientes para darnos la salvación. Me gozo de que tú, que entraste al mundo como un niño indefenso, eres el mismo que trajo el mundo a la existencia.

Aunque eras rico, por mí te hiciste pobre, para que por tu pobreza yo me hiciera rico. ¡Ningún regalo de Navidad podría compararse con el tesoro infinito que tengo en ti! Gracias a ti, mis pecados han sido quitados y alejados tanto de mí *como el oriente del occidente,* liberándome de toda condenación. ¡Me has regalado una vida inimaginablemente gloriosa que nunca terminará! Gracias, Señor, por este asombroso regalo; lo acojo con alegría y gratitud.

En tu nombre supremo, Jesús,
Amén

JUAN 1:1, 14 (RVR1960); HEBREOS 1:2;
2 CORINTIOS 8:9; SALMOS 103:12

16 de diciembre

Querido Jesús:

Vengo a ti con mi enorme necesidad, pidiéndote que me llenes con la luz de tu amor. Un corazón entregado a ti no se queja ni se rebela cuando las cosas se ponen difíciles. En lugar de eso, reúne el valor para agradecerte en tales circunstancias. Subordinar mi voluntad a la tuya es, en última instancia, un acto de confianza.

Mi anhelo es caminar en paz contigo a lo largo de este día; sin embargo, con frecuencia me distraigo preguntándome si puedo hacerle frente a todo lo que se espera de mí. Mi tendencia natural es elaborar una estrategia mentalmente sobre cómo hacer esto o aquello. Sin embargo, no quiero eso, de ahí que te pida que me ayudes a mantener mi mente conectada con tu presencia al dar el siguiente paso. Mientras más exigente sea mi día, más necesito depender de tu fuerza. Enséñame a ver mi necesidad como una bendición, creyendo que tú me diseñaste para una profunda dependencia de ti. Que los tiempos difíciles me despierten y aumenten mi sentido de insuficiencia.

Cuando no sepa cómo dar el siguiente paso, esperaré a que tú me lo indiques. Quiero estar listo para seguir tu ejemplo, confiando en que sabes lo que estás haciendo. Me regocijo en tu promesa de *darme fuerzas y bendecirme con paz.*

En tu nombre capacitador,
Amén

Efesios 5:20; Deuteronomio 33:25;
Salmos 27:14; Salmos 29:11

Dios fiel:

Ayúdame a mantener firme la esperanza que profeso, confiando en que *tú eres fiel*. Cuando muchas cosas van saliendo mal, todo lo que puedo hacer es aferrarme a ti. Me encantaría poder ordenar mi mente y encontrar el camino correcto, pero aunque lo intento, a menudo no lo logro. Me doy cuenta de que en esos momentos lo que realmente necesito es *buscar tu rostro* y *profesar mi esperanza*.

Profesar mi esperanza es afirmarla decididamente. Mis palabras importan, no solo para otras personas, sino también para mí. Hablar negativamente me desanima tanto a mí como a las personas que me rodean. Sin embargo, cuando mis palabras afirman mi esperanza y confío en ti, sé que me mostrarás el camino a seguir.

La base de mi confianza es que *tú eres fiel*. Además, me has prometido que *no me dejarás tentar más allá de lo que puedo soportar.* A veces, *la vía de escape* que me brindas viene a través de mis propias palabras, tales como: «Confío en ti, Jesús; tú eres mi esperanza». Esta afirmación me mantiene aferrado a ti como mi esperanza, inquebrantable y confiable.

En tu nombre lleno de esperanza, Jesús,
Amén

Hebreos 10:23 (nvi); Salmos 27:7-8;
1 Corintios 10:13

18 de diciembre

Dios omnisapiente:

Me has estado enseñando que el entendimiento no me traerá paz. Tu Palabra me instruye a *confiar en ti con todo mi corazón en lugar de apoyarme en mi propio entendimiento*. Este versículo me desafía todos los días de mi vida.

Confieso que tengo un deseo voraz de tratar de resolver las cosas, de darle a mi vida un sentido de dominio. Sin embargo, el mundo me presenta una serie interminable de problemas. Tan pronto como domino algunas dificultades, surgen otras y otras, y eso me inquieta. Y cuando menos me doy cuenta, mi mente se está preparando de nuevo, esforzándose por comprender y dominar en lugar de buscarte a *ti*, mi Maestro. Por favor, perdóname, Señor, y ayúdame a *buscarte* por encima de todo.

Estoy agradecido de que tu paz no sea un objetivo inalcanzable, escondido en el centro de un complicado laberinto. Debido a que te pertenezco, ya estoy envuelto en la paz que es inherente a tu Presencia. Mientras más te miro, Jesús, más de tu preciosa paz me das.

En tu nombre fidedigno, Jesús,
Amén

Proverbios 3:5; Jeremías 29:13;
Romanos 5:1; 2 Tesalonicenses 3:16

19 de diciembre

Amado Jesús:

¡Me encanta ir contigo a lo largo del camino! Sin embargo, el camino por el que vamos tiene muchos descensos y ascensos. Cuando miro a la distancia, puedo ver picos espectaculares nevados que los rayos del sol hacen brillar. Mi anhelo de llegar hasta esos picos me tienta a tomar atajos, pero sé que mi tarea es *seguirte*, confiando en ti para que seas tú quien dirija mis pasos. Mientras esas alturas me invitan a alcanzarlas, permanecer cerca de ti debe ser mi máxima prioridad.

Uno de los momentos más difíciles para confiar en ti es cuando las cosas me salen mal. Las interrupciones en mi rutina tienden a ponerme ansioso; sin embargo, tú me has demostrado que las dificultades son buenas para mí. Aceptar las pruebas con confianza trae bendiciones que *valen muchísimo más que todo sufrimiento*. Mientras voy tomado de la mano contigo a lo largo de mi camino, me aferro a la verdad que me da seguridad de que tú has planeado con amor cada paso.

Oro para que mi fe no se tambalee cuando la senda se vuelva pedregosa y empinada. Me aferraré fuertemente a tu mano y respiraré profundas bocanadas de tu presencia, poniendo atención a tus palabras tranquilizadoras: «¡Amado, con mi ayuda podrás lograrlo!».

En tu nombre esperanzador,
Amén

Juan 21:22; 2 Corintios 4:17; Habacuc 3:19

20 de diciembre

Dios de misericordia:

La Biblia promete que *los que esperan en ti renovarán sus fuerzas*. Me encanta pasar tiempo esperando en tu presencia, aunque las muchas tareas y estar siempre ocupado se han convertido en la norma. Durante la temporada de Adviento, hay *más* cosas que hacer de lo habitual. Ayúdame a liberarme por un tiempo de tanta actividad y exigencias. Mientras *busco tu rostro* y disfruto de tu presencia, reflexiono sobre la verdad esencial de que la Navidad se trata de *ti*.

Esperar contigo es un acto de fe, confiando en que la oración realmente hace la diferencia. Por eso *vengo a ti con mi cansancio y mis cargas*, siendo sincero contigo. Mientras descanso en tu presencia y te cuento mis preocupaciones, tú quitas esas pesadas cargas de mis adoloridos hombros. ¡Estoy agradecido de que *seas capaz de hacer muchísimo más de lo que podamos imaginar o pedir*!

Cuando me levanto de estos momentos tranquilos teniéndote a mi lado, me deleito en escucharte susurrar: «Estoy contigo». Y me regocijo por las *fuerzas renovadas* que he alcanzado al pasar tiempo contigo.

En tu nombre energizante, Jesús,
Amén

Isaías 40:31; Salmos 105:4;
Mateo 11:28; Efesios 3:20 (nvi)

21 de diciembre

Glorioso Jesús:

Mientras espero atentamente en tu presencia, *la luz del conocimiento de tu gloria* brilla sobre mí. Este conocimiento radiante trasciende por completo mi comprensión. Además, transforma todo mi ser: renovando mi mente, limpiando mi corazón, vigorizando mi cuerpo. ¡Ayúdame a abrirme plenamente a tu gloriosa presencia!

No me puedo imaginar a lo que renunciaste cuando llegaste a nuestro mundo como un bebé. Dejaste tu gloria para poder identificarte con la humanidad, ¡conmigo! Aceptaste las limitaciones de la infancia en condiciones espantosas: nacer en un establo, con un comedero para animales como tu cuna. A pesar de que los ángeles iluminaron el cielo proclamando «¡Gloria!» a unos pastores asombrados, no hubo nada glorioso en el escenario de tu nacimiento.

Al apartarme en silencio contigo, experimento lo contrario de lo que tú pasaste. *Te hiciste pobre para que yo me hiciera rico.* A medida que me acerco a ti, las vistas impresionantes del cielo se abren ante mí, dándome destellos de tu gloria. ¡Oh Señor, canto aleluyas a tu santo nombre!

En tu sagrado nombre,
Amén

2 Corintios 4:6; Lucas 2:13-14;
Filipenses 2:6-7; 2 Corintios 8:9

22 de diciembre

Jesús compasivo:

Viniste al mundo como una Luz para que nadie que crea en ti permanezca en tinieblas. No solo trajiste luz al mundo; *tú eres la luz que brilla en la oscuridad, y la oscuridad jamás podrá apagarla.* ¡Nada puede extinguir esta luz, porque tú eres infinito y todopoderoso!

Cuando creí en ti, llegué a ser un *hijo de la luz.* Tu brillo entró en mi ser interior, permitiéndome ver desde tu perspectiva: las cosas del mundo *y* las cosas de mi corazón. Cuando tu Espíritu ilumina el contenido de mi corazón y me muestra cosas que te desagradan, ayúdame a arrepentirme y andar en tus caminos. Este es el camino a la libertad.

Señor, me regocijo en mi perspectiva luminosa. *El dios de este mundo ha cegado el entendimiento de los incrédulos para que no puedan ver el resplandor del evangelio de tu gloria.* ¡Sin embargo, debido a que te pertenezco, tengo *la luz del conocimiento de tu gloria* brillando en mi corazón! ¡Gracias, Jesús!

En tu nombre brillante e iluminador,
Amén

Juan 12:46; Juan 1:5 (ntv);
1 Tesalonicenses 5:5; 2 Corintios 4:4, 6

23 de diciembre

Emmanuel:

Tú eres *Dios con nosotros*, en todo momento. Esta promesa de tu Palabra le proporciona una base sólida a mi gozo. A veces trato de atribuirle mi alegría a cosas temporales, pero tu presencia conmigo es una bendición eterna. Me regocijo de que tú, mi Salvador, me hayas prometido que *nunca me dejarás*.

La naturaleza del tiempo puede hacer que me resulte difícil disfrutar plenamente de mi vida. En esos días en que todo va bien, mi conciencia de que las condiciones ideales son fugaces puede empañar mi disfrute. Incluso las vacaciones más placenteras deben llegar a su fin. Las estaciones de la vida también van y vienen, a pesar de mi anhelo a veces de detener el reloj y mantener las cosas como están.

No quiero menospreciar los placeres temporales que brindas, pero *necesito* aceptar sus limitaciones, su incapacidad para saciar la sed de mi alma. Por favor, ayúdame a recordar que mi búsqueda de un gozo duradero fracasará a menos que te convierta a ti en el objetivo final de mi búsqueda. *En tu presencia hay plenitud de gozo.*

En tu nombre gozoso, Jesús,
Amén

MATEO 1:23; HEBREOS 13:5; SALMOS 16:11

24 de diciembre

Rey Jesús:

Tú eres *Rey de reyes y Señor de señores; ¡habitas en una luz inaccesible!* Estoy agradecido de que también seas mi pastor, compañero y amigo, el que nunca suelta mi mano. Te adoro en tu santa majestad. Y me acerco a ti para descansar en tu amorosa presencia. Te necesito como Dios y como Hombre. Solo tu nacimiento en aquella primera y lejana Navidad pudo satisfacer todas mis necesidades.

En lugar de intentar comprender intelectualmente tu encarnación, quiero aprender del ejemplo de los tres sabios. Ellos siguieron la dirección de una estrella espectacular y luego se postraron en humilde adoración en tu presencia. Inspirado por ellos, anhelo responder a la maravilla de tu santo nacimiento con ardiente adoración.

Por favor, ayúdame a crecer en mi capacidad de adorarte como mi Salvador, Señor y Rey. No detuviste nada en tu asombrosa provisión para mí, y me regocijo en todo lo que eres, ¡en todo lo que has hecho!

Tú eres *la luz de lo alto que amanece sobre nosotros, para guiar nuestros pies por el camino de paz.*

En tu majestuoso nombre,
Amén

1 Timoteo 6:15-16; Mateo 2:10-11;
Lucas 1:78-79

25 de diciembre

Precioso Señor Jesús:

Cuando un ángel les anunció tu nacimiento a los *pastores que cuidaban sus rebaños en los campos* cerca de Belén, les dijo: «*No teman, porque les traigo buenas nuevas de gran gozo*». Este mandamiento de no tener miedo se repite con frecuencia en toda la Biblia. Gracias por proporcionar esta recomendación tierna y misericordiosa. Tú sabes lo propenso que soy a tener miedo, pero no me condenas por ello. Sin embargo, quiero liberarme de mi inclinación al temor.

He descubierto que el gozo es un poderoso antídoto contra el miedo. Y mientras mayor es el gozo, más eficaz es el antídoto. ¡El anuncio del ángel a los pastores fue de *gran* gozo! ¡Ayúdame a no perder nunca de vista la asombrosa y buena noticia que es el evangelio!

En el momento en que confié en ti como mi Salvador, perdonaste *todos* mis pecados: pasados, presentes y futuros. Este glorioso don de la gracia asegura que mi destino final sea el cielo. Además, te diste *a ti mismo*, ¡el mayor tesoro de todos! Me prodigaste tu amor y me prometiste tu compañía para siempre. Mientras reflexiono sobre la maravillosa proclamación del ángel a los pastores, *me regocijo en ti*, mi amado Salvador.

En tu magnífico nombre,
Amén

Lucas 2:8-10; Efesios 2:8; Filipenses 4:4

26 de diciembre

Jesús maravilloso:

Tu Palabra me enseña que *yo estoy en ti y tú estás en mí.* ¡Este es un misterio muy profundo! Tú eres el Creador y Sustentador infinito del universo, y yo soy un ser humano finito y caído. Sin embargo, tú y yo vivimos no solo el uno *con* el otro, sino el uno *en* el otro. Estoy *lleno de tu plenitud, ¡inundado de ti mismo!* Esta es una unión más profunda y rica que la que puedo encontrar en cualquier relación humana. Tú sabes todo sobre mí, desde mis pensamientos y sentimientos más profundos hasta los sucesos que enfrentaré a lo largo de mi vida. Debido a que te pertenezco, los sentimientos de soledad son en realidad solo una ilusión. ¡Toda la tierra está llena de tu gloriosa presencia!

En ti vivo, me muevo y existo. Cada paso que doy, cada palabra que digo, cada aliento que respiro, todo se hace en tu presencia vigilante y acogedora. ¡Estoy inmerso en tu ser invisible, pero siempre tan real! Mientras más consciente de ti soy, más vivo y completo me siento. Fortalece mi conciencia de tu amorosa presencia a medida que avanzo paso a paso a lo largo de este día.

En tu nombre amoroso y vigilante,
Amén

Juan 14:20; Colosenses 1:27;
Efesios 3:19 (nvi); Hechos 17:28

Salvador inquebrantable:

Ayúdame a encontrar gozo en medio del quebrantamiento. Uno de los momentos más difíciles para ser feliz es cuando me enfrento a múltiples problemas. Busco soluciones, pero no las encuentro, y luego, de repente, me enfrento a un nuevo problema. He descubierto que si me concentro demasiado en buscar soluciones, empezaré a hundirme bajo el peso de todas mis dificultades. Por favor, recuérdame en esos momentos que estás presente conmigo en medio de mis *diversas pruebas*. Necesito confiar en que estás obrando en mi situación y eres capaz de sacar el bien del mal. ¡Tu sabiduría incomparable y tu fuerza soberana te permiten superar el mal con el bien!

Quiero encontrarme *contigo* en mis circunstancias difíciles, creyendo que estás cerca de mí en mis problemas. Necesito desconectar mis emociones de todos los problemas y conectarlas a tu presencia. Al relacionarme contigo, mi estado de ánimo oscurecido se vuelve cada vez más claro y brillante. Además, mientras *permanezco en ti*, conectado a tu radiante presencia, puedo ver las cosas desde tu perspectiva.

Si me mantengo conectado contigo puedo ser feliz incluso durante la adversidad. *¡En tu presencia hay plenitud de gozo!*

En tu nombre gozoso, Jesús,
Amén

Santiago 1:2-3; Romanos 11:33;
Juan 15:4; Salmos 16:11

28 de diciembre

Señor encantador:

Me gusta escuchar la canción que continuamente me cantas: *«Me deleito en ti con gozo; te renuevo con mi amor; me alegro por ti con cantos»*. Las voces de este mundo son una cacofonía de caos, tirando de mí de un lado a otro. Ayúdame a no escuchar esas voces, sino a desafiarlas con tu Palabra. Muéstrame la forma de encontrar descanso del ruido del mundo, encontrando un lugar donde estar quieto en tu presencia para poder escuchar tu voz.

Creo que hay un inmenso tesoro escondido que se puede encontrar escuchándote. Siempre estás derramando bendiciones sobre mí, pero algunas de tus bendiciones más ricas deben buscarse activamente. Me regocijo cuando te revelas a mí: a través de tu Palabra, tu pueblo y las maravillas de la creación.

Tener un corazón que busca me dispone para recibir más de ti. La Biblia me da instrucciones claras: *sigue pidiendo y te lo darán; sigue buscando y hallarás; sigue llamando y la puerta se te abrirá.*

En tu generoso nombre, Jesús,
Amén

SOFONÍAS 3:17 (NVI); MATEO 17:5; MATEO 7:7

29 de diciembre

Reparador Señor Jesús:

Vengo a ti, buscando encontrar descanso en tu presencia. ¡*Qué precioso es, Señor, saber que estás pensando en mí constantemente!* Anhelo ser cada vez más consciente de esa bendición. Me has estado enseñando que estar consciente de tu presencia me da descanso incluso cuando esté muy ocupado. Una paz interior fluye al recordar que *siempre estás conmigo.* Este recuerdo impregna mi corazón, mi mente y mi espíritu, llenándome de gozo.

Confieso que a veces me concentro tanto en los problemas terrenales y las predicciones que escucho que mi alegría queda enterrada bajo capas de preocupación y miedo. Cuando esto sucede, necesito traerte mis preocupaciones a ti: hablándote de cada una, buscando tu ayuda y guía, y pidiéndote que elimines esas capas de preocupaciones. Al poner mis inquietudes bajo tu cuidado, el gozo comienza a emerger de nuevo. ¡He aprendido que la manera más eficaz de alimentar este gozo es hablándote y cantándote alabanzas, *Rey de la gloria*!

En tu nombre digno de alabanza,
Amén

Mateo 11:28; Salmos 139:17;
Mateo 28:20; Salmos 24:7

30 de diciembre

Mi amoroso Salvador:

Aunque mi deseo es preocuparme cada vez más por ti, confieso que mi estado mental habitual tiende a estar más preocupado por mí mismo que por ti: mis necesidades, mis deseos, mis metas, mi apariencia y cosas por el estilo. Odio esta tendencia pecaminosa y sé que te desagrada. ¡Anhelo liberarme de esta esclavitud!

Las personas que están profundamente enamoradas tienden a concentrarse el uno en el otro. Si esta es una tendencia natural, entonces aprender a amarte más plenamente —*con todo mi corazón, toda mi alma y toda mi mente*— es la mejor manera de aumentar mi enfoque en ti. La Biblia se refiere a esta enseñanza como *el más grande y primer mandamiento*, ¡y es una meta muy digna! Soy consciente de que no puedo hacer esto perfectamente en esta vida. Sin embargo, mientras más puedo comprender tu *gran amor ilimitado e infalible* por mí —y deleitarme en él— más amorosamente puedo responderte. ¡Esta es una fórmula gloriosa!

Señor, ayúdame a aprender a recibir tu amor en mayor medida —altura, profundidad, amplitud y constancia— y a responder con un amor cada vez mayor por ti. Esto *me liberará* de la esclavitud del ensimismamiento y me empoderará para preocuparme cada vez más por ti, mi Salvador y Rey. ¡Cuando lo consiga *seré realmente libre*!

En tu nombre liberador, Jesús,
Amén

Mateo 22:37-38; Salmos 52:8 (nvi);
1 Juan 4:19; Juan 8:36

31 de diciembre

Mi Dios y guía:

Al llegar al final de este año, necesito tomarme un tiempo para mirar hacia atrás y también para mirar hacia adelante. Guíame mientras repaso los aspectos más destacados de este año: los tiempos difíciles tanto como los tiempos buenos. Ayúdame a verte *a ti* en estos recuerdos, porque sé que has estado cerca de mí en cada paso del camino.

Cuando me aferraba a ti en busca de ayuda en medio de los tiempos difíciles, me consolabas con tu amorosa presencia. También estuviste abundantemente presente en circunstancias que me llenaron de gran gozo. ¡Estuviste conmigo en los picos de las montañas, en lo profundo de los valles y en todos los lugares intermedios!

Mi futuro se extiende ante mí, hasta la eternidad, y tú eres el Compañero que nunca me dejará, el Guía que conoce cada paso del camino por delante. ¡El gozo que me espera en el cielo es *inefable y lleno de gloria*! Mientras me preparo para dar el paso hacia un nuevo año, te pido que tu gloriosa luz brille sobre mí e ilumine el camino que tengo ante mí.

En tu nombre triunfante, Jesús,
Amén

Isaías 41:13; Salmos 48:14;
1 Pedro 1:8-9; Juan 8:12

Acerca de la autora

Los escritos devocionales de Sarah Young son reflexiones que surgen de sus tiempos de quietud leyendo la Biblia, orando y escribiendo en sus diarios. Con ventas de más de 35 millones de ejemplares en todo el mundo, *Jesús te llama®* ha aparecido en las principales listas de éxitos de ventas. Sus escritos incluyen *Jesús te llama®*, *Jesús hoy*, *Jesús siempre*, *Jesús vive*, *Jesús te llama para niños*, *Jesús te llama Historias de la Biblia*, *Jesús te llama*: *365 Devocionales para niños* y *Paz en su presencia*, cada uno animando a los lectores en su camino hacia la intimidad con Cristo. Sarah y su esposo fueron misioneros en Japón y Australia durante muchos años. Actualmente viven en Tennessee.

Los libros de Sarah están diseñados para ayudar a las personas a conectarse no solo con Jesús, la Palabra viva, sino también con la Biblia, la infalible Palabra de Dios escrita. Ella se esfuerza por mantener su escritura devocional coherente con ese estándar invariable. Muchos lectores han dicho que los libros de Sarah los han ayudado a amar la Palabra de Dios.

A Sarah le encanta pasar tiempo leyendo la Biblia y libros cristianos, orando y memorizando las Escrituras. Ella ora a diario por los lectores de sus libros.